COMPUTER

APPLICATION TIP

BEST 15

학교에서 꼭 필요한
컴퓨터 활용 팁 BEST 15

Copyright © 2017 by Youngjin.com Inc.

1016, 10F. Worldmerdian Venture Center 2nd, 123, Gasan digital 2-ro, Geumcheon-gu, Seoul, Korea 08505
All rights reserved. No part of this book may be reproduced or transmitted in any form or by any means, electronic or mechanical, including photocopying, recording or by any information storage retrieval system, without permission from Youngjin.com Inc.

ISBN 978-89-314-5664-6

독자님의 의견을 받습니다.
이 책을 구입한 독자님은 영진닷컴의 가장 중요한 비평가이자 조언가입니다. 저희 책의 장점과 문제점이 무엇인지, 어떤 책이 출판되기를 바라는지, 책을 더욱 알차게 꾸밀 수 있는 아이디어가 있으면 팩스나 이메일, 또는 우편으로 연락주시기 바랍니다. 의견을 주실 때에는 책 제목 및 독자님의 성함과 연락처(전화번호나 이메일)를 꼭 남겨 주시기 바랍니다. 독자님의 의견에 대해 바로 답변을 드리고, 또 독자님의 의견을 다음 책에 충분히 반영하도록 늘 노력하겠습니다.

이메일 : support@youngjin.com
주 소 : (우)08505 서울시 금천구 가산디지털2로 123 월드메르디앙벤처센터2차 10층 1016호 (주) 영진닷컴 기획1팀
파본이나 잘못된 도서는 구입하신 곳에서 교환해 드립니다.

STAFF
저자 문택주, 정동임 | **총괄** 김태경 | **기획** 정소현, 최윤정 | **디자인 · 편집** 지화경 | **영업** 박준용, 임용수 | **마케팅** 이승희, 김다혜, 김근주, 조민영 | **인쇄** 서정바인텍

컴퓨터 활용 팁 BEST 15

PREVIEW

제가 첫 발령을 받았을 때 일입니다. 저를 친아들처럼 아껴주시고, 실수투성이인 저에게 항상 아낌없는 조언을 해주시는 존경하는 선배 선생님이 계셨습니다. 6개월이 지나고 그 선생님께서 갑자기 명예퇴직을 하신다는 소식을 듣게 되었습니다. 다른 이유도 있었지만, 다른 선생님들로부터 평소에 그 분께서 컴퓨터를 이용한 학교업무의 어려움이 컸다는 말씀을 듣게 되었습니다.

그 일이 계기가 되어 저는 실제 학교에서 이루어지는 컴퓨터를 활용한 업무를 하나둘씩 분석하여 제 나름대로 자료를 정리하기 시작했습니다. 그때 당시에는 아무것도 모르는 상태지만 '준비하면서 배우자'는 자세로 교원정보화연수도 신청해서 운영해보았습니다. 실력과 경험이 전혀 없었던 그 시절에 연수를 신청해주시고, 응원해주신 선생님들이 계신다는 점에 정말 감사함을 느꼈습니다. 이런 저의 첫 정보화연수 강의에서 나왔던 다양한 질문들이 저를 더 연구하게 만들었고, 특히 선생님들의 질문이 어느 정도 겹친다는 사실을 알게 되면서, '가장 궁금해 하시는 내용들을 잘 정선하여 선생님용 컴퓨터 교재를 만들면 어떨까?'하는 꿈도 가지게 되었고, 그러한 꿈을 하나둘씩 실천하게 되었습니다.

그렇다면 PC와 스마트폰을 활용하여 학교업무를 잘한다는 것은 무슨 의미일까요? 아마도 쓰는 목적이 뚜렷하고 그 방법이 효율적이라면 도구를 잘 다룬다는 소리를 들을 것입니다. 그런데, 매번 버전과 기능이 바뀌는 도구를 잘 사용하려면 여러 번의 시행착오를 겪어야 합니다. 물론 배우고자 하시는 선생님들의 마음 자세나 적극적인 마인드로 이러한 문제들은 어느 정도 해결될 수 있겠지만, 시행착오는 많이 한다고 해서 무조건 득이 되는 것은 아닐 것입니다. '오히려 이런 시행착오들이 다양한 PC의 프로그램과 스마트폰 앱 사용에 익숙하지 않은 선생님들을 괴롭히는 방해꾼이 되고 있지 않은가?'라는 생각에 본 교재를 집필하게 되었습니다.

본 교재에서는 선생님들께서 조금만 익숙해지면 학교 업무에 활용하시기 편한 다양한 PC의 프로그램과 스마트 앱 등을 다루고 있습니다. 다양한 기능의 나열보다는 실제 학교 업무에 활용이 가능한 팁 중심의 활용법이 더 의미가 있으실 것 같아서 가장 널리 쓰이면서도 요긴하게 쓰실 수 있는 기능만을 엄선하여 학교업무 상황을 중심으로 엮어보았습니다.

교원정보화연수를 향한 저의 꿈과 목표는 '제 연수를 들으신 모든 선생님들을 그 학교에서 가장 컴퓨터를 잘 사용하시는 선생님으로 만들어 드리는 것'입니다. 아직은 많이 부족하지만 그 꿈을 이루기 위해 매번 연수가 끝나면 선생님들의 고귀한 피드백을 차기 연수에 적극 반영하고 있습니다. 끝으로 선생님께 가장 필요한 '효자손과 같은 정보화 연수와 교재'를 만들기 위해 항상 최선의 노력을 다하겠습니다. 감사합니다.

저자 문택주·정동임 드림

문택주
- (현) 서울진관초등학교 교사
- 서울,경기,인천,대전,충북,울산,제주교육연수원 강의
- 교육부&케리스 'SW교육 우수사례 공모전' [우수상] 수상
- 교육부 SW연구학교 주무교사
- 서울시교육청 정보교육 우수교사 선발

정동임
대표 저서
- 스마트한 생활을 위한 스마트폰 고급 활용 테크닉
- 돈시아 파워포인트 2016
- 스마트한 생활을 위한 엑셀 2010활용
- 학교에서 통하는 엔트리 프로그래밍
- 스마트한 생활을 위한 모바일 정보검색

PREVIEW

CHAPTER 제목
수업 시간에 활용할 기능 중 가장 유용한 기능을 쉽고 빠르게 찾아볼 수 있도록 CHAPTER별로 나누어 설명합니다.

학습방향 · 학습목표
해당 CHAPTER에서 배울 내용의 학습방향과 목표를 확인할 수 있습니다.

미리보기
수업 시간에 활용될 예제를 미리 보여줍니다.

소스파일 경로
작업하는 문서의 소스파일과 결과파일 경로, 웹주소를 한눈에 알아볼 수 있도록 정리하였습니다.

CHAPTER 6

학교 가정통신문에 링크주소, 사진, 동영상, 연락처를 쉽게 넣을 수 없나요?

QR코드는 단순히 바로 링크 주소로 연결해 주기도 하지만, 사진, 동영상, 연락처 등의 정보를 담아 정보를 전달할 수도 있습니다. 바코드에 비해 사각형으로 된 QR코드에는 더 많은 정보를 담을 수 있습니다. 가정통신문에 QR코드를 포함하여 배포하면 학부모님께서는 스마트폰으로 QR코드를 찍어 학교에 대한 정보를 쉽게 접할 수 있습니다.

학습방향

학습목표
- QR코드가 무엇인지 이해할 수 있습니다.
- QR코드를 링크 주소로 바로 연결할 수 있습니다.
- QR코드에 이미지, 동영상, 연락처 등의 정보를 담을 수 있습니다.
- 가정통신문에 QR코드를 넣어 정보를 전달할 수 있습니다.

미리보기
소스파일 sc.png, 로고.png, 학부모수업공개안내.hwp | 결과파일 학교링크.jpg, 학교소개.jpg, QR코드안내서.hwp

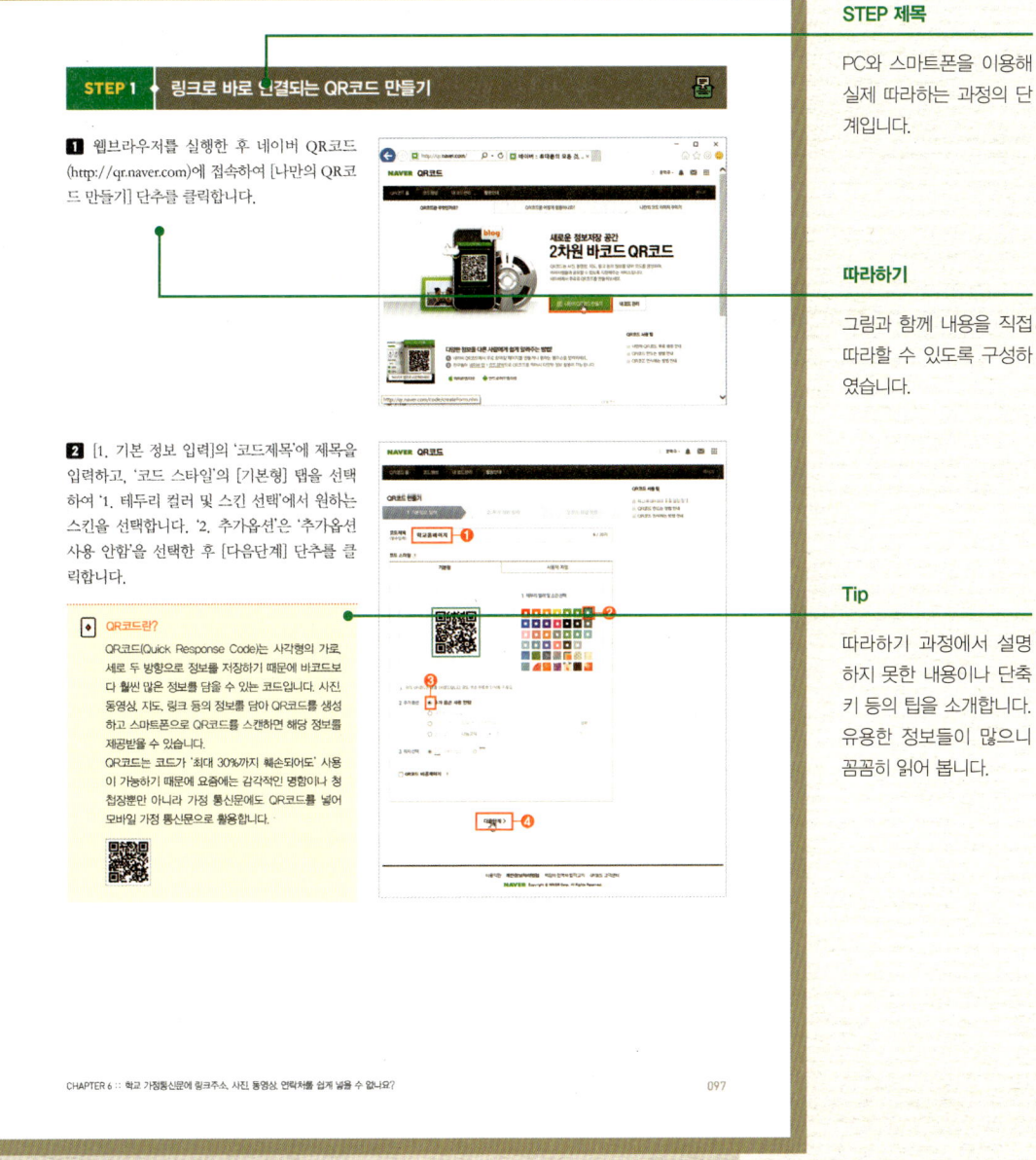

PREVIEW

학습정리
각 CHAPTER에서 학습한 내용을 정리하였습니다. 학습정리를 통해 다시 한 번 실력을 점검할 수 있습니다.

: 학습정리 :

❶ QR코드(Quick Response Code) : 사각형의 가로, 세로 두 방향으로 정보를 저장하기 때문에 바코드보다 훨씬 많은 정보를 담을 수 있는 코드입니다. 사진, 동영상, 지도, 링크 등의 정보를 담아 QR코드를 생성하고 스마트폰으로 QR코드를 스캔하면 해당 정보를 제공받을 수 있습니다.

❷ 링크로 바로 연결되는 QR코드
- 웹 브라우저를 실행한 후 네이버 QR코드(http://qr.naver.com)에 접속하여 [나만의 QR코드 만들기] 단추를 클릭합니다.
- 코드제목을 입력하고, 코드 스타일에서 테두리 색깔 및 스킨을 선택한 후 추가옵션은 설정하지 않고 [다음 단계]를 클릭합니다.
- '정보 입력 선택'에서 '링크로 바로 이동'을 선택하고, 링크할 웹주소를 입력합니다.
- QR코드가 생성되면 [코드저장]을 클릭하여 QR코드의 파일형식과 사이즈를 설정하여 저장합니다.

❸ 원하는 정보를 담아 QR코드 만들기
- [QR코드홈]에서 [나만의 QR 코드 만들기] 단추를 클릭하여 코드 제목, 코드 스타일을 설정합니다.
- '정보 입력 선택'에서 '원하는 정보 담기'를 선택한 후 추가 정보 입력화면이 나타나면 제목, 이미지, 동영상, 지도, 연락처 등을 등록합니다.
- 추가 정보 입력화면이 나타나면 제목, 이미지, 동영상, 지도, 연락처 등을 입력할 수 있습니다. 링크제목과 링크URL을 입력한 후 [작성완료] 합니다.
- QR코드가 생성되면 [코드저장]을 클릭하여 QR코드의 파일형식과 사이즈를 설정하여 저장합니다.

❹ QR코드 삽입하고 읽기
- 한글2010 프로그램을 실행한 후 QR코드를 삽입할 문서를 엽니다.
- [편집] - [입력]의 [그림] - [그림] 을 클릭하여, 정보를 담은 QR코드를 불러옵니다.
- 삽입된 문서의 QR코드를 네이버(N) 앱을 실행하여 코드()로 QR코드를 찍어 정보를 확인합니다.

: 퀴즈 및 실습 문제 :

01 사각형의 가로, 세로 두 방향으로 정보를 저장하기 때문에 많은 정보를 담을 수 있는 코드는 무엇인가요? (   )

① 바코드   ② QR코드
③ 스터디코드   ④ 악성코드

02 QR코드에 담을 수 있는 정보가 <u>아닌</u> 것은 어느 것인가요? (   )

① 사진   ② 동영상
③ 지도   ④ 음악

03 QR코드를 읽으려면 다음 중 어떤 것을 탭해야 하나요? (   )

04 다음처럼 티처빌(http://www.teacherville.co.kr) 사이트로 바로 링크되는 QR코드를 만드세요.(단, 파일형식은 'jpg', 크기는 '3.7x3.7cm'으로 저장합니다.)

• 티처빌 로고 : 소스파일₩tb.png

> **퀴즈 및 실습 문제**
>
> 학습한 내용을 확인해 볼 수 있는 퀴즈 형태의 객관식 문제와 배운 내용을 실습해 볼 수 있는 과정으로 구성하였습니다.

풀이 01 ② 02 ④ 03 ⑤
04 ① 웹 브라우저를 실행한 후, 네이버 QR코드(http://qr.naver.com)에 접속하여 [나만의 QR코드 만들기] 단추를 클릭합니다. ② 코드제목을 입력하고, 코드 스타일에서 테두리를 보라색으로 선택한 후 가운선에서 '이미지 삽입'을 선택하여 소스파일을 첨부합니다. 위치 선택은 '상단 삽입'으로 설정한 후 [다음단계]를 클릭합니다. ③ '정보 입력 선택'에서 '링크로 바로 이동'을 선택하고, 링크할 웹주소를 입력합니다. ④ QR코드가 생성되면 [코드저장]을 클릭하여 QR코드의 파일형식은 jpg, 사이즈는 3.7x3.7cm로 설정하여 저장합니다.

CONTENTS

PART 1
학교업무 편

CHAPTER 01 내 스마트폰을 실물화상기로 사용할 수 있나요?
- STEP 1 모비즌 미러링 PC버전 설치하기 · 017
- STEP 2 모비즌 미러링 앱 설치하고 실행하기 · 021
- STEP 3 내 스마트폰 실물화상기로 만들기 · 028

CHAPTER 02 학교에서 이루어지는 모든 통계작업, 손 하나 까딱 안하고 할 수 있나요?
- STEP 1 네이버 오피스란? · 033
- STEP 2 폼에서 설문 내용 작성하기 · 034
- STEP 3 응답설정하고 폼 보내기 · 042
- STEP 4 응답 보기 · 046

CHAPTER 03 학교에서 이루어지는 모든 기록을 체계적으로 저장하여 관리할 수 있나요?
- STEP 1 에버노트 앱 설치하기 · 051
- STEP 2 웹 자료 수집하기 · 053
- STEP 3 이메일로 자료 수집하기 · 056
- STEP 4 언제 어디서나 기록하기 · 059

CHAPTER 04 공포의 엑셀, 딱 성적처리만 가능하게 실력을 갖출 수 없나요?
- STEP 1 엑셀 파일 불러와서 자동 평균 구하기 · 067
- STEP 2 COUNTIF 함수로 조건부 개수 구하기 · 069
- STEP 3 AVERAGEIF 함수로 조건부 평균 구하기 · 071
- STEP 4 SUMIF 함수로 조건부 합계 구하기 · 073
- STEP 5 LOOKUP 함수 사용해서 성적을 상, 중, 하로 평가하기 · 075

CHAPTER 05 내일이 학부모총회! 한 시간 만에 교사소개 자료를 만들 수 없나요?
- STEP 1 파일 불러와서 테마 적용하기 · 081
- STEP 2 이미지 삽입하고 텍스트 추가하기 · 083

	STEP 3	SmartArt 그래픽으로 변경하기	086
	STEP 4	배경 음악 삽입하고 전환 효과 적용하기	089

CHAPTER 06 학교 가정통신문에 링크주소, 사진, 동영상, 연락처를 쉽게 넣을 수 없나요?

STEP 1	링크로 바로 연결되는 QR코드 만들기	097
STEP 2	원하는 정보를 담은 QR코드 만들기	100
STEP 3	QR코드 넣기	106

PART 2 수업자료 관리 및 제작 편

CHAPTER 07 스마트폰에서도 인터넷 페이지를 손쉽게 캡처하고, PDF로도 다운로드받을 수 있나요?

STEP 1	PC버전 네이버 툴바 설치하기	113
STEP 2	PC 네이버 툴바로 캡처하기	116
STEP 3	네이버 앱 설치하기	120
STEP 4	네이버 앱의 툴바로 캡처하기	121

CHAPTER 08 학생들이 파워포인트 없이도, 모둠별로 협력해서 작업하게 할 수 있나요?

STEP 1	구글 문서로 프레젠테이션 문서 만들기	129
STEP 2	프레젠테이션 문서를 모둠원에게 공유하기	135
STEP 3	댓글 추가하고 답변하기	138
STEP 4	실시간 채팅으로 토론하기	139

CHAPTER 09 수업에 필요한 사진, 동영상, 소리 파일들을 손쉽게 다운로드받을 수 있나요?

STEP 1	알툴바 설치하기	143
STEP 2	사진 캡처하기	146
STEP 3	유튜브 동영상 다운로드하기	149
STEP 4	무료 소리 파일 다운로드하기	152

CONTENTS

PART 3
**연구대회/
운영
보고회 편**

CHAPTER 10 연구대회 보고서 작성에 꼭 필요한 한글의 고급기능만 알려주실 수 있나요?
- **STEP 1** 문서마당 수정하여 보고서 표지 만들기 — 159
- **STEP 2** 구역 나누고, 스타일 지정하기 — 163
- **STEP 3** 각주 추가하고 쪽수 매기기 — 167
- **STEP 4** 차례 만들기 — 170

CHAPTER 11 새로운 프레지 넥스트 버전에 대해서 알아볼까요?
- **STEP 1** 베이직 무료 계정 가입하기 — 175
- **STEP 2** 교육용 무료 계정 가입하기 — 178
- **STEP 3** 계정 설정 및 라이센스 — 181
- **STEP 4** 프레지 새 기능 알아보기 — 184

CHAPTER 12 학교소개 발표자료를 1~2시간 만에 멋지게 만들 수 있나요?
- **STEP 1** 텍스트 수정하고, 이미지 추가하기 — 191
- **STEP 2** 토픽, 하위토픽, 페이지 — 194
- **STEP 3** 이미지 추가하기 — 198
- **STEP 4** 링크 주소와 동영상 추가하기 — 200

PART 4

**학생/
학부모
관리 편**

CHAPTER 13 학생/학부모님 관리를 스마트폰으로 쉽고 체계적으로 할 수 없나요?
- **STEP 1** 네이버 주소록 설치하고 내 폰과 동기화하기 — 209
- **STEP 2** 네이버 주소록으로 연락처 내보내고 가져오기 — 213
- **STEP 3** 연락처 정리하기 — 216
- **STEP 4** 웹 네이버 주소록에서 그룹 만들고 메일 보내기 — 217

CHAPTER 14 학생의 사진, 학습결과물을 학부모님께 손쉽고 빠르게 공유할 수 없나요?
- **STEP 1** PC 네이버 클라우드 탐색기와 폴더 동기화 설정하기 — 225
- **STEP 2** 네이버 클라우드 앱 설치하고 자동 올리기 설정하기 — 230
- **STEP 3** 여러 사람과 사진 함께 보기 — 234

CHAPTER 15 교실에 있는 학생들에게 원격으로 동영상이나 음악을 틀어줄 수 있나요?
- **STEP 1** 곰리모트 PC 버전과 앱 설치하기 — 241
- **STEP 2** PC 곰리모트와 모바일 앱 연결하기 — 246
- **STEP 3** 곰리모트 앱 사용하여 원격으로 동영상 조정하기 — 249

PART.

학교 업무할 때 PC 프로그램이나 스마트폰 앱을 활용하면 어렵고 복잡한 업무도 쉽고 빠르게 효율적으로 할 수 있습니다. 모비즌 앱을 활용하면 스마트폰을 PC에 미러링할 수 있어서 실물화상기처럼 사용할 수도 있고, 네이버 오피스의 폼 기능을 사용해서 설문 조사를 하고 바로 응답 결과를 통계 자료로 받아볼 수도 있습니다. 에버노트 앱을 사용해서 기록한 메모를 체계적으로 관리하는 방법, QR코드에 링크를 삽입하여 가정통신문에 삽입하는 방법 등 업무에 필요한 다양한 팁을 알아보도록 하겠습니다.

1

학교 업무

내 스마트폰을 실물화상기로 사용할 수 있나요?

학습 방향
모비즌 미러링 프로그램을 사용하면 스마트폰을 그대로 PC화면으로 거울보듯이 미러링할 수 있습니다. 스마트폰의 게임, 카톡 등 다양한 앱을 PC에서 실행하여 사용할 수 있습니다. 카메라 앱을 사용하면 수업에 필요한 자료를 모니터를 통해 학생들에게 보여주면서 수업을 진행할 수 있습니다.

학습 목표
- PC버전 모비즌 미러링을 다운로드하여 설치할 수 있습니다.
- 모비즌 미러링 앱을 스마트폰에 설치할 수 있습니다.
- PC와 스마트폰을 USB나 WiFi로 연결하여 PC에 미러링할 수 있습니다.
- 스마트폰을 PC에서 실물화상기처럼 사용할 수 있습니다.

미리보기

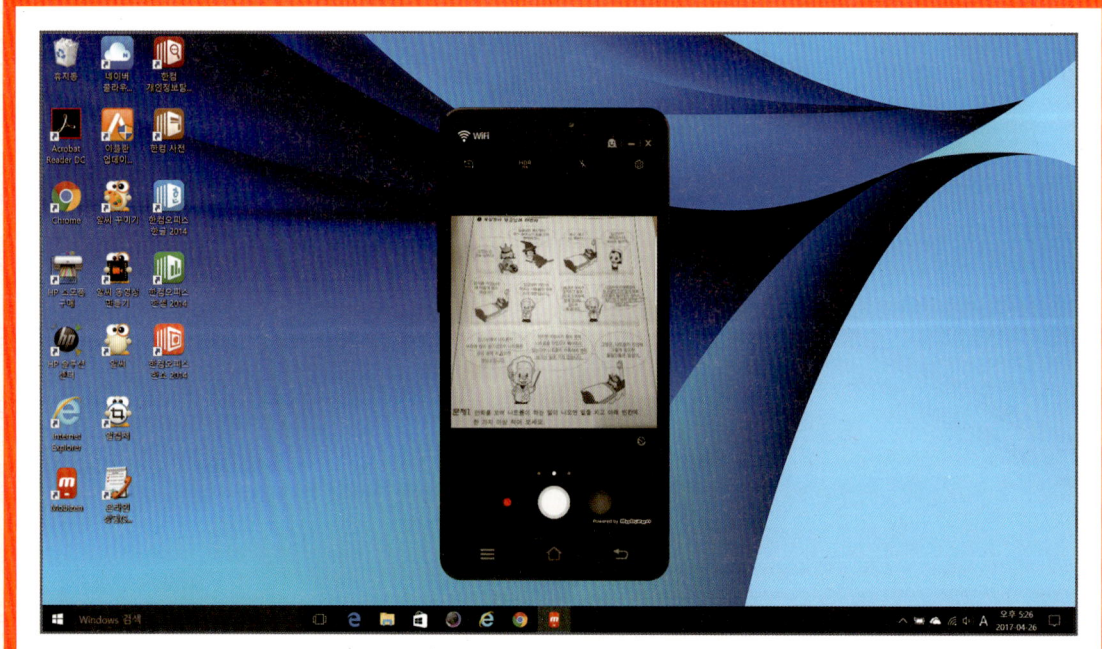

STEP 1 모비즌 미러링 PC버전 설치하기

PC버전 설치하기

1 웹 브라우저를 실행하여 모비즌(www.mobizen.com)에 접속한 후 [미러링 PC버전]을 클릭합니다.

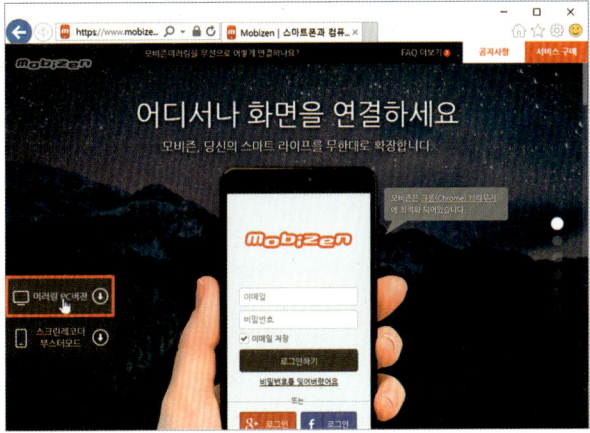

2 모비즌 미러링 PC버전을 설치하기 위해 아래쪽의 실행하거나 저장하겠냐는 창에 [실행] 단추를 클릭합니다.

> ◆ **모비즌**
> 모비즌은 두 가지 프로그램이 있습니다. 스마트폰의 화면을 그대로 PC로 전송하는 미러링 기능과 스마트폰 화면을 녹화하는 기능이 있습니다.

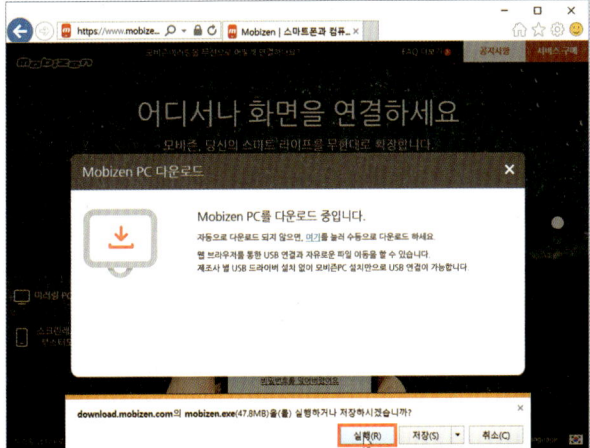

3 Mobizen 설치 대화 상자가 나타나면서 설치 준비가 시작됩니다. [설치 마법사(InstallShield Wizard)] 대화 상자의 [다음] 단추를 클릭합니다.

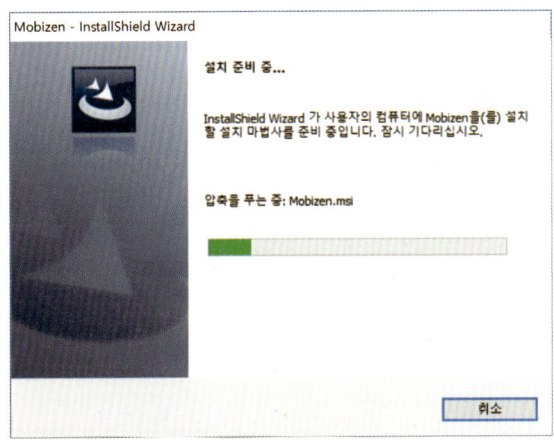

4 '사용권 계약서의 조건에 동의함'을 선택한 후 [다음] 단추를 클릭하고, 모비즌 설치 위치를 확인한 후 [다음] 단추를 클릭합니다.

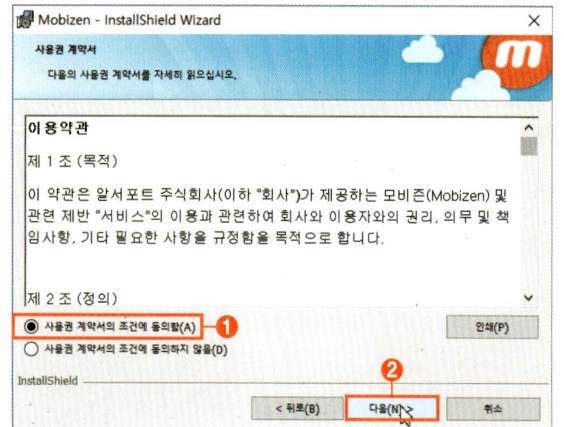 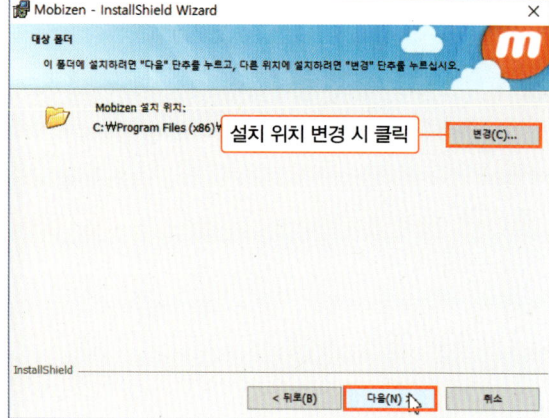

5 프로그램 설치 준비 완료에 [설치] 단추를 클릭하면 설치가 시작됩니다. 설치가 완료되면 [마침] 단추를 클릭합니다.

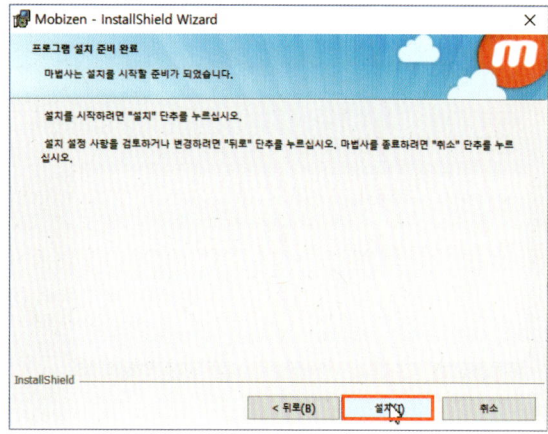 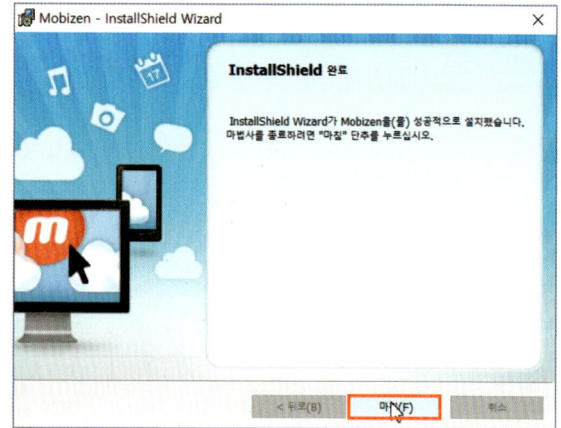

PC버전 실행하기

1 바탕 화면에서 새로 설치된 모비즌(🔲) 아이콘을 더블 클릭합니다.

2 스마트폰 모양의 모비즌이 실행됩니다.

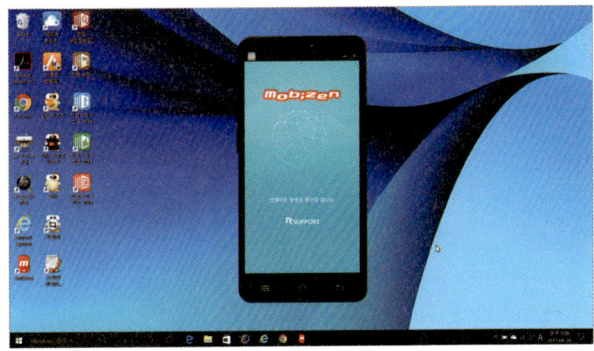

3 구글이나 페이스북 계정으로 모비즌을 로그인할 수 있습니다. [g+로그인] 단추를 클릭한 후 이메일 주소 입력에 사용자의 구글 계정을 입력하고 [다음] 단추를 클릭합니다.

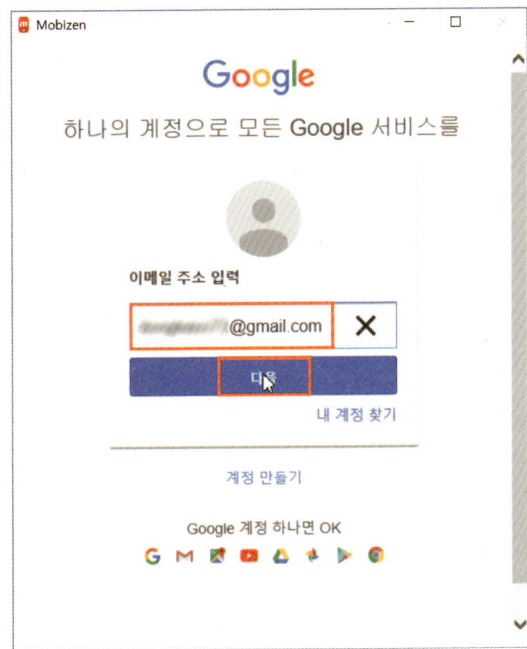

4 비밀번호를 입력하고, [로그인] 단추를 클릭합니다. 모비즌에서 내 구글 정보를 사용할 수 있게 요청하는 화면에 [허용] 단추를 클릭합니다.

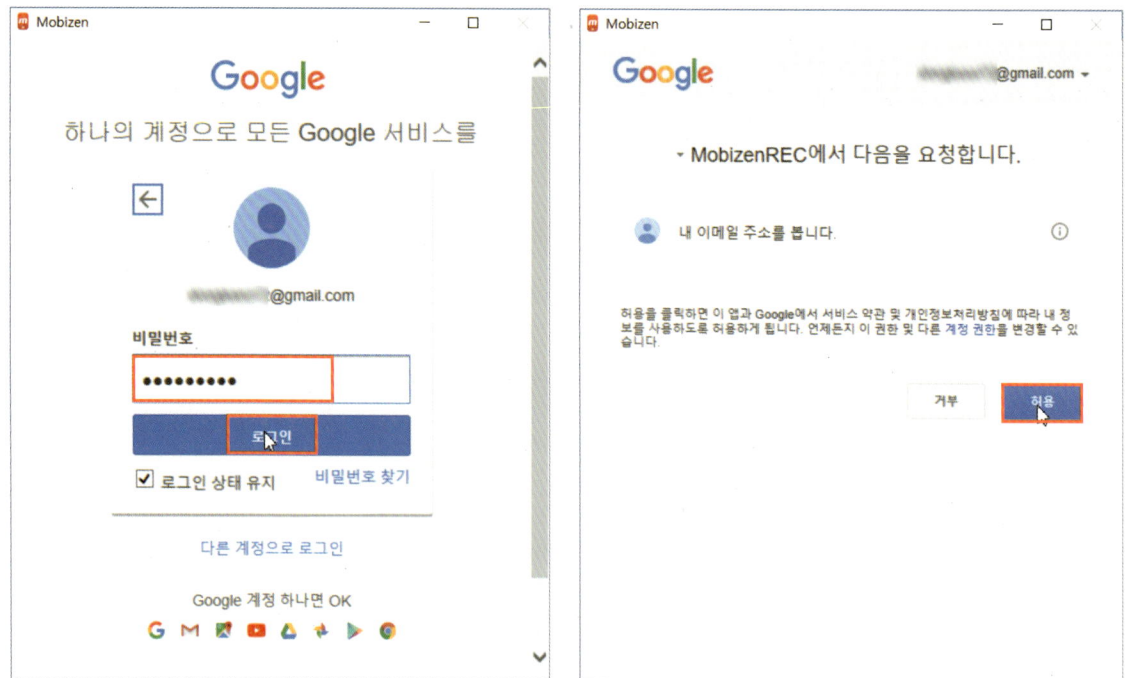

5 모바일 앱에서 구글 계정을 등록하고, PC에서 구글 계정으로 접속하라는 창이 나타납니다.

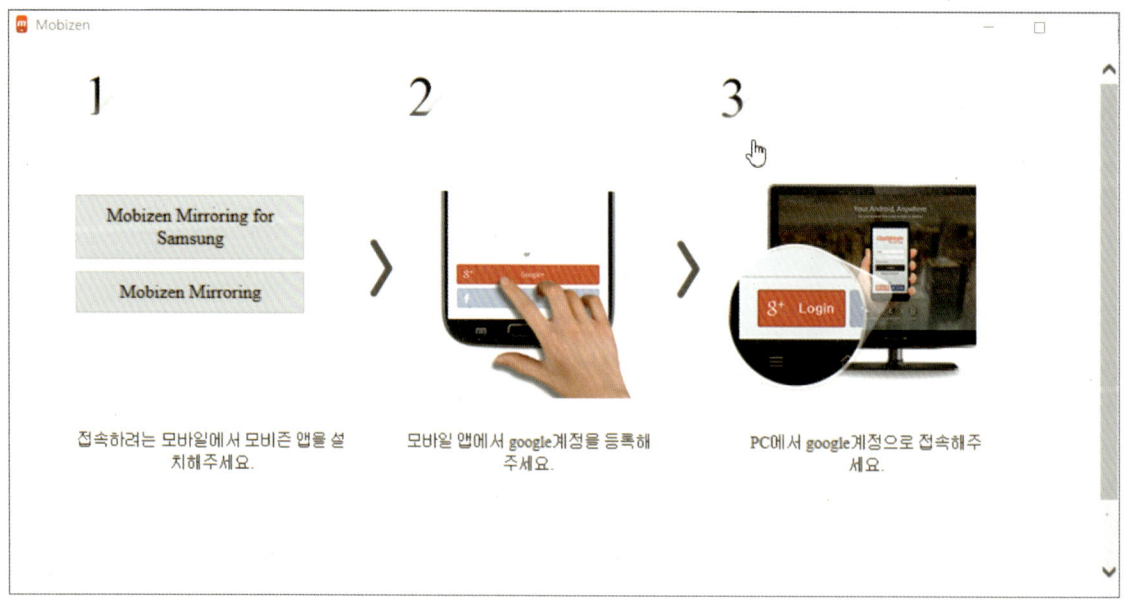

STEP 2 ◆ 모비즌 미러링 앱 설치하고 실행하기

앱 설치하고 실행하기

1 홈 화면에서 Play 스토어(▶) 앱을 탭하여 실행한 후 'Google Play' 검색창에 '모비즌'이라고 입력하고, 검색 목록 중 [모비즌미러링]을 선택합니다.

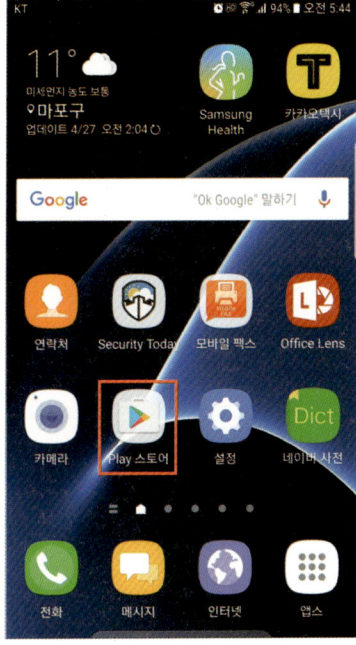
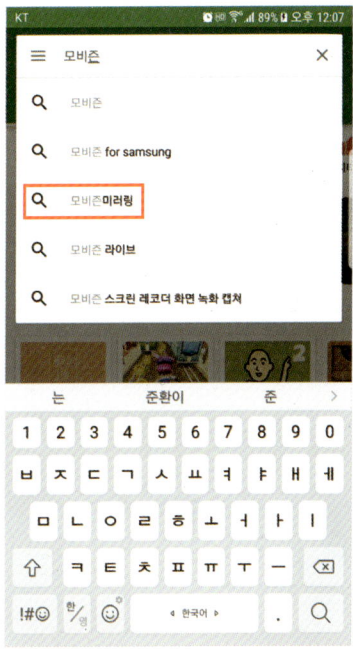

2 [모비즌 미러링 for SAMSUNG]을 탭한 후 설치하기 위해 [설치] 단추를 탭합니다.

3 사용에 동의를 하기 위해 [동의] 단추를 탭하면 설치가 진행됩니다. 설치가 완료되면 [열기] 단추를 탭합니다.

> ♦ 설치가 완료되면 홈 화면에 모비즌 미러링 for SAMSUNG(◼) 앱이 추가되므로, 앱을 터치하여 실행할 수 있습니다.

4 모비즌이 실행되면 [시작하기] 단추를 탭합니다.

5 '이메일 계정 선택'에 스마트폰에 등록된 계정이 표시됩니다. 등록된 계정 중 구글 계정을 선택하거나 '또는'의 [Google로 계속하기] 단추를 탭합니다. 구글 계정의 비밀번호를 입력하고, 다시 한번 확인하여 입력한 후 [다음] 단추를 탭합니다.

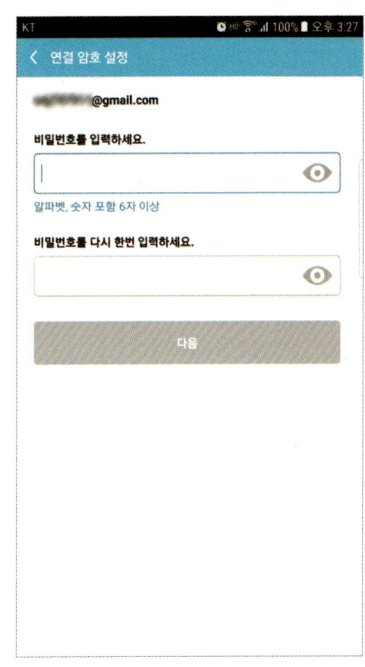

USB 디버깅 설정하기

1 튜토리얼의 사용 지침 내용을 드래그하여 모두 읽어본 후 PC와 스마트폰을 USB로 연결합니다. USB로 연결하려면 USB 디버깅 체크를 해야 하므로, [설정 되지 않음]을 탭합니다. 설정 화면에서 [디바이스 정보]를 탭합니다.

2 [소프트웨어 정보]를 탭한 후 [빌드번호]를 7번 탭합니다.

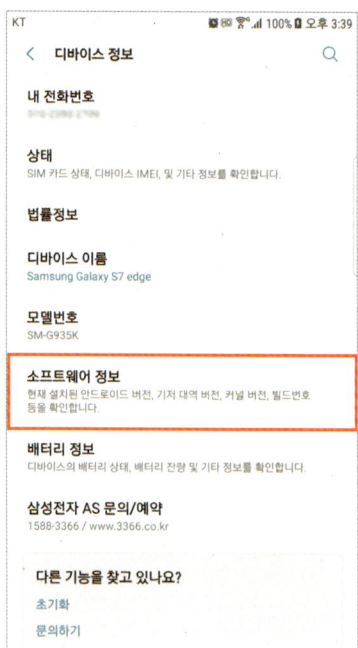

3 이전 화면으로 이동하면 [개발자 옵션]이 활성화되어 있으므로 탭합니다. [USB 디버깅]을 탭합니다.

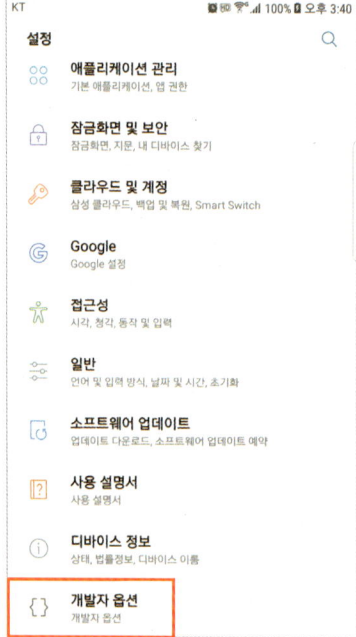

4 USB 디버깅 허용 창에 [확인]을 탭합니다. 현재 연결된 컴퓨터를 항상 USB 디버깅을 허용하려면 '이 컴퓨터에서 항상 허용'에 체크하고 [확인]을 탭합니다.

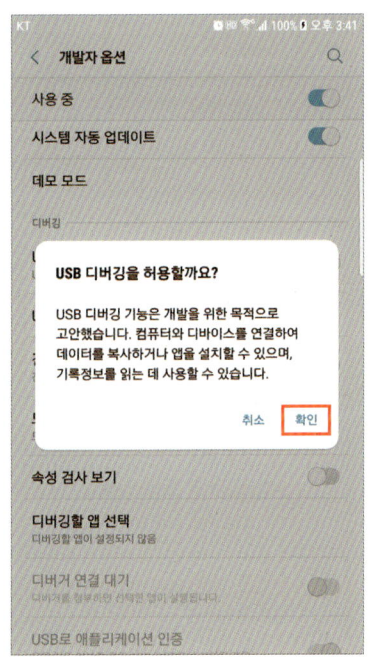
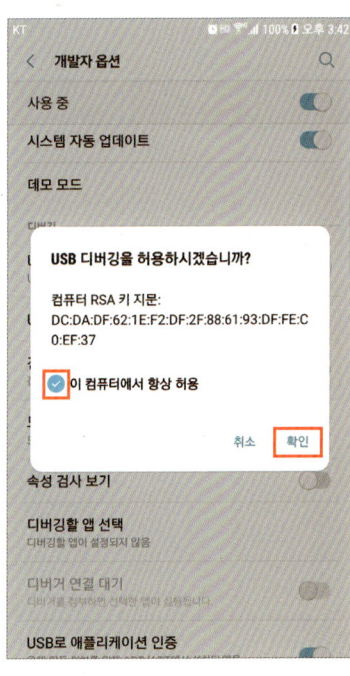

5 다시 모비즌 앱으로 되돌아간 후 내 정보 사용을 요청하는 창이 나타나면 [허용]을 탭합니다. [시작하기] 버튼을 탭하면 PC와 연결할 수 있는 화면이 표시됩니다.

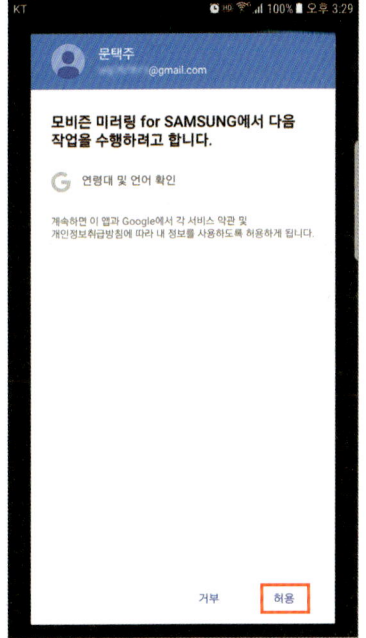

6 PC 화면의 모비즌에서 [USB] 탭을 선택하고, 구글 이메일과 비밀번호를 입력한 후, [시작하기] 단추를 클릭합니다. 아래쪽에 무료버전을 사용중이라는 메시지 창에 [닫기] 단추를 클릭합니다. 모바일 화면이 그대로 미러링되어 나타납니다.

 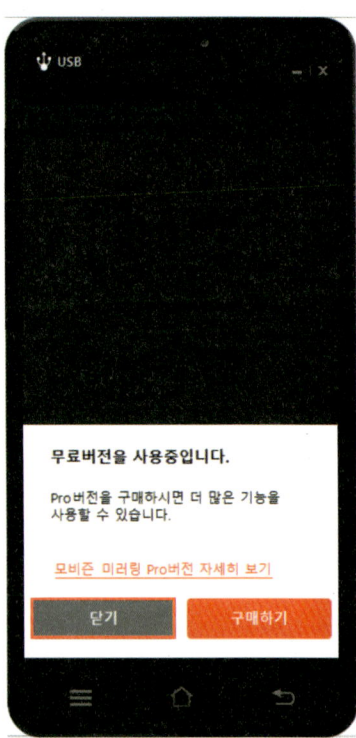

WiFi로 미러링 하기

1 PC 화면의 모비즌에서 [Wireless] 탭을 클릭한 후 구글 이메일과 비밀번호를 입력하고, [시작하기] 단추를 클릭합니다. 모바일 2차 인증코드가 표시됩니다.

 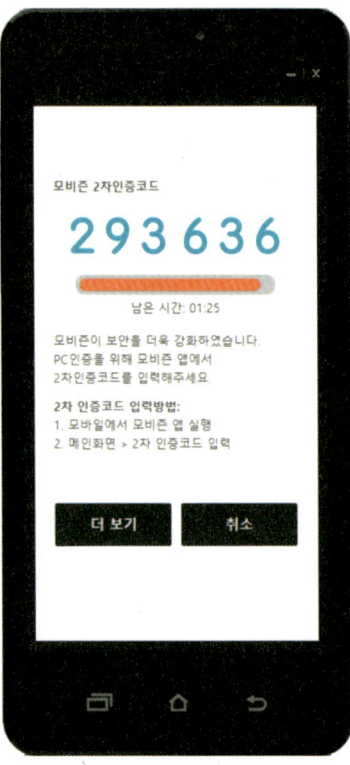

2 스마트폰의 모비즌 앱으로 다시 되돌아간 후 [2차 인증코드 입력]을 탭합니다. PC에서 출력한 인증코드를 입력한 후 [인증] 단추를 탭합니다.

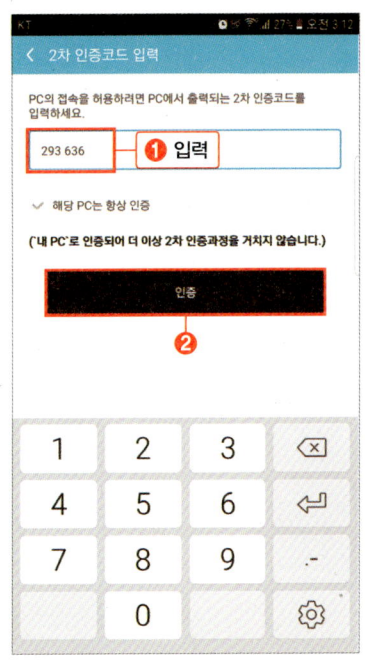

3 스마트폰 화면의 모비즌의 아래쪽에 무료버전을 사용중이라는 메시지 창이 나타나면 [닫기] 단추를 클릭합니다. 더 많은 기능을 사용하려면 [구매하기] 단추를 클릭하여 Pro 버전을 구매합니다. PC와 모바일을 USB로 연결하지 않아도 WiFi로 연결됩니다.

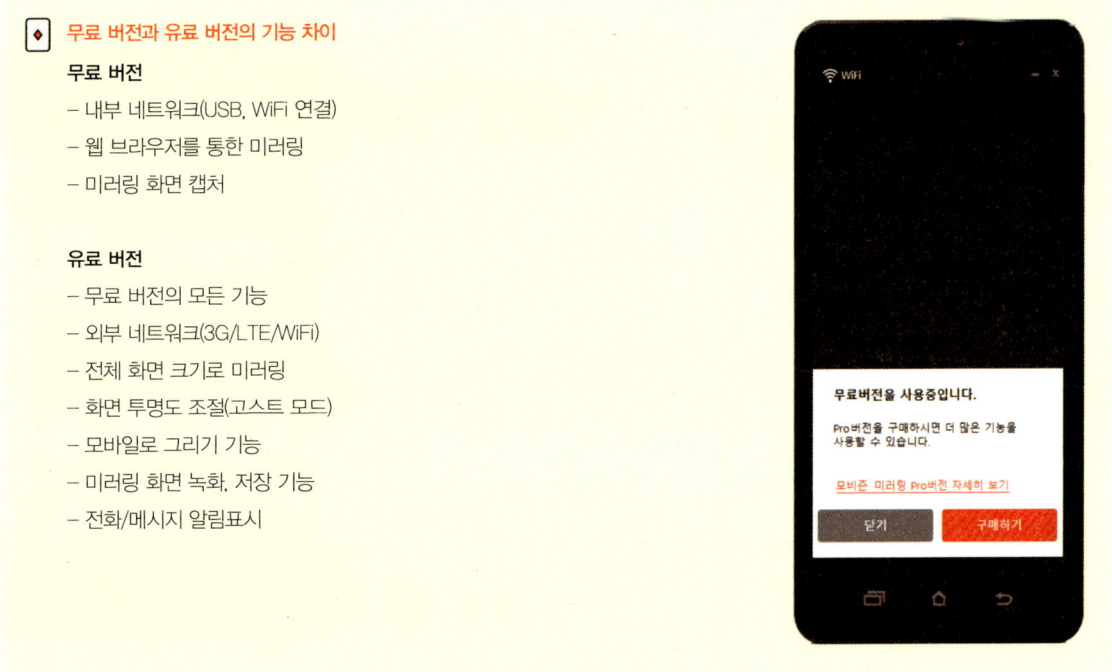

CHAPTER 1 :: 내 스마트폰을 실물화상기로 사용할 수 있나요?

STEP 3 ◆ 내 스마트폰 실물화상기로 만들기

1 PC 모비즌에 모바일 화면이 나타납니다. 홈 화면으로 이동하기 위해 홈 버튼(⌂)을 클릭합니다. PC 모비즌의 홈 화면의 카메라(◉) 앱을 클릭하면 스마트폰의 카메라가 실행됩니다.

◆ 모비즌 미러링의 상단 가운데로 마우스 포인터를 가져가서 ▼를 클릭하면 추가 기능을 실행할 수 있는데, 유료 기능에서만 사용가능한 기능도 있습니다.

❶ 캡처 : 현재 이미지를 캡처하여 저장합니다.
❷ 동영상 캡처 : 유료 버전에서만 가능합니다.
❸ 펜 기능 : 유료 버전에서만 가능합니다.
❹ 파일 송수신 : 파일을 모바일과 PC로 서로 송수신할 수 있습니다.
❺ 설정 : 선택 언어, 뷰어 잠금 설정 등을 할 수 있습니다.

2 스마트폰의 카메라로 문서 등을 비추면 그대로 PC에서 문서를 볼 수 있습니다. 수업 시간에 내 스마트폰을 실물화상기로 사용하여 모니터를 통해 수업에 활용한 후 PC와 모바일 모비즌을 모두 종료합니다.

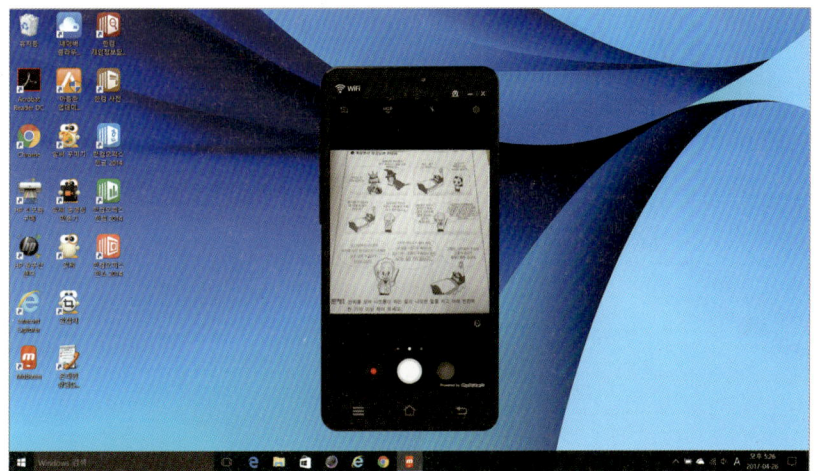

◆ 유료 버전에서는 `Ctrl` + `Enter` 를 눌러 전체 화면 크기로 미러링할 수 있습니다.

◆ **모비즌 스크린 레코더**

- 홈 화면의 Play 스토어(▶) 앱을 탭하여 모비즌 스크린 레코더를 검색하여 설치하고 실행하면 화면 오른쪽에 ⓜ 아이콘이 표시됩니다. ⓜ를 탭한 후 모바일 화면 그대로를 동영상으로 캡처하려면 ⏺를 탭합니다.

- 번호가 3, 2, 1이 나타나고 영상 캡처가 시작됩니다. 요즘에는 스마트폰 게임을 설명하면서 영상을 캡처하는 경우가 많은데 수업 때 필요한 앱을 설명할 때 활용하면 좋습니다. 영상 촬영을 마치려면 ⏺를 탭하여 '녹화 완료' 창의 [닫기] 단추를 탭합니다.

: 학습정리 :

❶ PC버전 모비즌 미러링 설치
- 웹 브라우저를 실행하여 모비즌(www.mobizen.com)에 접속한 후 [미러링 PC버전]을 클릭하여 설치합니다.
- 미러링 PC버전을 실행한 후 구글 계정이나 페이스북 계정으로 로그인합니다.

❷ USB로 미러링하기
- USB로 스마트폰과 PC를 연결합니다.
- 홈 화면의 Play 스토어(▶) 앱을 탭하여 모비즌 미러링을 검색하여 설치합니다.
- 모비즌 미러링(ⓜ) 앱을 실행한 후 로그인합니다.
- PC와 모바일을 USB 연결하기 위해서는 설정 화면에서 USB 디버깅에 체크해야 합니다.
- PC 모비즌에서 [USB] 탭을 클릭한 후 로그인하면 스마트폰의 화면이 PC에 미러링됩니다.

❸ WiFi로 미러링하기
- 모비즌 미러링(ⓜ) 앱과 PC 모비즌을 각각 실행합니다.
- PC 모비즌에서 [Wireless] 탭을 클릭한 후 로그인하면 모바일 2차 인증코드가 표시됩니다.
- 모비즌 미러링 앱에서 PC에서 출력한 2차 인증코드를 입력하여 인증합니다.
- PC 모비즌에 스마트폰의 화면이 미러링됩니다.

❹ 스마트폰을 실물화상기로 사용하기
- PC 모비즌 미러링에 스마트폰 화면이 미러링되면 카메라(⬤) 앱을 실행하여 원하는 자료나 작품 등을 비춰서 실물화상기로 활용합니다.

: 퀴즈 및 실습 문제 :

01 PC에서 스마트폰을 실물화상기처럼 사용할 때 필요한 프로그램은? (   )

① 모비즌 미러링　　　　　　② 모비즌 스크린 레코더
③ 캠타시아　　　　　　　　　④ 곰플레이어

02 PC와 모바일을 USB 연결하기 위해서는 USB 디버깅을 해야 하는데, 설정 화면의 소프트웨어 정보에서 빌드번호를 몇 번 탭해야 하나요? (   )

① 1번　　　　　　　　　　　② 3번
③ 5번　　　　　　　　　　　④ 7번

03 모비즌 미러링에서 파일을 송수신할 때 필요한 것은 어느 것인가요? (   )

04 PC 모비즌 미러링에서 현재 화면을 캡처하여 저장해 보세요.

캡처 화면

풀이　01 ①　02 ④　03 ④
　　　04 ① PC 모비즌 미러링의 상단 가운데로 마우스 포인터를 가져가서 ▼를 클릭합니다.　② 📷를 클릭하여 캡처합니다.

CHAPTER 2
학교에서 이루어지는 모든 통계작업, 손 하나 까딱 안하고 할 수 있나요?

학습 방향
네이버 오피스의 폼을 사용하면 별도의 프로그램을 설치하지 않아도 설문지를 웹에서 바로 작성할 수 있으며 응답자의 응답을 분석하여 바로 그래프로 정리된 통계자료를 볼 수 있습니다. 폼을 네이버 클라우드에 저장한 후 다른 사람들과 공유도 손쉽게 할 수 있고, 결과도 다른 사람과 공유할 수 있습니다.

학습 목표
- 네이버 오피스를 사용해 폼 서식을 만들 수 있습니다.
- 네이버 폼에서 템플릿을 선택하여 설문지를 만들 수 있습니다.
- 폼의 항목을 추가하고 삭제할 수 있습니다.
- 폼과 응답결과를 다른 사람과 공유할 수 있습니다.

미리보기   소스파일 로고.png | 웹 주소 http://naver.me/GQF0Fu3h

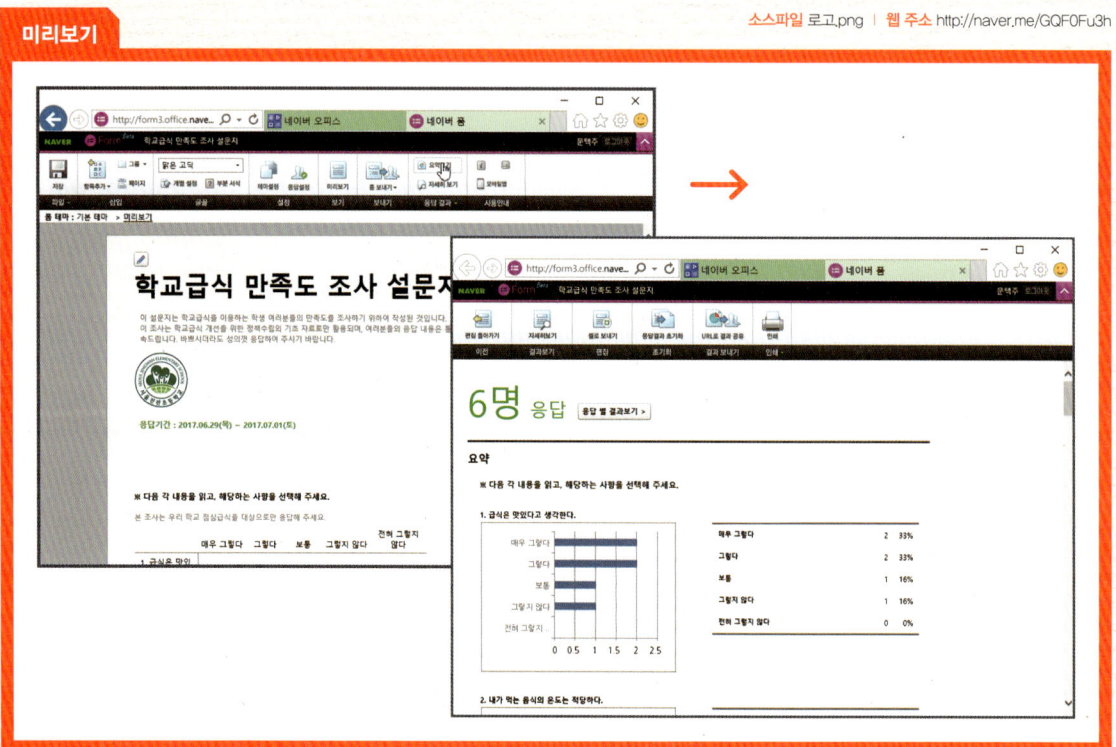

STEP 1 ◆ 네이버 오피스란?

1 네이버(www.naver.com)에 접속하여 로그인한 후 [더보기]를 클릭합니다.

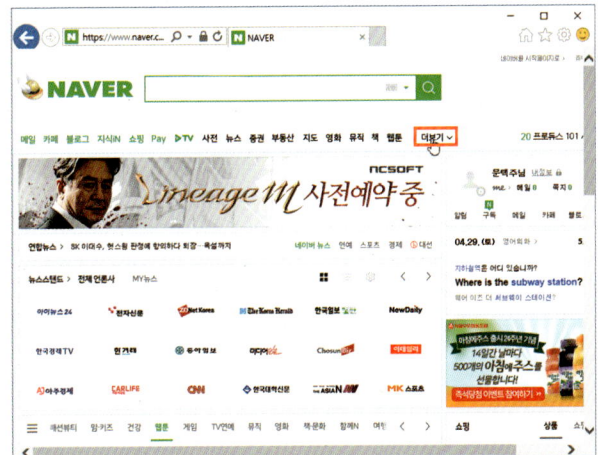

> ♦ **네이버 오피스란?**
> 네이버 오피스는 컴퓨터에 별도의 프로그램 설치 없이도 인터넷만 연결되어 있다면 웹 브라우저에서 무료로 사용할 수 있는 웹오피스 서비스입니다.

2 [오피스]를 선택하면 네이버 오피스가 열립니다. 홈 화면에서 [폼] 탭을 클릭하고 다양한 템플릿 중 [조합형 설문(1)] 위로 마우스를 가져가서 [사용하기]를 클릭합니다.

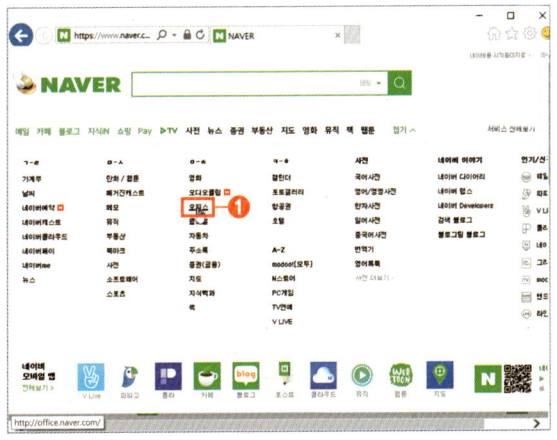 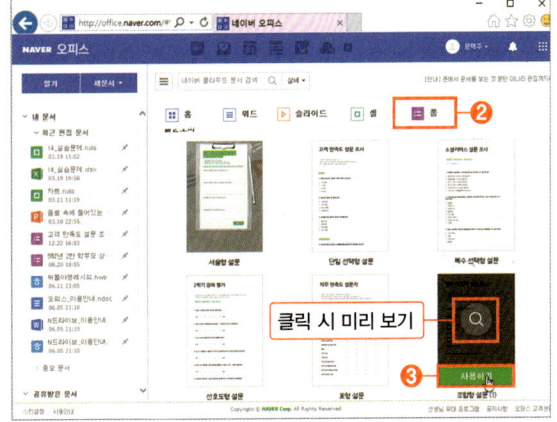

> ♦ **네이버 폼**
> 내가 원하는 양식의 문서를 작성하고 여러 사람에게 공유하여 한꺼번에 응답을 취합하고 자동으로 정리되어 그래프로 볼 수 있는 문서 작성 서비스입니다.

STEP 2 ◆ 폼에서 설문 내용 작성하기

항목 편집하고 추가하기

1 선택한 템플릿이 열립니다.

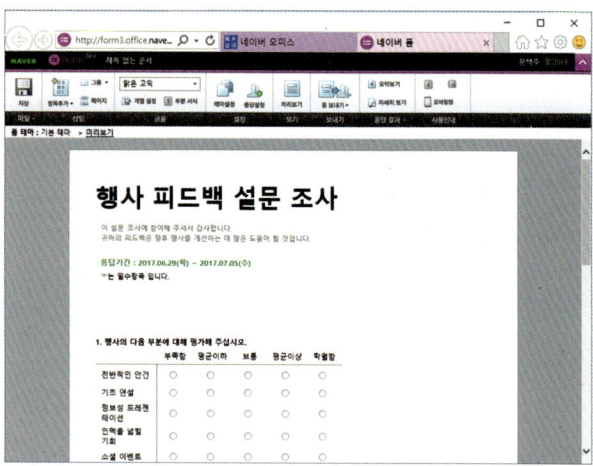

◆ 네이버 오피스 도구 모음

❶ **저장** : 네이버 클라우드에 저장합니다.
❷ **항목추가** : '기본'의 주관식 단답형, 주관식 서술형, 단일 선택형, 복수 선택형, 목록 선택형, 선호도형, 표형과 '확장형'의 날짜/시간, 연락처, 주소 등의 항목을 선택하여 추가할 수 있습니다.
❸ **그룹** : 그룹 또는 구분선을 추가할 수 있습니다.
❹ **페이지** : 페이지를 추가할 수 있습니다.
❺ **글꼴** : 항목 안의 제목, 설명 등의 글꼴을 한꺼번에 변경합니다.
❻ **개별 설정** : 항목 안의 제목, 설명 등의 글꼴을 각각 변경할 수 있습니다.
❼ **부분 서식** : 부분 서식 안내 창이 열리고, 부분 서식을 변경하는 방법을 알려 줍니다.
❽ **테마설정** : 다양한 테마 중에서 선택합니다.
❾ **응답설정** : 응답기간, 중복 응답 제출, 선착순 응답 여부 등을 설정할 수 있습니다.
❿ **미리보기** : 네이버 클라우드에 저장한 후에 미리보기 할 수 있습니다.
⓫ **폼 보내기** : 공유하기, 메일로 보내기, 웹 페이지에 삽입 중 하나를 선택하여 다른 사람과 공유할 수 있습니다.
⓬ **요약보기/자세히 보기** : '요약보기'에서는 응답내용을 차트로 보거나 요약해서 볼 수 있고, '자세히 보기'에서는 스프레드시트에서 정리된 응답을 확인할 수 있습니다.
⓭ **사용법/단축키/모바일앱** : 오피스 사용법과 단축키를 찾아볼 수 있고, 모바일앱을 설치할 수 있는 화면으로 이동합니다.

2 각각의 항목에 마우스를 가져가면 편집(✏)이 나타나는데 클릭합니다. 제목, 설명을 입력하고, 응답기간을 설정합니다.

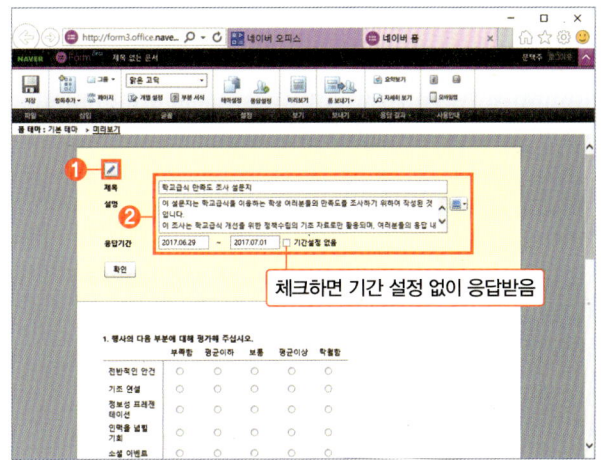

3 ▦▼을 클릭한 후 [PC 이미지 삽입]을 선택하여 '소스파일₩로고.png'를 불러옵니다.

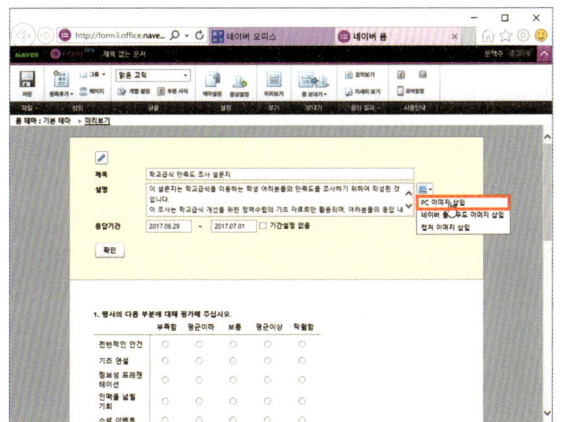
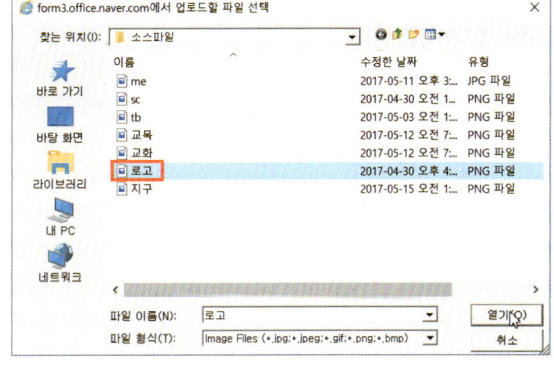

4 이미지가 삽입되면 [확인] 단추를 클릭하여 항목 편집을 마무리합니다.

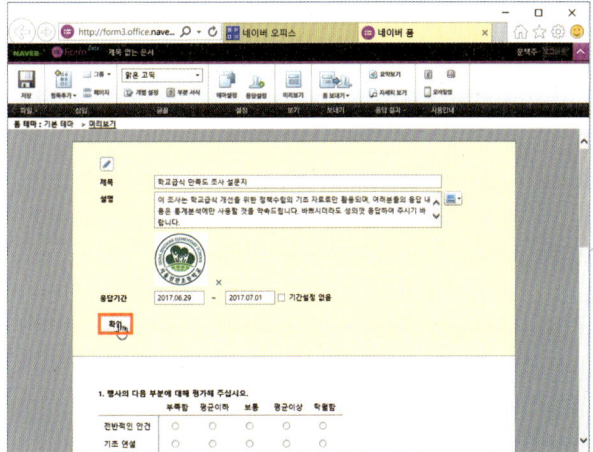

5 '1번 항목'의 편집(✏️)을 클릭하여 항목 제목과 항목 설명을 각각 입력합니다. 유형은 '표형' 그대로 둡니다.

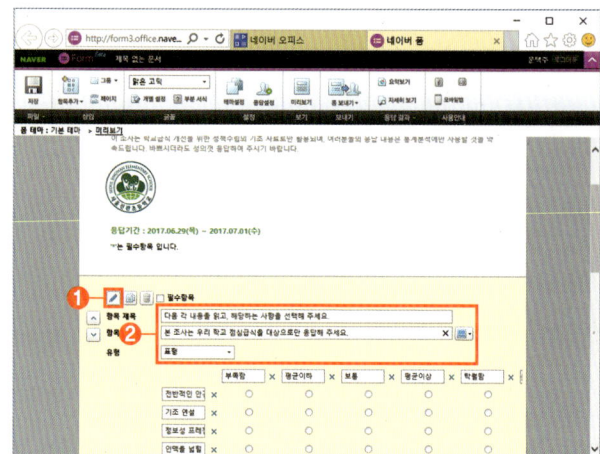

6 항목 제목 앞의 커서를 둔 후 키보드에서 ㅁ과 한자를 한꺼번에 누르면 기호 목록이 펼쳐집니다. [6 ※]을 선택합니다.

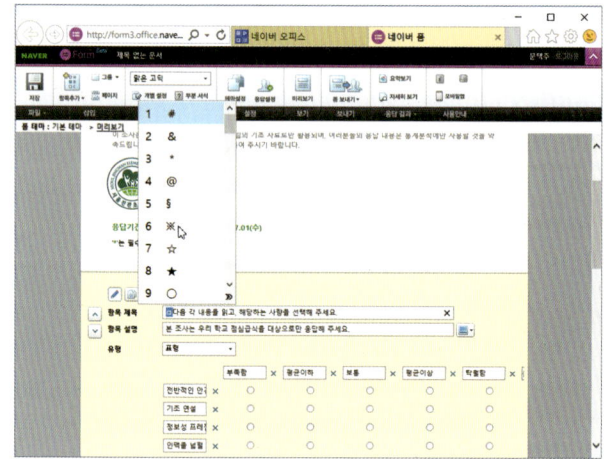

7 열 옵션을 각각 그림처럼 입력합니다.

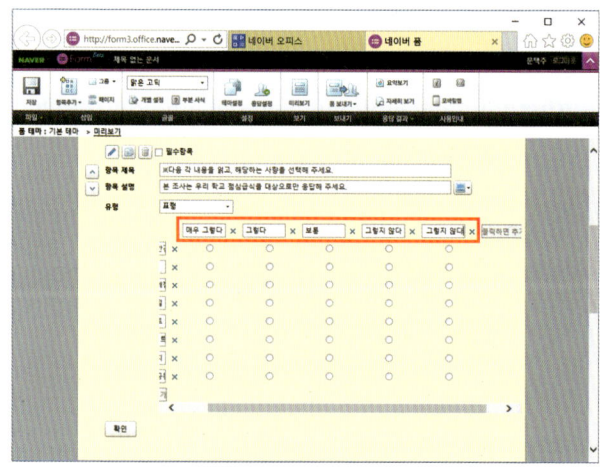

8 행 옵션도 입력하고 더 추가하려면 '클릭하여 추가'를 클릭합니다.

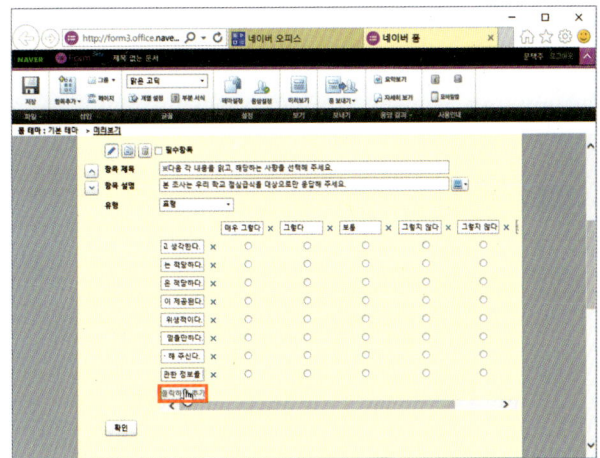

9 같은 방법으로 행 옵션을 12번이 될 때까지 추가하여 내용을 입력한 후 [확인] 단추를 클릭합니다.

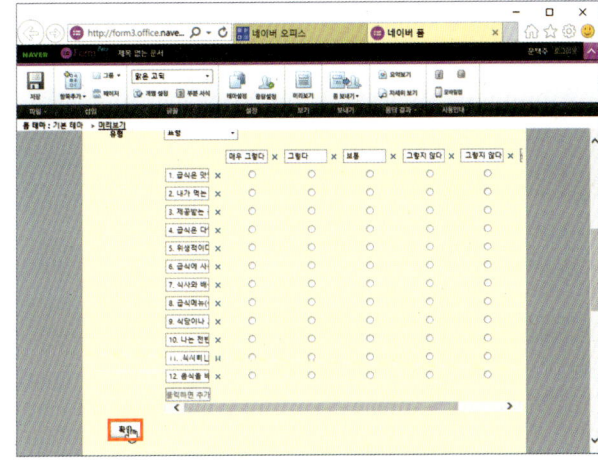

10 항목 내용 수정을 통해 1~12번까지 설문 항목을 작성합니다.

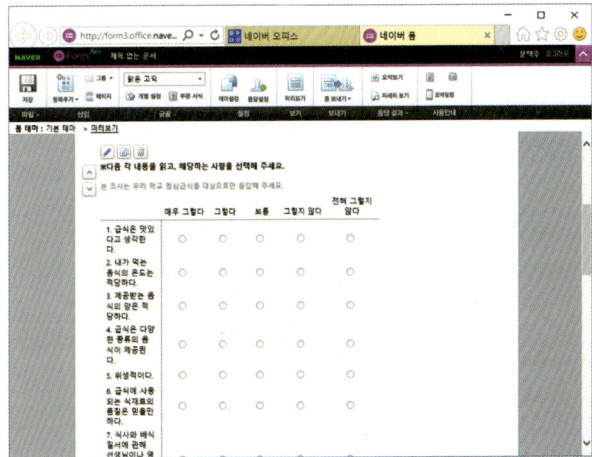

항목 삭제하기

1 필요없는 항목 중 2번 항목에 마우스를 가져가서 나타난 도구 중 삭제(🗑)를 클릭합니다.

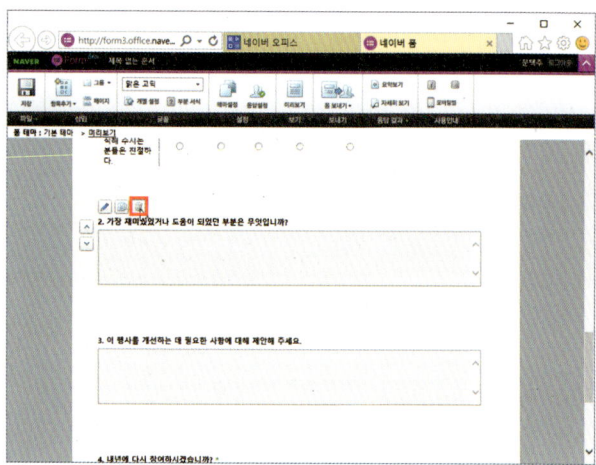

2 '항목 삭제' 창이 나타나면 [확인] 단추를 클릭하여 삭제합니다. 3, 4번 항목도 삭제합니다.

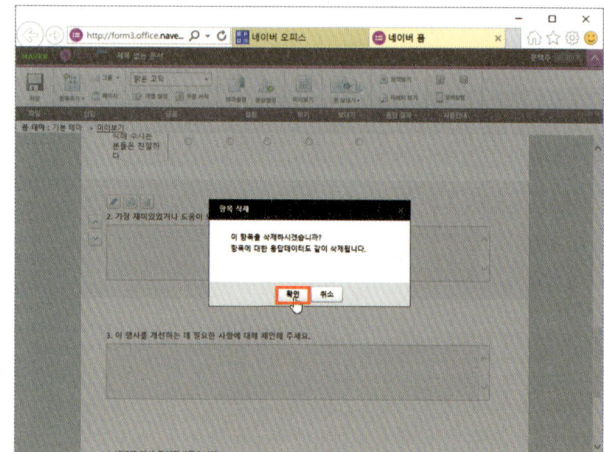

3 항목을 추가하기 위해 하단의 [+항목추가] 단추를 클릭합니다.

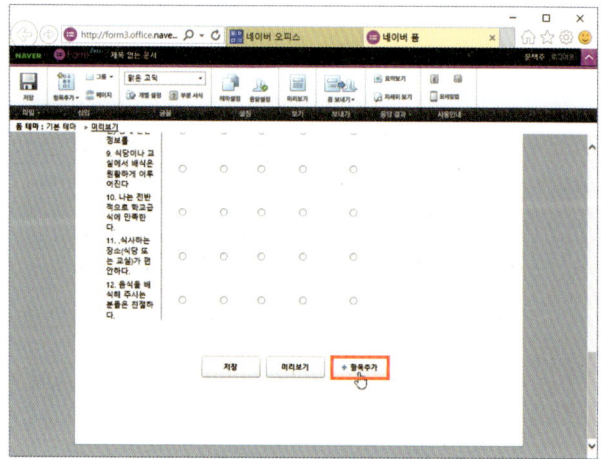

4 항목이 추가되면 항목 제목을 입력하고, 유형은 '단일 선택형'으로 설정합니다.

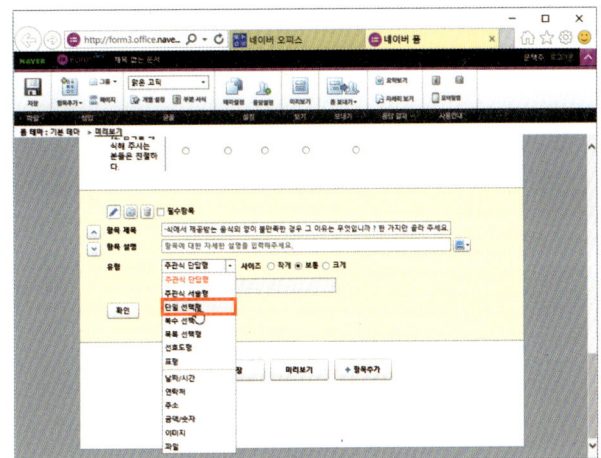

◆ 항목 종류와 특징

- **주관식 단답형** : 단답형으로 응답해야 하는 질문을 만들 때 사용합니다. 응답 페이지에는 한 줄로 입력하는 입력창으로 표시됩니다.
- **주관식 서술형** : 서술형으로 응답해야 하는 질문을 만들 때 사용합니다. 응답 페이지에는 여러 줄로 입력할 수 있는 입력창으로 표시됩니다.
- **단일 선택형** : 여러 개의 선택지(옵션) 중에서 하나를 선택해야 하는 질문을 만들 때 사용합니다. 선택지는 필요에 따라 추가/삭제할 수 있으며, 라디오버튼으로 표시됩니다.
- **복수 선택형** : 여러 개의 선택지(옵션) 중에서 하나 이상을 선택할 수 있는 질문을 만들 때 사용합니다. 선택지는 필요에 따라 추가/삭제할 수 있으며, 체크박스로 표시됩니다.
- **목록 선택형** : 여러 개의 선택지(옵션) 중에서 하나를 선택해야 하는 질문을 만들 때 사용합니다. 선택지는 필요에 따라 추가/삭제할 수 있으며, 콤보박스로 표시됩니다. 기본적으로 '단일 선택형' 항목과 응답 형태는 유사하나 표시되는 방식에 차이가 있습니다.
- **선호도형** : 주어진 범위 안에서 선택해야 하는 질문을 만들 때 사용합니다. 필요에 따라 점수 범위를 조정할 수 있습니다.
- **표형** : 여러 개의 관련 질문을 하나의 표로 묶어서 표시하고 싶을 때 사용할 수 있습니다. 표의 행에 각 질문을 추가할 수 있고, 표의 열에 옵션을 추가할 수 있습니다. 질문과 선택지는 필요에 따라 추가/삭제할 수 있습니다.

5 '클릭하면 추가'를 클릭하여 여러 개의 선택지를 추가하고 내용을 입력합니다. 마지막으로 ['기타' 추가]를 클릭하여 응답자가 주관식 답변을 할 수 있게 추가합니다.

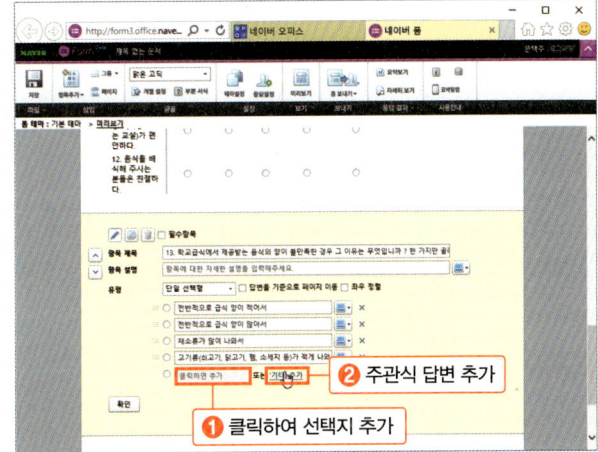

6 [확인] 단추를 클릭하여 단일 선택형 항목을 추가합니다.

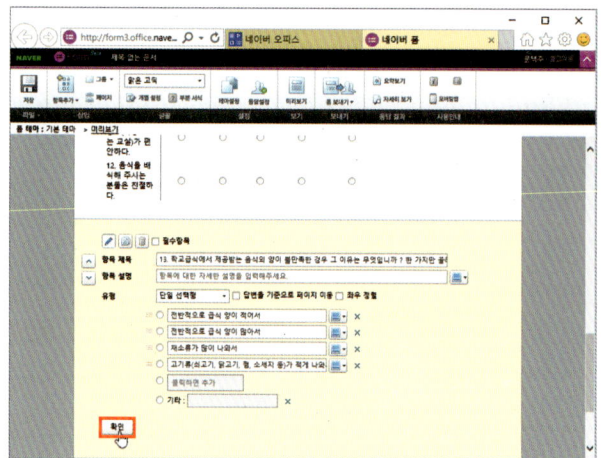

7 같은 방법으로 14, 15번에 해당하는 단일 선택형 항목을 추가한 후 폼을 저장하기 위해 [저장] 단추를 클릭합니다.

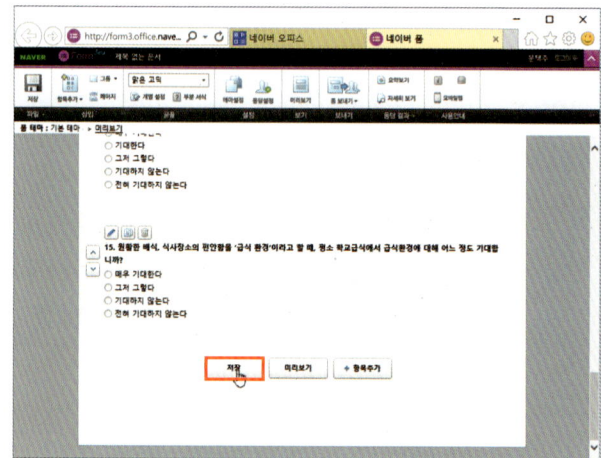

8 [다른 이름으로 저장] 대화 상자가 열리면 네이버 클라우드의 모든 폴더를 볼 수 있으며 원하는 폴더를 선택하여 폴더 안에 저장할 수도 있습니다. 파일 이름에 폼 제목 그대로 나타나는데 [저장] 단추를 클릭하여 저장합니다.

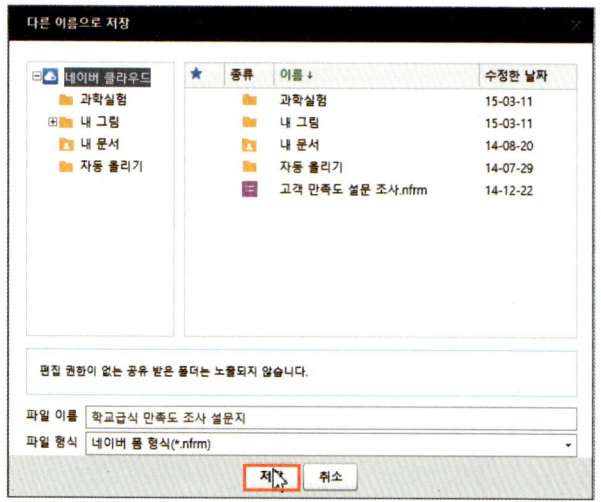

9 하단의 [미리보기] 단추를 클릭합니다.

◆ 폼의 미리보기는 네이버 클라우드 저장 후에 이용할 수 있기 때문에 먼저 폼 문서를 저장부터 해야 합니다.

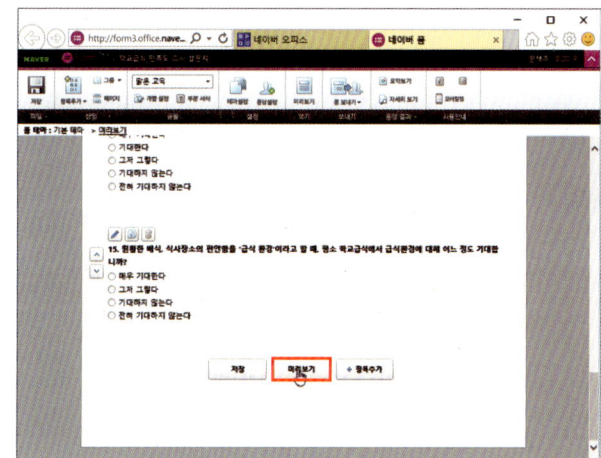

10 새로 만든 폼을 미리본 후 수정할 사항이 있으면 수정합니다.

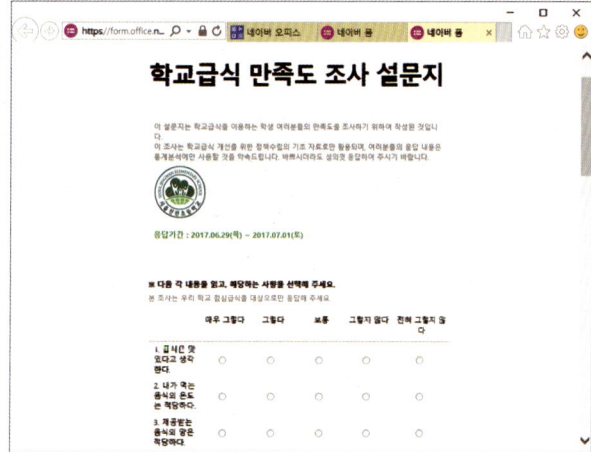

STEP 3 ◆ 응답설정하고 폼 보내기

응답설정

1 응답설정을 하기 위해 [설정] 그룹 – [응답설정]을 클릭합니다.

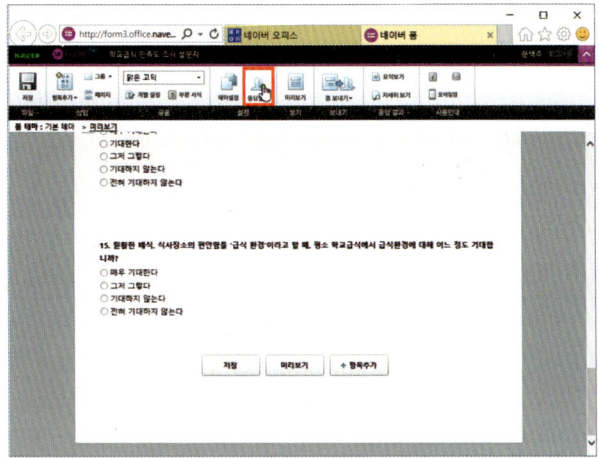

2 '응답설정' 창의 응답 제출 시 안내 메시지에 메시지를 입력하고, 중복 응답 제출을 '허용하지 않음'으로 선택한 후 'IP 당 1개의 응답 제출'을 선택합니다. 다른 설정은 기본 설정 그대로 [확인] 단추를 클릭합니다.

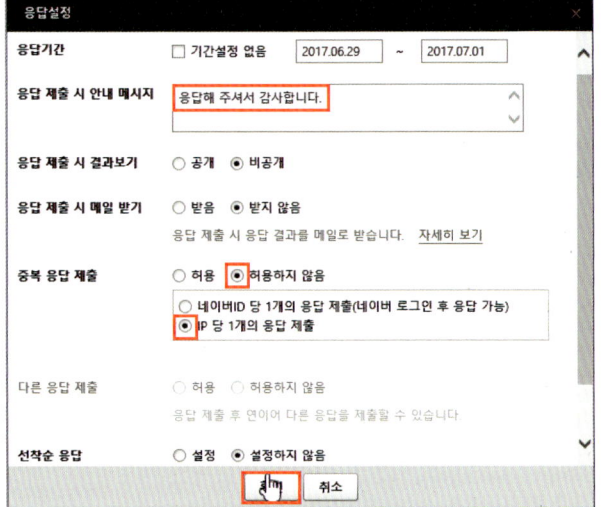

폼 보내기

1 [보내기] 그룹 - [폼 보내기] - [메일로 보내기]를 클릭합니다.

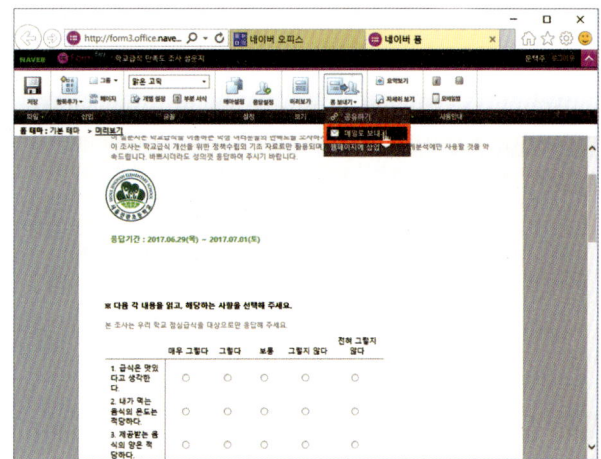

2 메일쓰기 창이 나타나면 받는사람 입력란에 받는 사람의 이메일 주소를 입력하거나 [주소록] 단추를 클릭합니다.

> ◆ 팝업 차단을 해제해야 메일 쓰기 창이 열립니다.

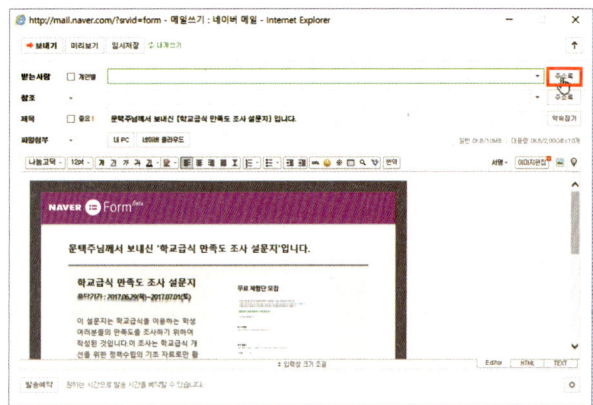

3 '메일 주소록' 창이 나타나면 '그룹/이메일 주소'에서 그룹이나 이메일 주소를 체크한 후 ▶를 클릭하여 추가하고 [확인] 단추를 클릭합니다.

> ◆ 네이버 주소록에 그룹을 만들고 등록하는 방법은 13강 '학생/학부모님 관리를 스마트폰으로 쉽고 체계적으로 할 수 없나요?' 부분을 참고합니다.

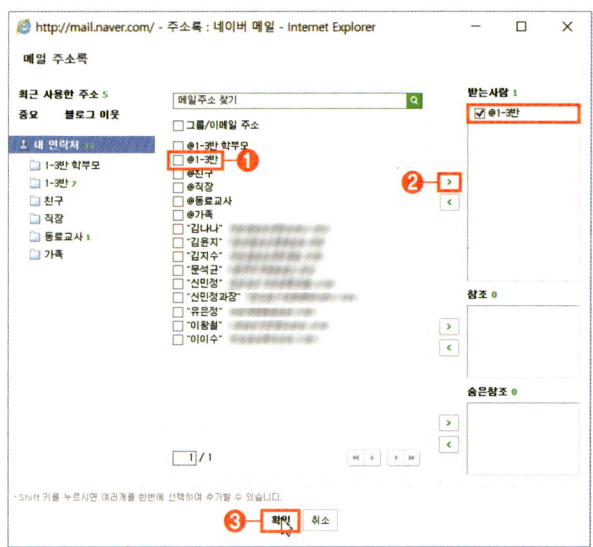

4 '메일쓰기' 창의 [보내기] 단추를 클릭하여 폼이 포함된 메일을 전송합니다.

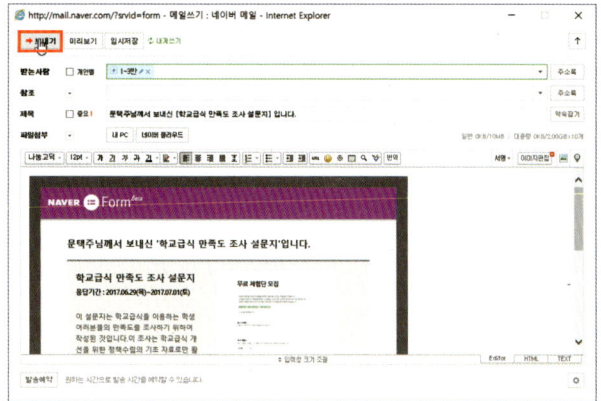

5 메일을 받은 사람은 [응답하기] 단추를 클릭합니다.

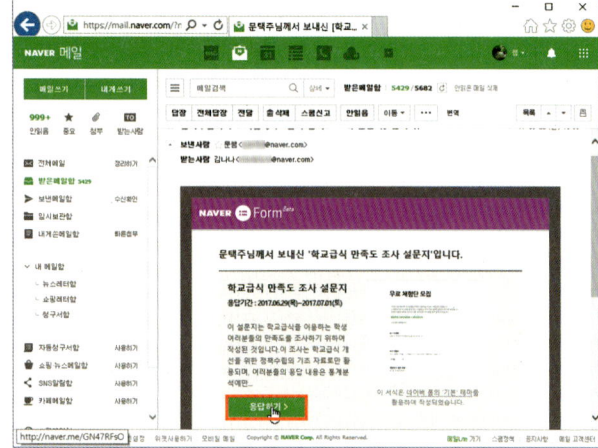

6 설문 조사에 응답한 후 [제출하기] 단추를 클릭합니다. 응답 제출 시 안내 메시지가 나타납니다.

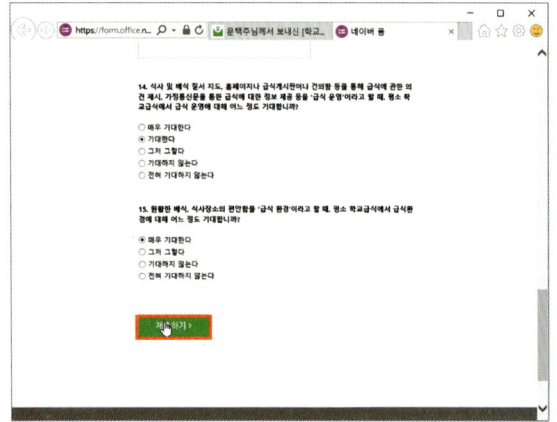 

◆ 폼 공유하기

① [보내기] 그룹 – [공유하기]를 클릭하면 '공유' 창이 나타납니다.

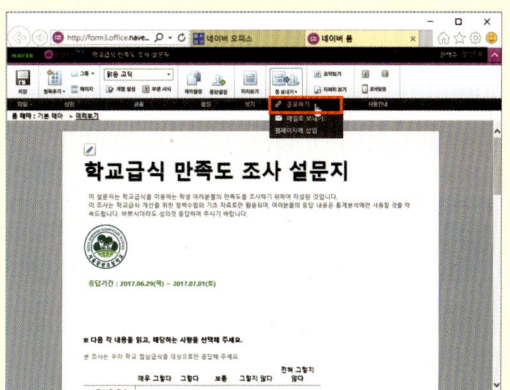

② 블로그, 카페, 폴라, 밴드, 트위터, 페이스북 중 선택하여 공유할 수도 있고, 하단에 있는 공유 링크의 [URL 복사] 단추를 클릭한 후 메일이나 메신저 등에 복사한 URL을 붙여넣기하여 여러 사람과 공유할 수 있습니다.

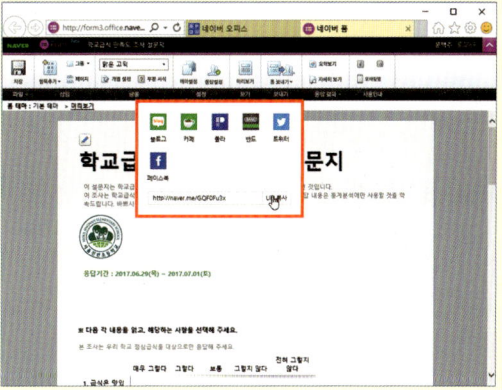

STEP 4 ◆ 응답 보기

1 [응답 결과] 그룹 – [요약보기]를 클릭합니다.

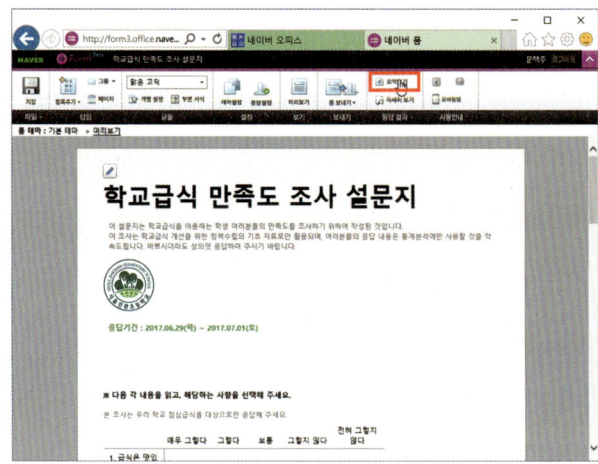

2 총 응답자 수를 알 수 있고, 요약된 차트와 통계로 결과를 볼 수 있습니다.

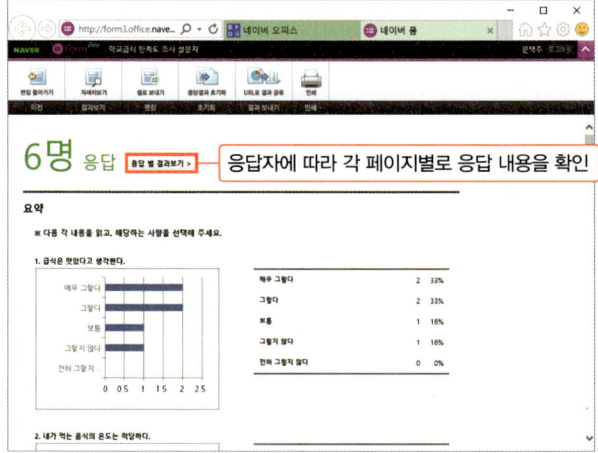

3 [편집] 그룹 – [셀로 보내기]를 클릭합니다.

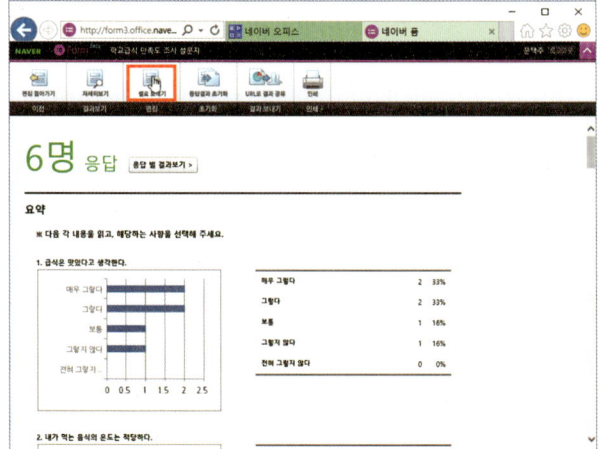

046 PART 1 :: 학교업무

4 응답 데이터를 스프레드시트 형태로 확인할 수 있습니다. 응답 시간과 자세한 답변을 확인할 수 있습니다.

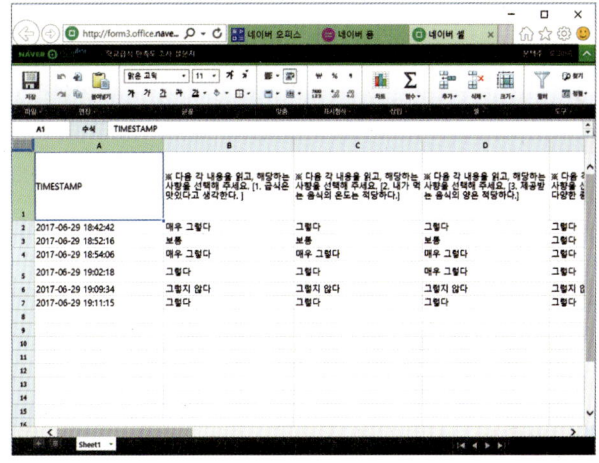

◆ 스마트폰 앱에서 결과보기

Play 스토어( )에서 네이버 오피스를 검색하여 설치합니다. 스마트폰 홈 화면에서 네이버 오피스( ) 앱을 클릭한 후 네이버 계정으로 로그인하면 '학교급식 만족도 조사 설문지.nfm'을 볼 수 있습니다. 해당 문서를 탭하면 항목별 결과보기를 확인할 수 있습니다.

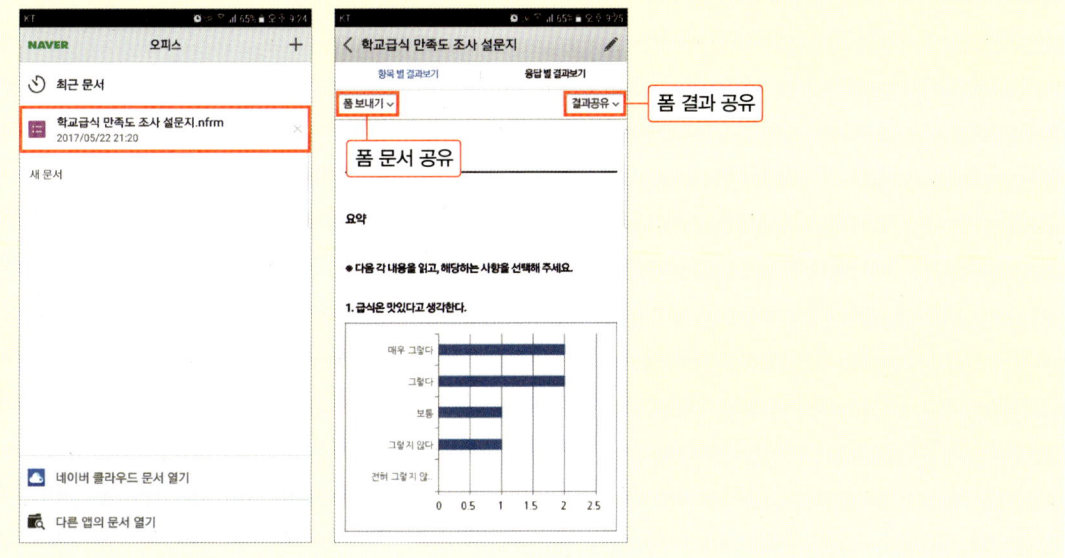

학습정리

❶ **네이버 오피스** : 네이버(www.naver.com)에 접속하여 로그인하고, [더보기] - [오피스]를 클릭합니다.

❷ **폼 만들기** : 네이버 오피스의 홈 화면에서 [폼] 탭을 선택한 후 다양한 템플릿 중 하나를 선택하여 작성합니다.

❸ **항목 편집이나 삭제** : 편집하거나 삭제할 항목에 마우스를 가져간 후 편집(✎)을 클릭하여 항목을 편집하거나 삭제(🗑)를 클릭하여 항목을 삭제합니다.

❹ **항목 추가** : 폼 서식 하단의 [+항목추가]를 클릭한 후 항목의 유형을 설정하여 추가합니다.

❺ **저장하기** : 폼 서식 하단의 [저장] 단추를 클릭하여 네이버 클라우드에 저장합니다.

❻ **폼 보내기** : [보내기] 그룹 - [폼 보내기]를 클릭한 후 [공유하기], [메일로 보내기], [웹 페이지에 삽입] 중 하나를 선택하여 다른 사람과 공유합니다.

❼ **응답 보기** : [응답 결과] 그룹 - [요약보기]를 클릭하여 요약된 차트와 통계로 결과를 볼 수 있습니다. 응답 결과를 항목별로 볼 수도 있고, 응답자에 따라 응답별 결과를 볼 수도 있습니다.

: 퀴즈 및 실습 문제 :

01 네이버 문서 작성 서비스 중 하나로, 내가 원하는 양식의 문서를 작성하고 여러 사람에게 공유하여 한꺼번에 응답을 취합할 수 있는 것은? (   )

① 네이버 워드　　　　　　　　② 네이버 슬라이드
③ 네이버 셀　　　　　　　　　④ 네이버 폼

02 다음 중 네이버 폼의 항목을 편집할 때 사용하는 도구는? (   )

① ✏️　　　　　　　　　　　　② 🗑️
③ 🖼️▾　　　　　　　　　　　④ 📄

03 네이버 폼의 특징이 <u>아닌</u> 것은 어느 것인가요? (   )

① 네이버의 문서 작성 서비스 중 하나입니다.
② 설문지를 작성하고 다른 사람과 공유할 수 있습니다.
③ 한 사람이 중복해서 응답할 수 없습니다.
④ 응답 결과를 요약 차트와 통계 자료로 볼 수 있습니다.

04 다음처럼 폼의 템플릿을 '주소록'으로 변경하세요.

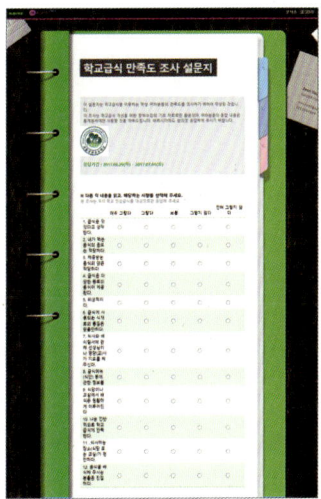

풀이　01 ④　02 ①　03 ③
　　　04 [설정] 그룹 – [테마설정]에서 클릭하여 나타난 템플릿 중 '주소록'을 선택하여 적용합니다.

학교에서 이루어지는 모든 기록을 체계적으로 저장하여 관리할 수 있나요?

학습 방향
에버노트는 언제 어디서나 기록하여 노트로 정리할 수 있습니다. 웹 자료도 스크랩해올 수 있고, 방대한 자료는 태그로 분류하여 체계적으로 관리할 수 있습니다. 기록할 시간이 없을 때는 카메라로 찍어서 바로바로 기록하고, 할 일도 기록하여 알리미를 추가하면 마치 스케줄러처럼 사용할 수 있습니다.

학습 목표
- 에버노트 앱을 설치하고 실행할 수 있습니다.
- 웹 서핑을 하다가 필요한 자료는 에버노트로 스크랩해올 수 있습니다.
- 작성한 노트는 태그로 분류할 수 있습니다.
- 필요한 자료를 사진으로 찍어 다양한 저장 형식으로 기록할 수 있습니다.

미리보기

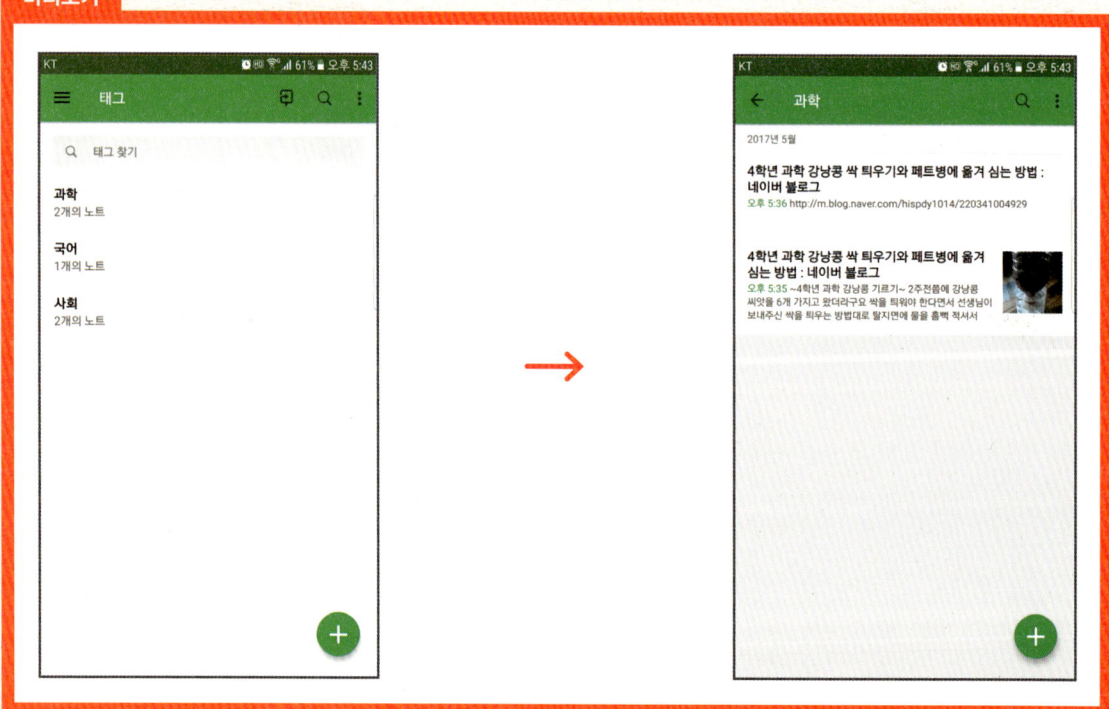

PART 1 :: 학교업무

STEP 1 ◆ 에버노트 앱 설치하기

1 홈 화면에서 Play 스토어(▶) 앱을 터치하여 실행한 후 'Google Play' 검색창에 '에버노트'라고 입력하면 검색된 목록 중 [Evernote]를 터치합니다. [설치] 단추를 탭하여 설치를 진행합니다.

> ◆ 에버노트는 언제 어디서나 다양한 방법으로 기록할 수 있고, 기록한 정보를 체계적으로 정리하고 쉽게 검색, 공유할 수 있는 웹 서비스 프로그램입니다.

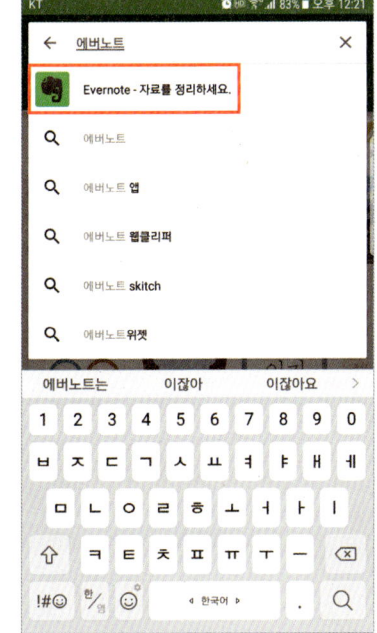

2 설치가 완료되면 [열기] 단추를 탭하여 실행합니다. 에버노트의 계정이 없는 경우 따로 가입할 필요없이 구글 계정으로 로그인할 수 있습니다. [Google로 계속하기] 단추를 탭하여 구글 계정으로 로그인합니다.

> ◆ 설치 시 사용에 필요한 항목(위치, 사진, 미디어, 파일 등)에 대해 동의해 주고, 실행 시 필요 항목에 대해 허용을 요구하면 허용하여 앱을 사용합니다.

3 에버노트에 대한 안내창을 모두 읽고 닫으면 에버노트의 홈 화면이 나타납니다. 노트를 만들기 위해서 ➕를 탭하면 카메라, 첨부파일, 오디오, 알리미, 손글씨, 텍스트 노트 중 선택하여 노트를 작성할 수 있습니다.

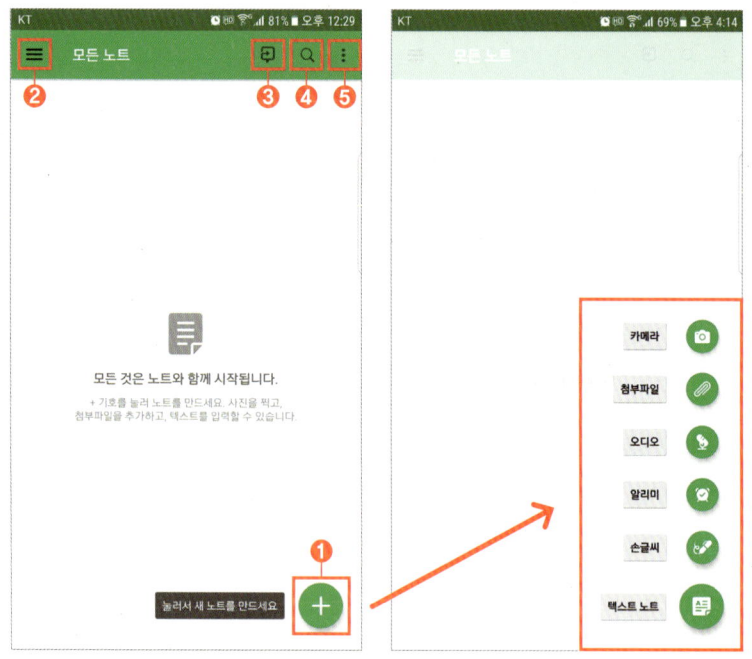

❶ **새노트** : 새노트 단추를 탭하여 노트 옵션을 선택하여 작성할 수 있습니다.
❷ **탐색 메뉴** : 모든 노트, 노트북, 공유 항목, 워크챗, 휴지통 등의 메뉴를 선택할 수 있습니다.
❸ **워크챗** : 실시간으로 노트에 관한 내용을 다른 사람과 채팅하면서 공유할 수 있습니다.
❹ **검색** : 키워드로 노트를 검색할 수 있습니다.
❺ **메뉴** : 노트 선택, 홈 화면에 추가, 정렬 기준, 보기 옵션, 동기화, 설정 기능이 있습니다.

◆ **빠른 노트**
앱을 실행하지 않고 상단바를 손으로 내리면 알림 표시줄에서 [노트 추가]를 탭하여 재빨리 노트를 작성할 수 있습니다.

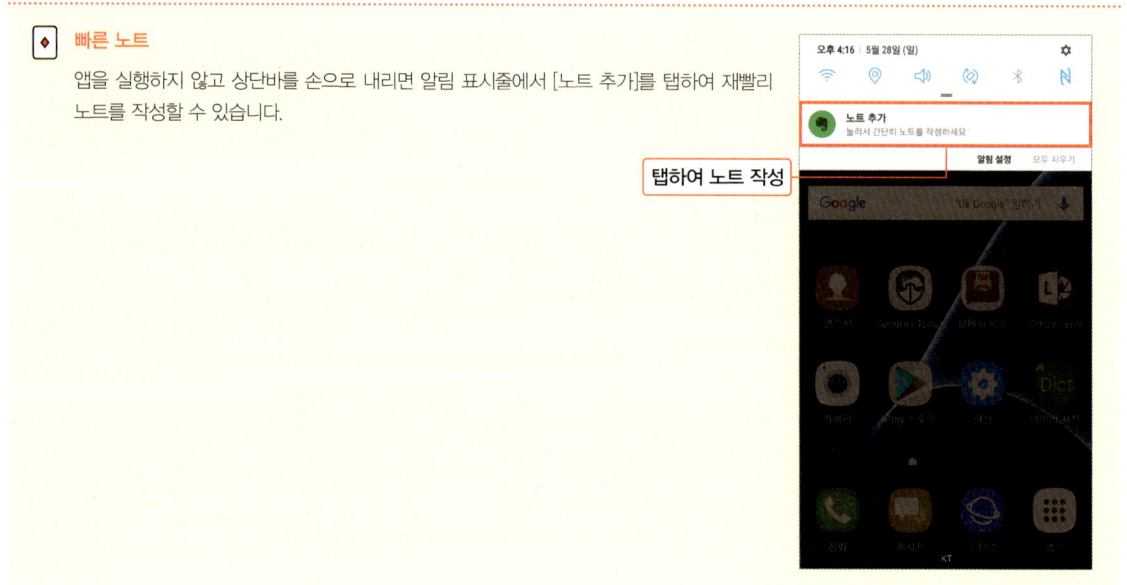

STEP 2 ◆ 웹 자료 수집하기

1 홈 화면에서 인터넷(●) 앱을 탭하여 웹 서핑을 합니다. 수업에 필요한 자료를 찾으면 웹 브라우저 앱의 메뉴(▤)를 탭하여 [공유]를 선택합니다.

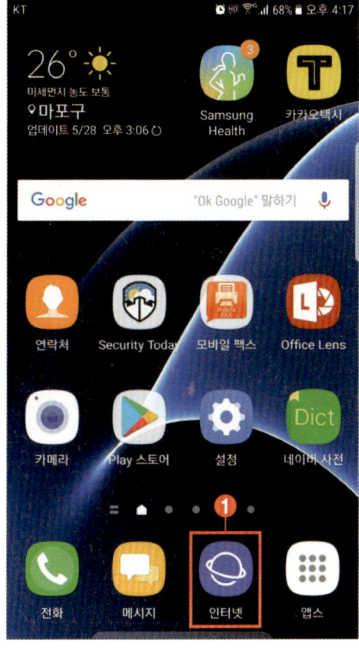
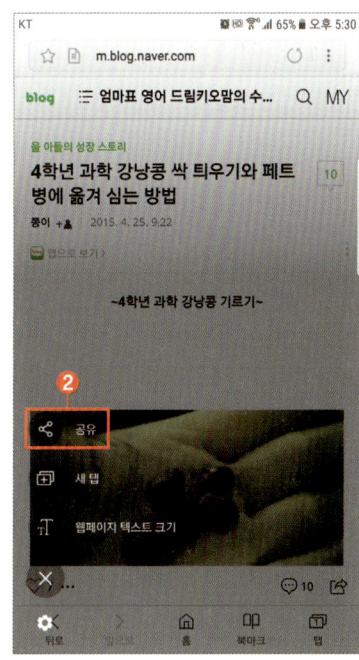

2 아래에 공유 관련 앱이 나타나면 [Evernote에 추가]를 탭합니다. 아래쪽에 코끼리(●) 로고와 전체 기사 저장 중이라는 글자가 표시됐다 사라지면 바로 에버노트에 저장됩니다. 코끼리(●) 로고가 사라지기 전에 탭합니다.

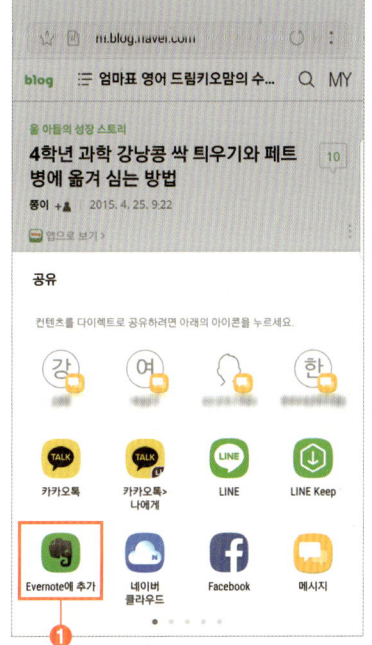

3 [태그 추가]를 탭하고, '과학'이라고 입력한 후 [확인]을 탭합니다.

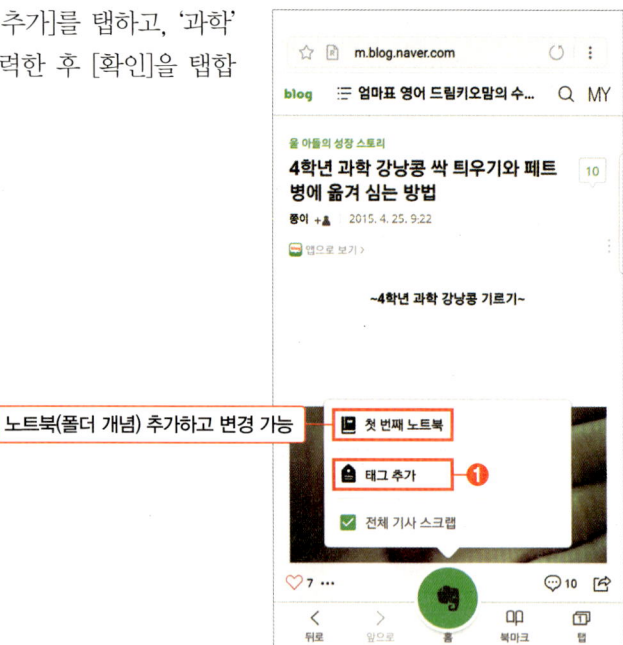

◆ URL 클립하기

코끼리(●) 로고를 탭했을 때 나타나는 메뉴 중 '전체 기사 스크랩'에 체크 해제한 후 [태그 추가]를 탭합니다. '태그 선택' 창에서 '과학'을 선택하고 [확인]을 터치하면 URL이 클립됩니다.

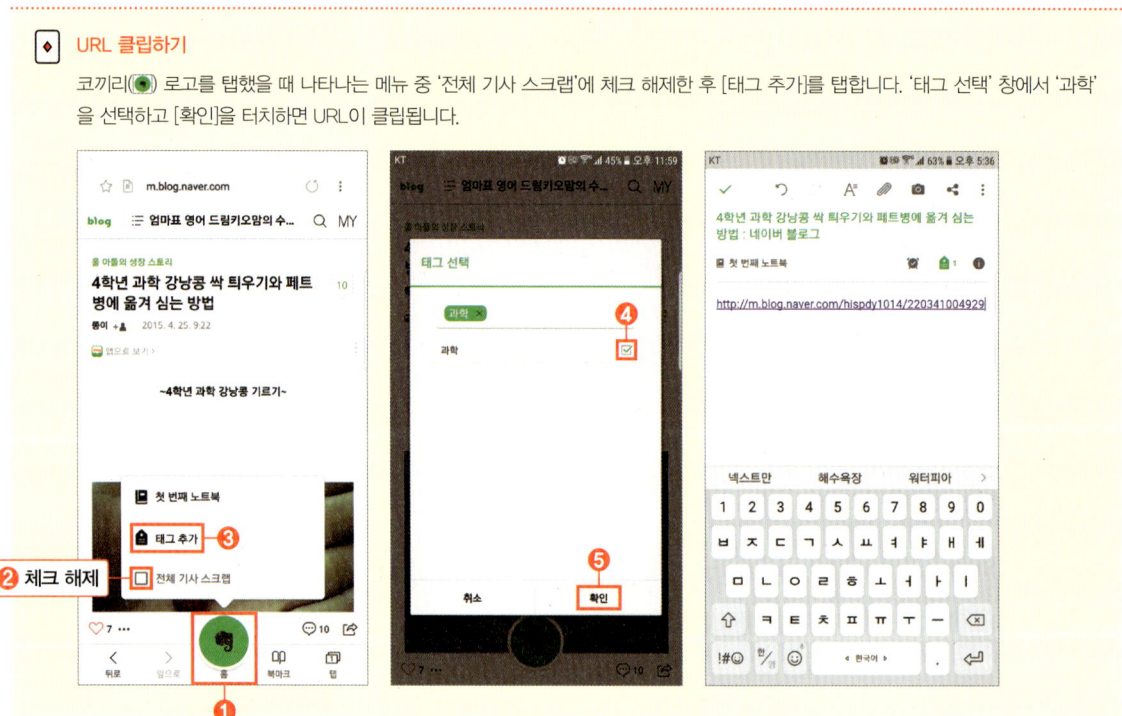

4 같은 방법으로 웹 자료를 수집합니다. ☰를 탭하여 [태그]를 탭합니다.

 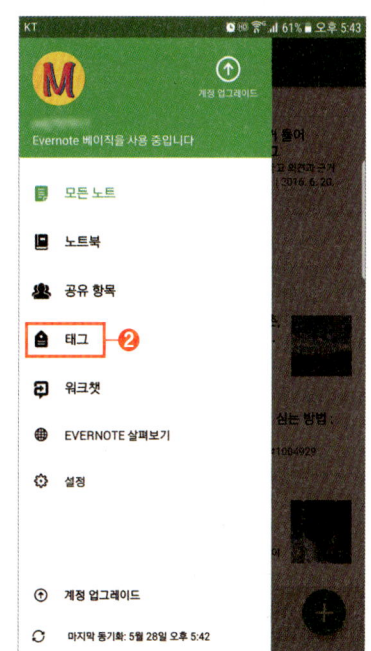

5 자료를 클리핑할 때 태그를 과목별로 입력한 후 기록하였기 때문에 자료가 과목별로 체계적으로 정리되어 있습니다. [과학]을 탭하면 과학과 관련된 자료만 볼 수 있습니다.

STEP 3 ◆ 이메일로 자료 수집하기

에버노트 이메일 주소 복사하기

1 ≡를 탭한 후 [설정]을 탭합니다.

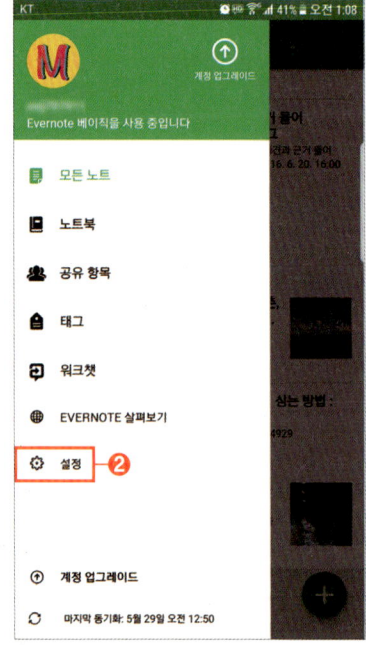

2 [계정 정보]를 탭한 후 [Evernote 이메일]을 탭합니다.

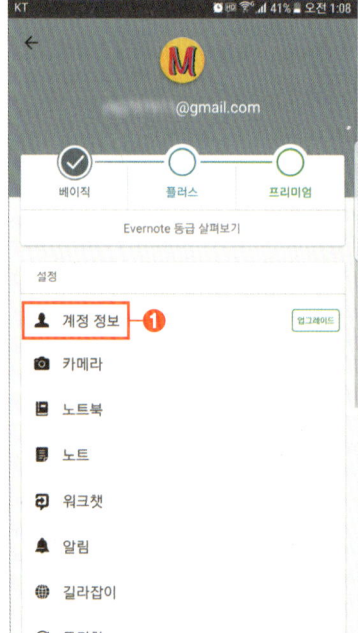
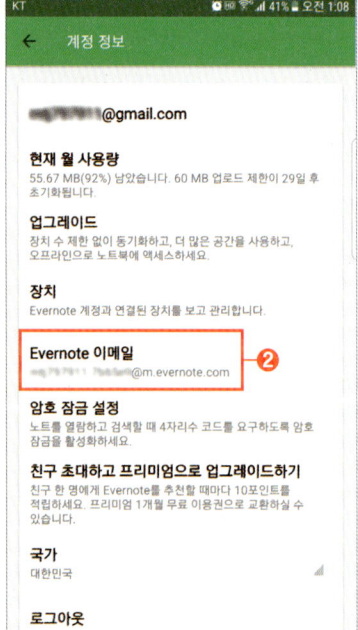

3 [주소록에 추가]를 탭하면 연락처 앱이 실행되면서 에버노트 이메일이 자동 입력됩니다. 에버노트 이메일 부분을 길게 누르면 메뉴가 표시되는데 그 중 [복사]를 탭합니다.

이메일에서 에버노트로 자료 전달하기

1 Gmail(📧) 앱을 탭하여 받은 편지 중에서 수입 자료에 해당하는 편지를 탭합니다. 받은 편지를 그대로 에버노트로 전송하기 위해 하단 메뉴 중 [전달]을 탭합니다.

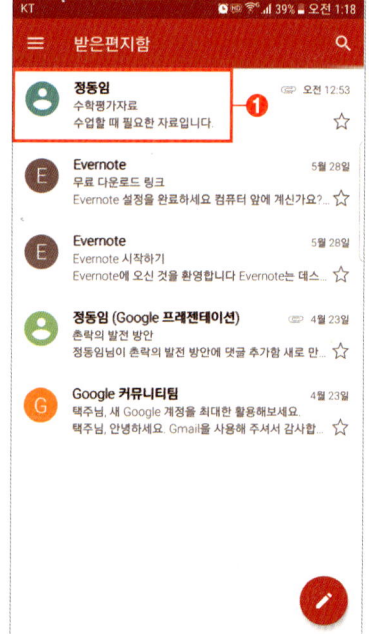
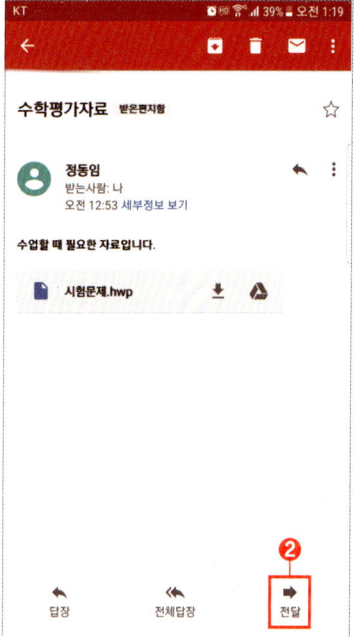

2 받는사람 입력란을 길게 누르면 메뉴가 표시되는데, [붙여넣기]를 탭합니다. 복사했던 에버노트 이메일 주소가 붙여놓기되면 ▶를 탭하여 전송합니다.

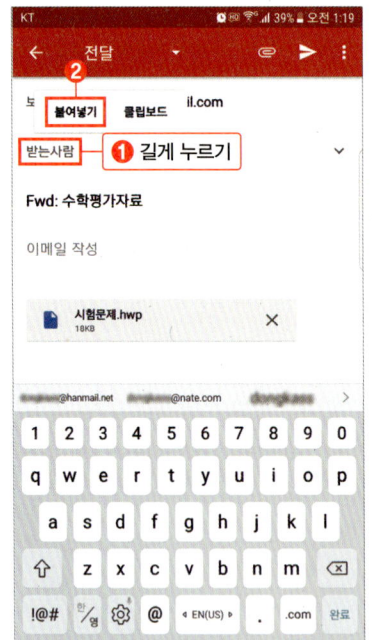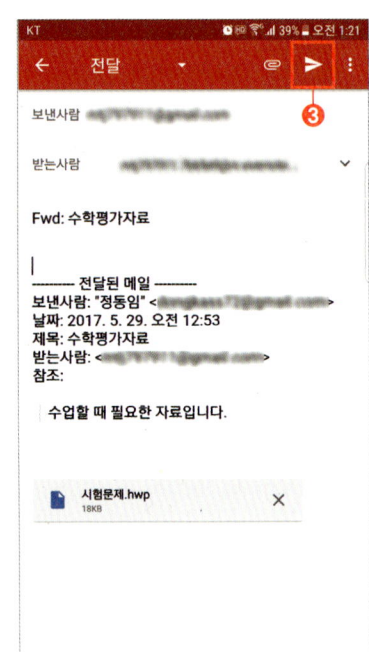

3 에버노트를 다시 실행하면 이메일에서 보낸 자료가 노트로 저장되어 있습니다. 해당 자료를 탭하여 확인할 수 있습니다.

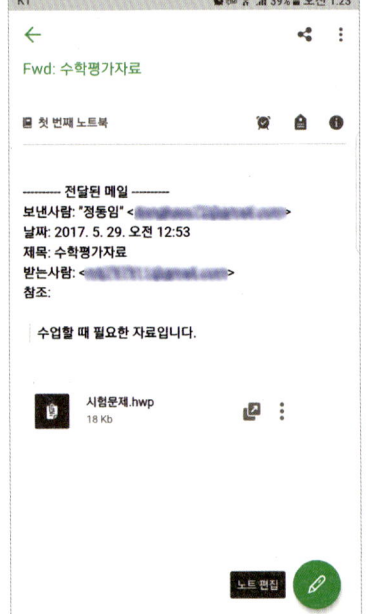

STEP 4 ◆ 언제 어디서나 기록하기

텍스트 노트로 할 일 기록하기

1 ➕를 탭한 후 [텍스트 노트]를 탭합니다.

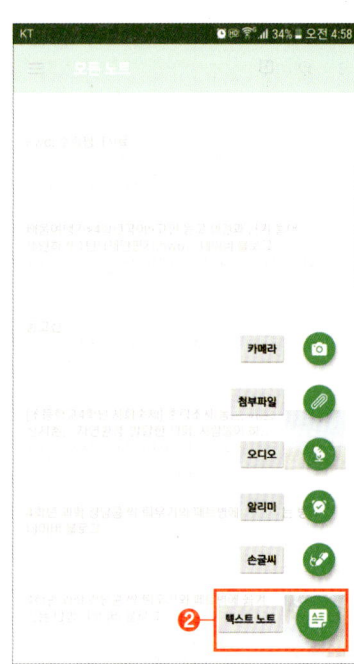

2 하단의 가상 키보드를 사용하여 제목과 내용을 입력합니다.

❶ 되돌리기 : 다시 원래대로 되돌리기

❷ 다시 실행 : 취소했던 명령을 다시 실행하기

❸ 서식 지정 도구 : 텍스트의 서식 지정 도구

❹ 첨부 파일 : 사진, 파일 등을 첨부

❺ 카메라 : 사진찍어서 기록 추가

❻ 공유 : 해당 노트를 다른 사람과 공유

❼ 메뉴 : 노트 내부 검색, 내부 링크 복사, 복제 등의 메뉴 선택

❽ 노트북 : 폴더 개념의 노트북 추가 및 설정

❾ 알리미 : 알리미 설정

❿ 태그 : 태그 설정 및 추가

⓫ 상세 정보 : 해당 노트에 대한 노트북, 태그, 작성 위치 등 정보

⓬ 완료 : 노트북 작성 완료

3 을 탭하면 알리미가 추가됩니다. [날짜 설정]을 탭하고, 날짜를 선택합니다.

4 옆에 날짜가 표시된 것을 확인한 후 를 탭합니다. 이전 화면으로 이동하면 추가된 노트를 확인할 수 있습니다. 상단에 알리미가 표시되고, 에버노트를 스케줄러처럼 사용할 수 있습니다.

카메라로 기록하기

1 ➕를 탭한 후 [카메라]를 탭합니다. 바빠서 미처 기록할 시간이 없을 때 카메라를 사용해서 칠판이나 포스트잇까지 찍어서 기록을 남깁니다. 카메라 단추를 탭하여 촬영 후 왼쪽 하단의 찍은 사진을 터치합니다.

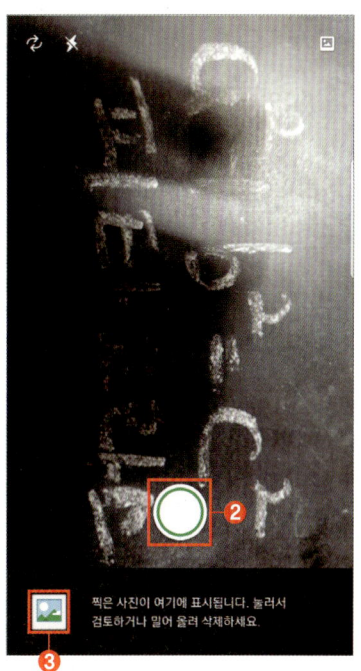

2 📄를 탭하여 사진을 회전한 후 저장 형식의 ▼를 탭합니다. 다양한 저장 형식을 볼 수 있는데, [사진]을 선택한 후 [저장]을 탭하여 저장합니다. 다른 노트와 마찬가지로 📄를 탭하여 태그를 '수학'으로 설정 후 ✓를 탭합니다.

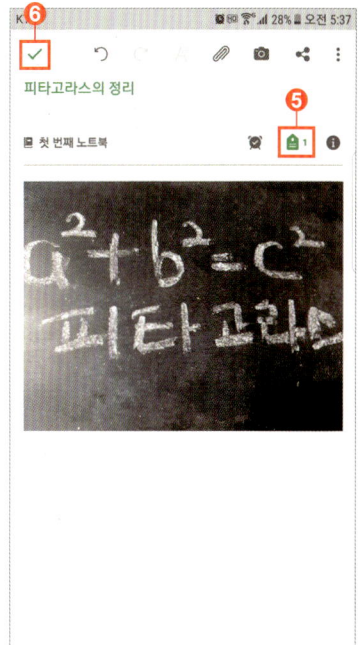

♦ 베이직 무료 버전에서는 서비스를 제공하고 있지 않으나 유료 버전인 프리미엄으로 업그레이드하면 사진, PDF를 기록하고, 첨부파일 내부까지 검색하여 찾아주기 때문에 바쁘고 텍스트로 기록할 시간이 없을 때는 사진으로 찍어서 기록하는 것이 편리합니다.

찍은 사진 여러 저장 형식으로 기록하기

1 찍은 사진을 저장 형식에 따라 다르게 저장할 수 있습니다. 찍은 사진의 텍스트가 잘 보이게 하려면 '문서'로 저장 형식을 선택하고, 컬러 문서로 보려면 '컬러 문서'를 선택합니다.

사진

문서

컬러 문서

2 포스트잇을 사진으로 찍은 후 저장 형식을 'Post-it® 노트'로 변경하면 글자를 선명하게 노트로 기록할 수 있습니다.

> ◆ 저장 형식 중 명함은 프리미엄 버전에서만 가능하고, 에버노트에서는 카메라 외에도 강의 내용을 오디오로 저장해서 기록할 수도 있고, 손글씨로 써서 기록을 남길 수도 있습니다.

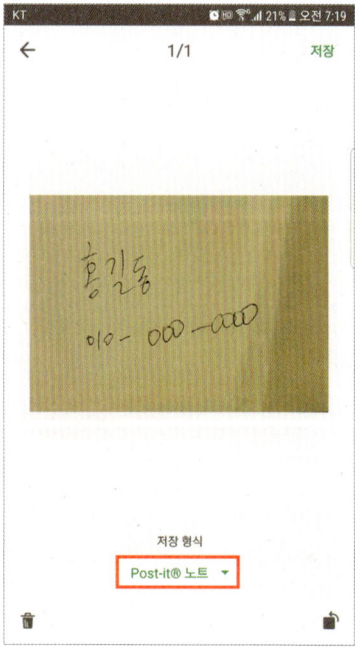

◆ PC 버전

- 인터넷 익스플로러에서 에버노트(evernote.com)에 접속한 후 오른쪽 상단의 [다운로드]를 클릭한 후 아래쪽에서 [실행] 단추를 클릭하여 에버노트 PC 버전을 설치합니다. 에버노트 앱에서처럼 구글 계정으로 로그인하면 실시간으로 에버노트 앱에서 기록한 노트를 PC에서 확인할 수 있고 같은 방법으로 PC에서도 노트를 작성할 수 있습니다.

- 오른쪽 상단의 [로그인]을 클릭한 후 에버노트 앱에서처럼 구글 계정으로 로그인하면 실시간으로 에버노트 앱과 PC 버전에서 기록한 노트를 웹에서 확인할 수 있고 같은 방법으로 웹에서 노트를 작성할 수 있습니다.

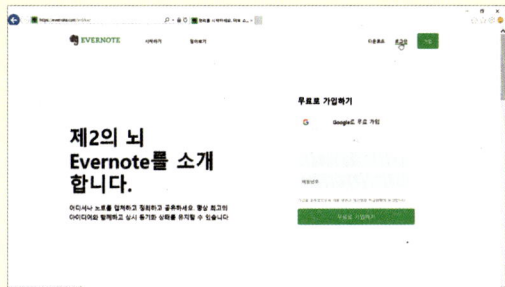

: 학습정리 :

❶ **에버노트 설치** : 홈 화면에서 Play 스토어(▶) 앱을 터치한 후 'Google Play' 검색창에 '에버노트' 라고 검색하여 설치합니다.

❷ **웹 자료 스크랩**
- 웹 자료를 스크랩하려면 인터넷 앱(◉)의 공유를 탭하여 [Evernote에 추가]를 탭합니다. 아래쪽에 코끼리(◉) 로고를 터치하여 태그를 추가한 후 완료하면 자동으로 에버노트에 노트로 기록됩니다.
- 웹 스크랩할 때 자료에 맞는 주제로 태그를 추가하여 에버노트에서 기록된 노트를 태그로 분류할 수 있게 합니다.

❸ **이메일 자료 저장** : 에버노트 설정에서 사용자마다 부여된 에버노트 이메일 주소를 복사한 후 이메일의 받는사람에 해당 주소를 붙여넣기하고 전송하면 이메일에서 바로 에버노트로 보낸 자료를 기록할 수 있습니다.

❹ 에버노트 홈 화면의 ⊕를 탭하면 텍스트 노트, 손글씨, 알리미, 오디오, 첨부파일, 카메라 중에서 선택하여 노트를 기록할 수 있습니다.

❺ 에버노트에서는 카메라로 사진을 찍은 후 저장 형식에 따라 사진, 문서, 컬러 문서, Post-it® 노트, 명함 중 선택하여 기록할 수 있습니다.

퀴즈 및 실습 문제

01 스마트폰에 에버노트를 설치하고, 웹 자료를 스크랩한 후 체계적으로 관리하려면 무엇을 추가해야 하나요? (   )

① 스타일   ② 태그
③ 번호   ④ 노트

02 다음 중 기록한 노트에 알리미를 추가하려면 어디를 클릭해야 하나요?
(   )

03 다음 중 에비노드에시 사진의 지장 형식으로 적당하지 않은 것은 어느 것인가요? (   )

① 포스트잇   ② 명함
③ 문서   ④ 서식

04 에버노트에 다음처럼 노트를 기록하세요.

- 제목 : 6월30일
- 노트북 : 업무
- 태그 : 알림장

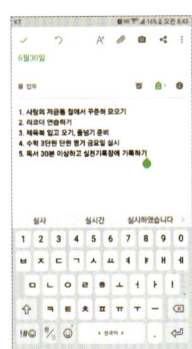

풀이 01 ② 02 ① 03 ④
04 ① ➕를 탭하여 [텍스트 노트]를 탭합니다. ② 제목에 '6월30일'이라고 입력합니다. ③ 내용을 기록합니다. ④ '첫 번째 노트북'을 탭한 후 📔를 탭하여 '업무'라고 입력합니다. ⑤ 🏷를 탭하여 '알림장'이라고 입력합니다. ⑥ ✓를 탭하여 완료합니다.

공포의 엑셀, 딱 성적처리만 가능하게 실력을 갖출 수 없나요?

학습 방향
요즘 성적표에는 1등부터 등수를 표시하여 순위를 알아보는 것이 아니라 상, 중, 하로 표시합니다. 엑셀 2010을 실행하여 LOOKUP 함수로 상중하 기준표에 맞게 평가하는 방법에 대해서 알아보겠습니다. 우리 반에 남학생이 몇 명이고 여학생이 몇 명인지 COUNTIF 함수를 사용하여 구해보고, AVERAGEIF 함수와 SUMIF 함수를 사용하여 월별 평균, 총점을 구하는 방법까지 알아보겠습니다.

학습 목표
- 엑셀 2010을 실행하고, 예제를 불러올 수 있습니다.
- 자동 합계(∑)의 평균을 사용하여 셀들의 평균을 구할 수 있습니다.
- COUNTIF 함수를 사용하여 조건에 맞는 개수를 구할 수 있습니다.
- AVERAGEIF 함수를 사용하여 조건에 맞는 평균을 구할 수 있습니다.
- SUMIF 함수를 사용하여 조건에 맞는 합계를 구할 수 있습니다.
- LOOKUP 함수를 사용하여 기준에 맞는 결과값을 찾을 수 있습니다.

미리보기 | 소스파일 성적표예제.xlsx | 결과파일 성적표결과.xlsx

STEP 1 ◆ 엑셀 파일 불러와서 자동 평균 구하기

1 엑셀 2010을 실행한 후 파일을 불러오기 위해 [파일] 탭 – [열기]를 클릭합니다.

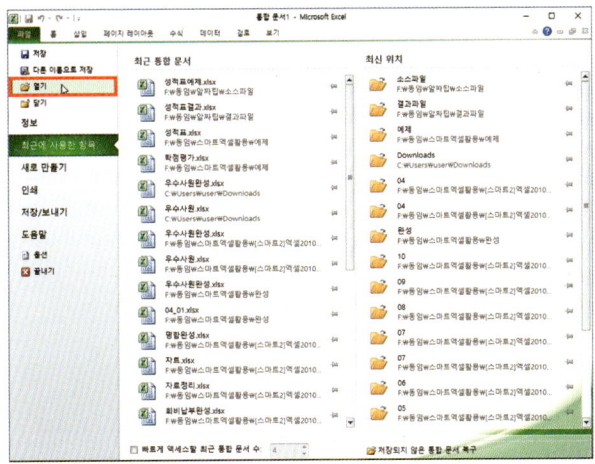

2 [열기] 대화상자에서 '소스파일₩성적표예제.xlsx'를 선택한 후 [열기] 단추를 클릭합니다.

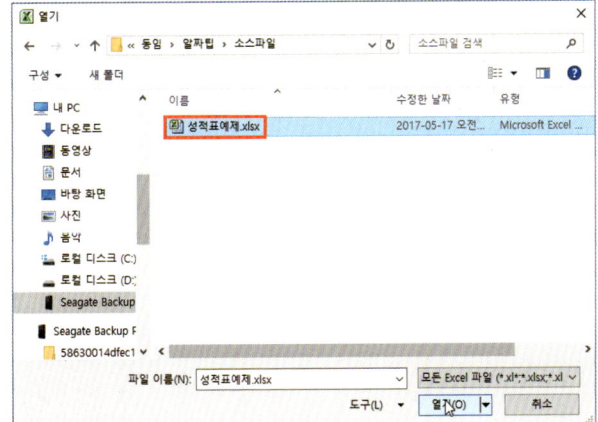

3 평균을 구하기 위해 [I5] 셀을 선택하고, [수식] 탭 – [함수 라이브러리] 그룹 – [자동 합계]를 클릭하여 [평균]을 선택합니다.

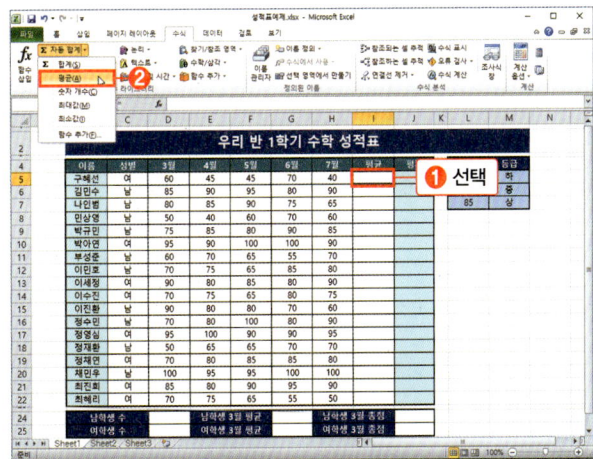

4 [D5:H5] 셀을 드래그하여 범위를 선택하고 **Enter** 를 누릅니다.

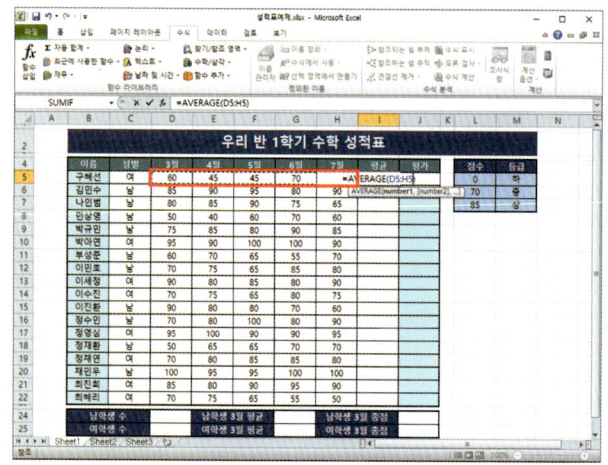

5 [I5] 셀에 구혜선의 1학기 수학 평균이 '52'로 표시됩니다. [I5] 셀의 채우기 핸들( )을 [I22] 셀까지 드래그하여 자동으로 평균을 채운 후 자동 채우기 옵션( )을 클릭하여 [서식 없이 채우기]를 선택합니다.

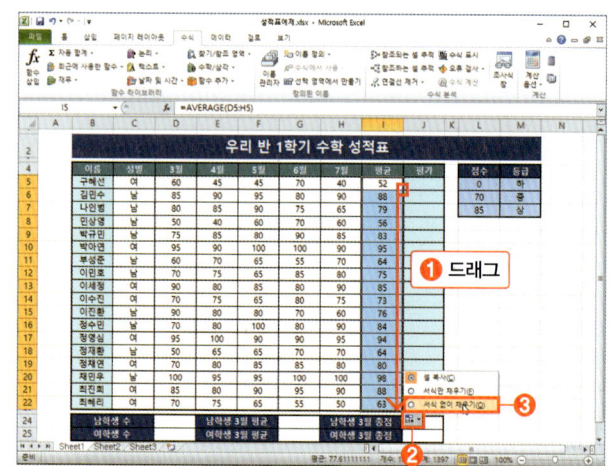

> ◆ **자동 채우기 옵션**
>
> 채우기 핸들( )을 드래그하면 자동으로 데이터가 채워지고, 표시된 자동 채우기 옵션( )을 클릭하여 채워진 영역을 변경할 수 있도록 상황에 맞게 선택할 수 있습니다. 만약 자동 채우기 옵션( )이 [셀 복사]로 설정될 경우 다음처럼 마지막 테두리 선이 얇게 복사되기 때문에 [서식 없이 채우기]로 설정하였습니다.
>
>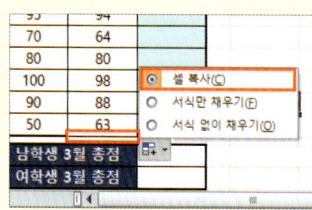

STEP 2 ◆ COUNTIF 함수로 조건부 개수 구하기

1 남학생 수를 알아보기 위해 [D24] 셀을 선택하고, [수식] 탭 - [함수 라이브러리] 그룹 - [함수 삽입]을 클릭합니다.

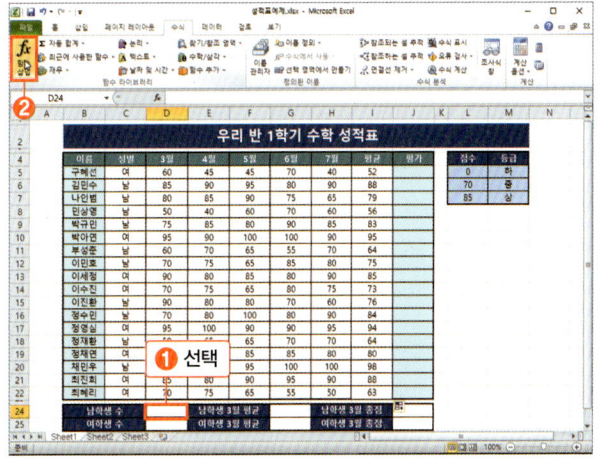

2 [함수 마법사] 대화상자에서 범주 선택의 펼침 메뉴(▼)를 클릭하여 [모두]를 선택하고 [COUNTIF]를 선택한 후 [확인] 단추를 클릭합니다.

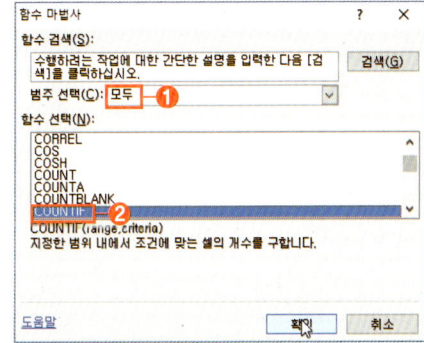

◆ **COUNTIF 함수**

통계 함수 중 하나인 COUNTIF를 사용하여 조건을 충족하는 셀의 개수를 계산할 수 있습니다. COUNTIF의 형식은 다음과 같습니다.
=COUNTIF(찾으려는 위치, 찾으려는 항목)

---

3 [함수 인수] 대화상자의 Range의 입력란을 클릭한 후 [C5:C22] 셀을 드래그하여 범위를 선택합니다. 선택한 셀들은 성별에 해당하는 셀입니다.

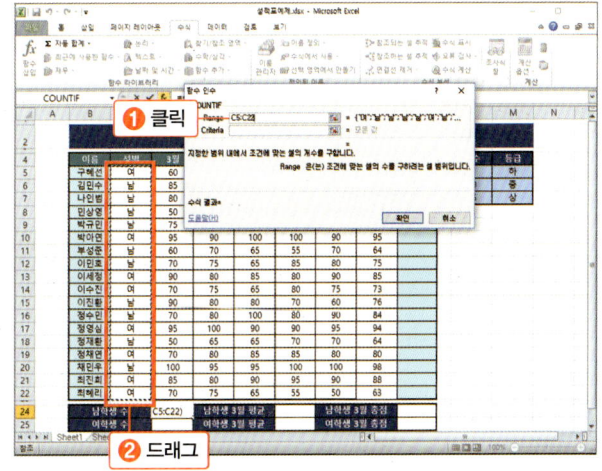

4 [함수 인수] 대화상자의 Criteria의 입력란에 "남"이라고 입력한 후 [확인] 단추를 클릭합니다.

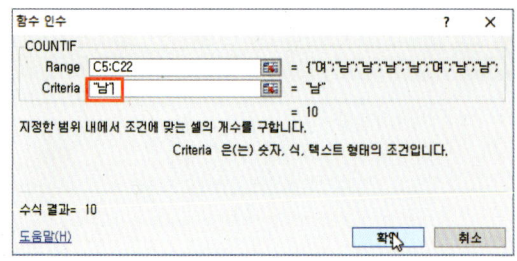

5 [D24] 셀에 '10'으로 표시되면서 남학생 수가 10명임을 알 수 있습니다.

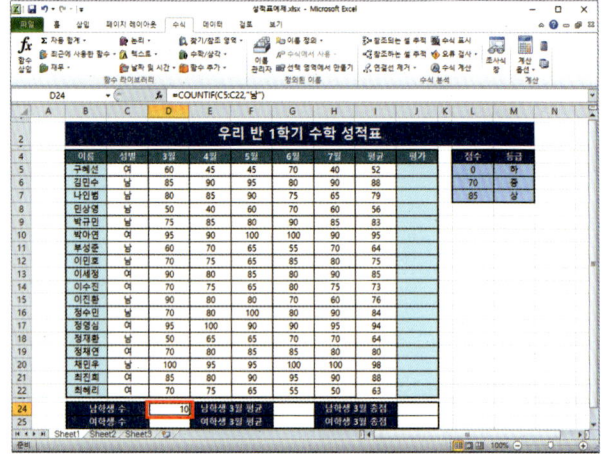

6 같은 방법으로 여학생 수를 구하기 위해 [D25] 셀을 선택하고 COUNTIF 함수의 [함수 인수] 대화상자에서 Range는 [C5:C22]로, Criteria는 "여"라고 입력하고 [확인] 단추를 클릭합니다. [D25] 셀에는 '8'로 표시되어 여학생 수는 8명임을 알 수 있습니다.

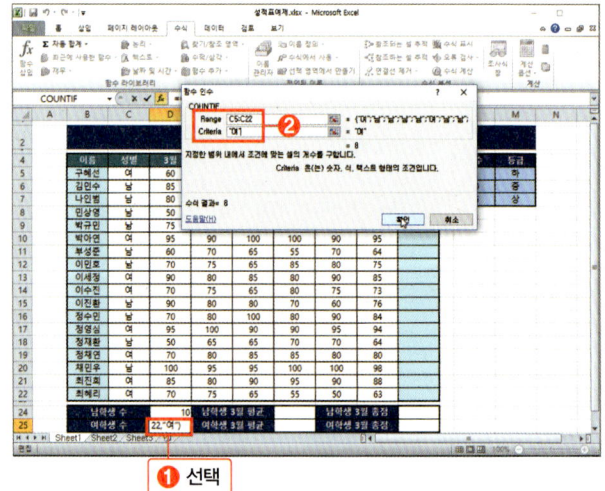

STEP 3 ◆ AVERAGEIF 함수로 조건부 평균 구하기

1 남학생 3월 평균을 알아보기 위해 [G24] 셀을 선택하고, [수식] 탭 – [함수 라이브러리] 그룹에서 [함수 추가] – [통계] – [AVERAGEIF]를 클릭합니다.

> ◆ [함수 마법사] 대화상자에서 해당 함수를 선택하여 값을 구할 수도 있습니다.

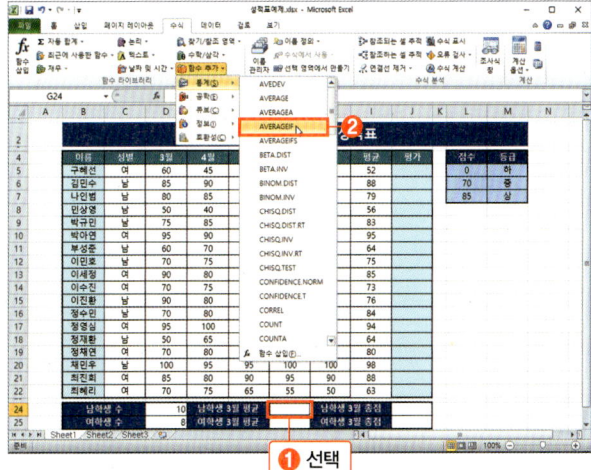

2 [함수 인수] 대화상자의 Range의 입력란을 클릭한 후 [C5:C22] 셀을 드래그하여 범위를 선택하고, Criteria에 "남"이라고 입력합니다.

> ◆ **AVERAGEIF 함수**
>
> 통계 함수 중 하나로 범위에서 지정한 조건을 만족하는 모든 셀의 평균(산술 평균)을 구합니다.
> AVERAGEIF의 형식은 다음과 같습니다.
> =AVERAGEIF(Range, Criteria, Average_range)
> • Range : 조건이 맞는지를 검사할 셀들
> • Criteria : 숫자, 식 또는 텍스트 형식의 조건으로 평균을 구할 셀
> • Average_range : 평균을 구하는 데 사용할 실제 셀

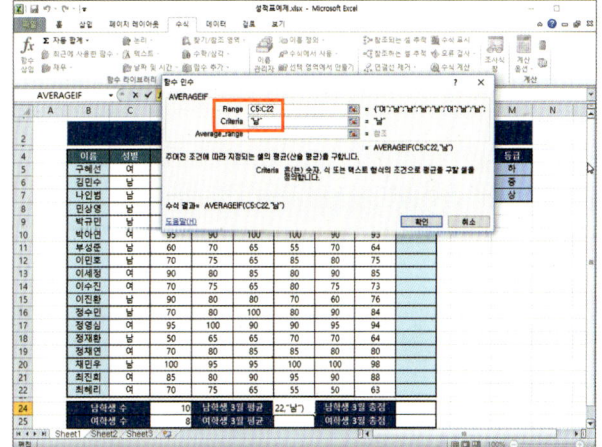

3 [함수 인수] 대화상자의 Average_range 입력란을 클릭한 후 [D5:D22] 셀을 드래그하여 범위를 선택하고 [확인] 단추를 클릭합니다.

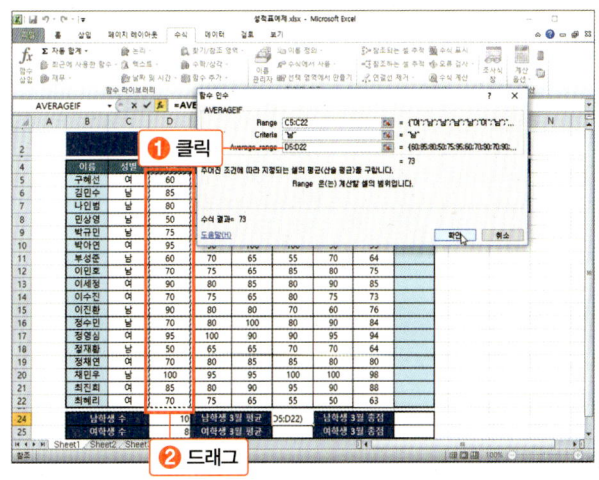

4 [G24] 셀에 남학생들의 수학 3월 평균이 '73'으로 표시됩니다.

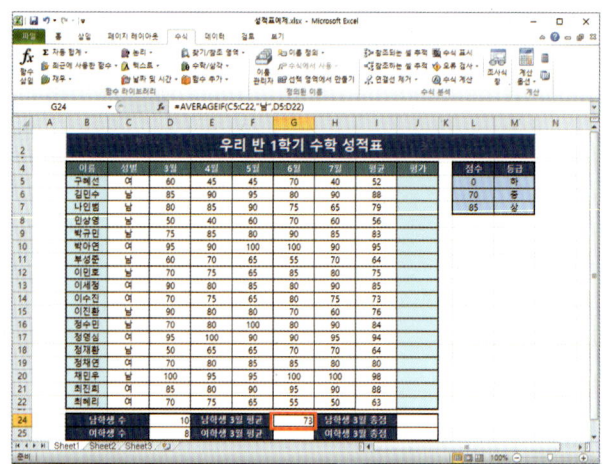

5 같은 방법으로 여학생 평균을 구하기 위해 [G25] 셀을 선택하고 [함수 인수] 대화상자의 Range는 [C5:C22], Criteria는 "여", Average_range에는 [D5:D22]라고 설정한 후 [확인] 단추를 클릭합니다.

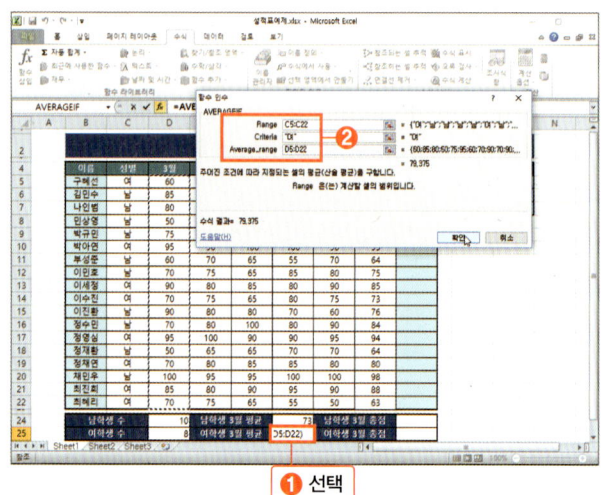

6 [G25] 셀에 여학생 3월 수학 평균이 '79.375'로 표시되며 남학생들보다 여학생들 성적이 좋은 것을 알 수 있습니다. 같은 방법으로 월별 성별에 따른 수학 평균을 구할 수 있습니다.

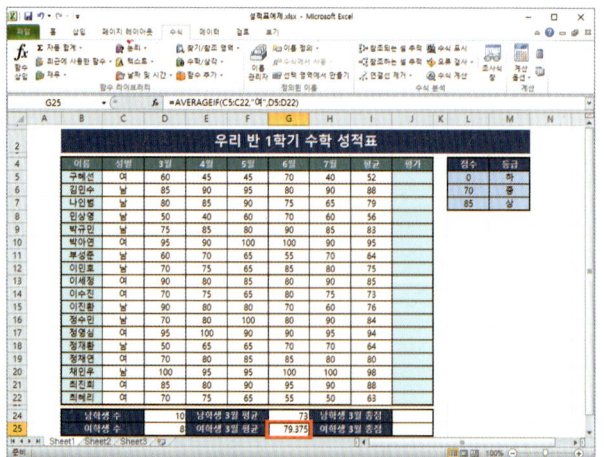

STEP 4 ◆ SUMIF 함수로 조건부 합계 구하기

1 남학생의 3월 총점을 구하기 위해 [J24] 셀을 선택하고, [수식] 탭 – [함수 라이브러리] 그룹 – [수학/삼각]을 클릭하여 [SUMIF]를 선택합니다.

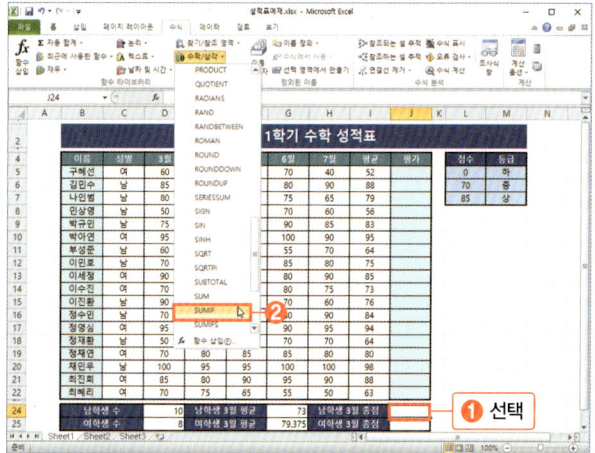

> ◆ **SUMIF 함수**
>
> 수학/삼각 함수로 조건에 의해 지정된 셀들의 합을 구합니다. SUMIF 함수 형식은 다음과 같습니다.
> =SUMIF(Range, Criteria, Sum_range)
> • Range : 조건에 맞는지를 검사할 셀들
> • Criteria : 더할 셀의 조건을 지정하는 수, 식, 또는 텍스트
> • Sum_range : 합을 구할 실제 셀

2 [함수 인수] 대화상자의 Range의 입력란을 클릭한 후 [C5:C22] 셀을 드래그하여 범위를 선택하고, Criteria에 "남"이라고 입력합니다.

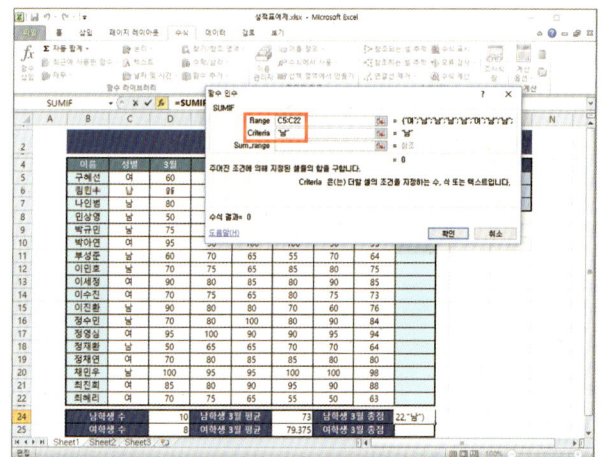

3 [함수 인수] 대화상자의 Sum_range 입력란을 클릭한 후 [D5:D22] 셀을 드래그하여 범위를 선택하고 [확인] 단추를 클릭합니다.

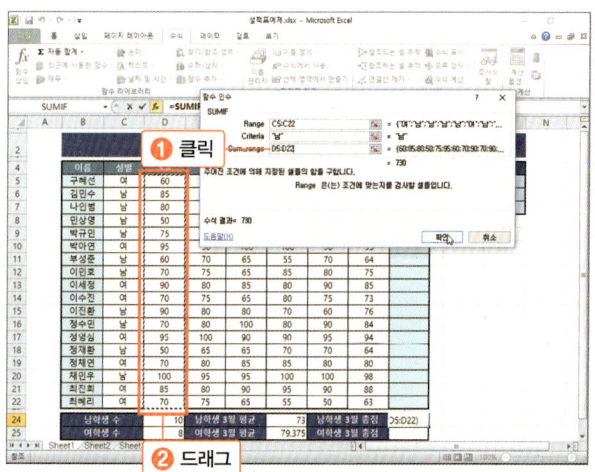

CHAPTER 4 :: 공포의 엑셀, 딱 성적처리만 가능하게 실력을 갖출 수 없나요?

4 남학생 수학 3월 총점이 '730'으로 표시됩니다.

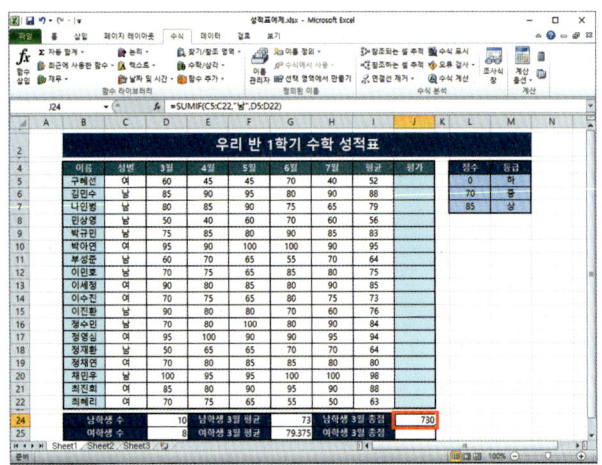

5 같은 방법으로 여학생 총점을 구하기 위해 [함수 인수] 대화상자에서 Range는 [C5:C22], Criteria에 "여", Sum_range에는 [D5:D22]라고 설정한 후 [확인] 단추를 클릭합니다.

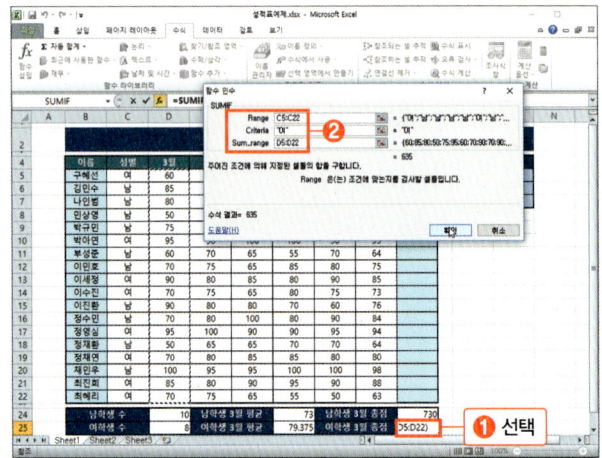

6 여학생 수학 3월 총점이 '635'로 표시됩니다. 여학생 수가 더 적기 때문에 총점은 남학생보다 낮아도 평균이 더 높은 것을 알 수 있습니다.

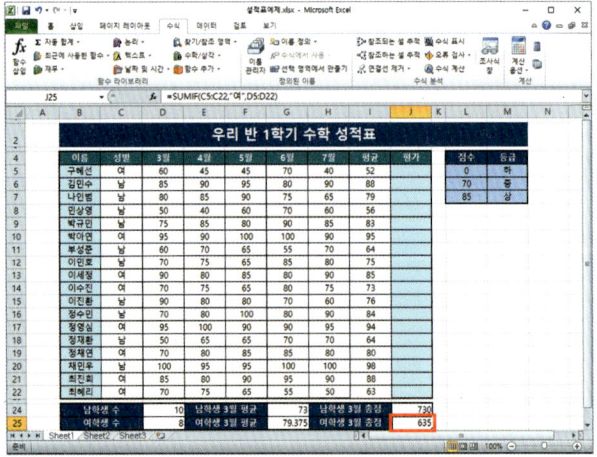

STEP 5 ◆ LOOKUP 함수 사용해서 성적을 상, 중, 하로 평가하기

1 미리 제시된 조건에 맞는 등급으로 평가하기 위해 [J5] 셀을 선택하고, [수식] 탭 – [함수 라이브러리] 그룹 – [찾기/참조 영역] – [LOOKUP]을 클릭합니다.

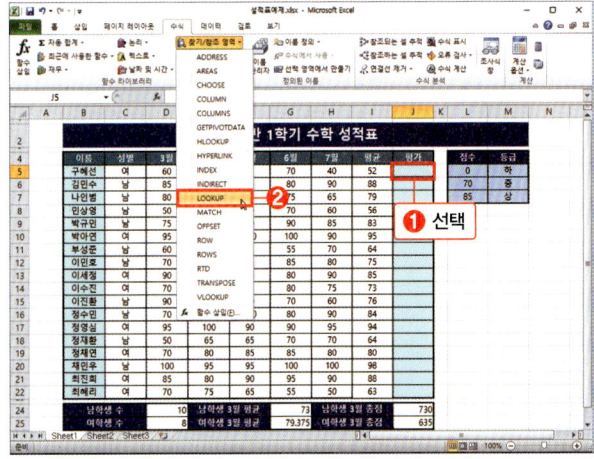

2 [인수 선택] 대화상자에서 'lookup_value, array'를 선택하고 [확인] 단추를 클릭합니다.

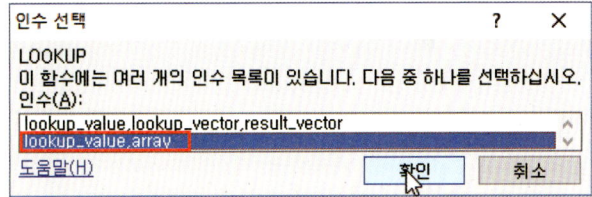

◆ **LOOKUP 함수**

하나의 행 또는 열을 찾은 다음 두 번째 행 또는 열에서 같은 위치에 있는 값을 찾아야 한다면 조회 및 참조 함수 중 하나인 LOOKUP 함수를 사용합니다.

• 벡터형(lookup_value,lookup_vector,result_vector) : 하나의 행이나 하나의 열에서 값을 조회합니다. 찾으려는 값을 포함하는 범위를 지정하려면 벡터형을 사용합니다.

	A	B
1	점수	색
2	50	가
3	60	양
4	70	미
5	80	우
6	90	수

• 배열형(lookup_value,array) : 행과 열로 이루어진 검색할 값 모음에는 배열형을 선택합니다.

	A	B
1	점수	색
2	50	가
3	60	양
4	70	미
5	80	우
6	90	수

3 [함수 인수] 대화상자의 LOOKUP_value의 입력란을 클릭한 후 [I5] 셀을 선택합니다.

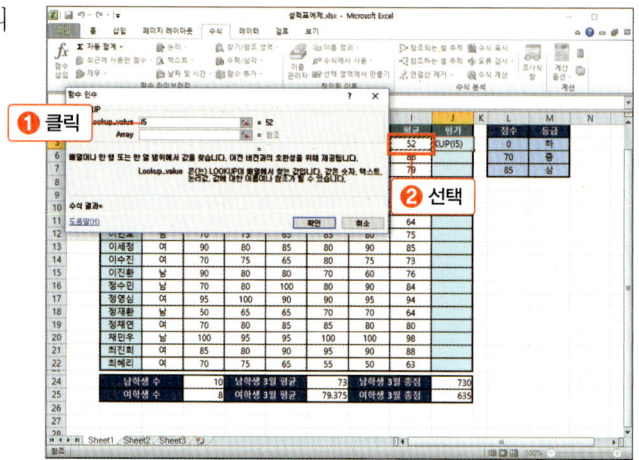

4 [함수 인수] 대화상자의 Array의 입력란을 클릭한 후 [L5:M7] 셀을 드래그하여 범위를 선택합니다.

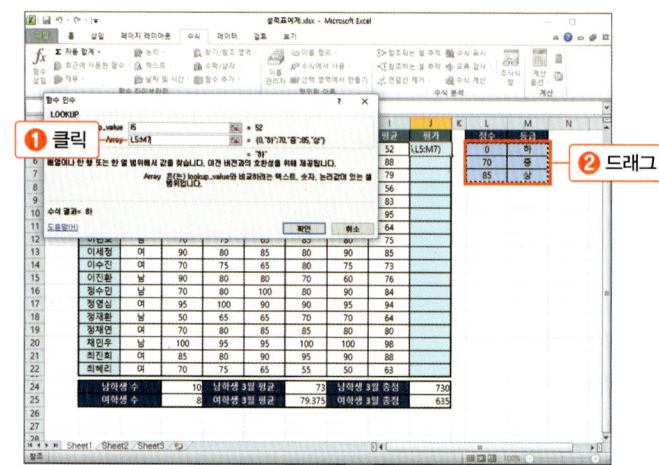

5 F4 를 눌러서 절대 참조로 변경한 후 [확인] 단추를 클릭합니다.

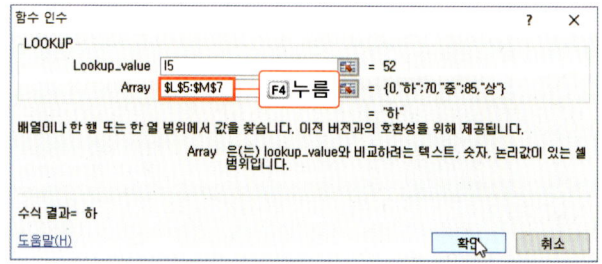

◆ **셀 참조**

셀 참조는 수식을 통해 계산할 데이터 또는 값의 위치를 알려 주는 용도로 수식에 사용됩니다.
- **상대 참조** : 엑셀에서 일반적으로 계산하는 방식
  - 셀의 위치가 이동되면 수식의 주소가 자동으로 변경되는데 즉, 행과 열이 변경되면 수식도 자동으로 변경되는 방식입니다. (예) A1)
- **절대 참조** : 절대변경 안 되는 것
  - 셀의 위치가 이동되어도 수식의 주소는 절대로 변경되지 않습니다. 이때 절대 참조로 지정하려면 F4 키를 눌러주시면 됩니다. (예) A1)
- **혼합 참조** : 상대 참조와 절대 참조 혼합하여 사용
  - 행이나 열 머리글 중 한쪽에만 '$'기호가 표시됩니다.(예) $A1, A$1)

※ F4 를 한 번씩 누를 때마다 '**상대참조** → **절대참조** → **열고정** → **행고정**'으로 변경됩니다.
　　　　　　　　　　　　A1　　　　A1　　　$A1　　　A$1

6 [J5] 셀에 등급이 '하'로 표시됩니다. [J5] 셀의 채우기 핸들(+)을 [J22] 셀까지 드래그하여 등급으로 평가를 채운 후 자동 채우기 옵션(📋)을 클릭하여 [서식 없이 채우기]를 선택합니다.

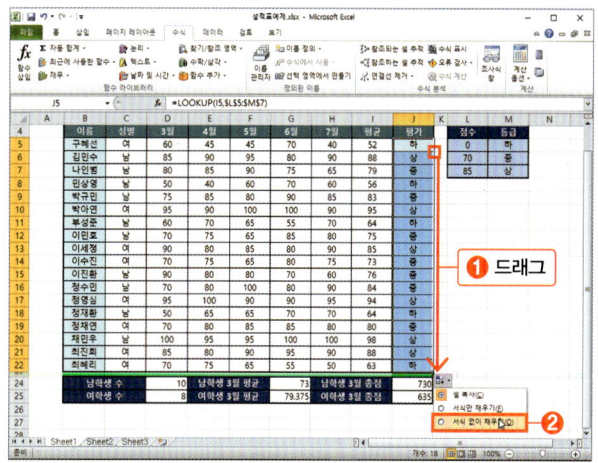

7 우리 반 1학기 수학 성적표를 만들어보았습니다.

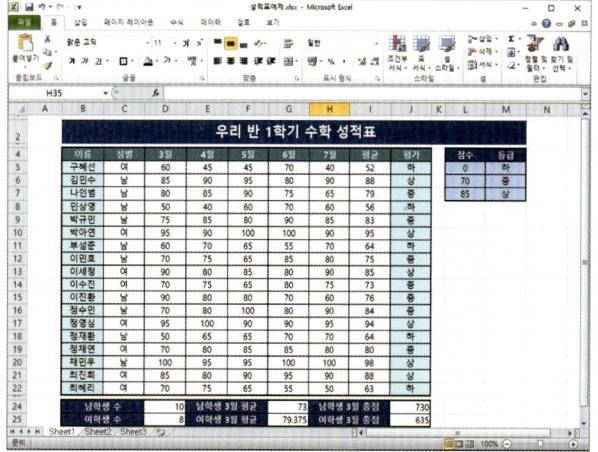

CHAPTER 4 :: 공포의 엑셀, 딱 성적처리만 가능하게 실력을 갖출 수 없나요?　　077

학습정리

❶ 자동 합계(Σ)의 평균을 사용하여 선택한 셀의 바로 뒤에 선택한 셀의 평균을 표시합니다.

❷ 연속 데이터나 수식을 채울 때 채우기 핸들(﹢)을 드래그합니다.

❸ COUNTIF 함수는 조건을 충족하는 셀의 개수를 계산할 때 사용합니다.

❹ AVERAGEIF 함수는 범위에서 지정한 조건을 만족하는 모든 셀의 평균(산술 평균)을 구할 때 사용합니다.

❺ SUMIF 함수는 조건에 의해 지정된 셀들의 합을 구할 때 사용합니다.

❻ 셀 참조에는 상대 참조, 절대 참조, 혼합 참조가 있고, F4를 한 번씩 누를 때마다 '상대참조 → 절대참조 → 열고정 → 행고정'으로 변경됩니다.

❼ LOOKUP 함수는 기준에 맞는 결과값을 찾는 함수로, 찾으려는 값을 포함하는 범위를 지정하려면 벡터형을 선택하고, 행과 열로 이루어진 검색할 값 모음에는 배열행을 선택합니다.

퀴즈 및 실습 문제

01 셀 참조를 변형할 때 사용하는 키는? (   )
① F4   ② Ctrl
③ Alt   ④ F10

02 셀의 위치가 이동되어도 수식의 주소는 절대로 변경되지 않는 셀 참조는 어느 것인가요? (   )
① 상대 참조   ② 절대 참조
③ 혼합 참조   ④ 열 고정

03 자동 합계나 자동 평균을 구할 때 사용하는 도구는? (   )
①   ②
③ Σ   ④

04 '소스파일₩상여금예제.xlsx'를 불러와 LOOKUP 함수의 벡터형을 사용하여 상여금을 구하세요.

	A	B	C	D	E	F	G
1						상여금 기준	
2	번호	부서	이름	상여금		부서	금액
3	1	마케팅부	김경수			경리부	1500000
4	2	총무부	이민혜			마케팅부	1000000
5	3	영업부	고민정			영업부	1300000
6	4	영업부	진영철			총무부	800000
7	5	경리부	조정회				
8							

풀이   01 ①   02 ②   03 ③
04 ① [D3]셀을 선택하고 [수식] 탭 – [함수 라이브러리] 그룹 – [찾기/참조 영역] – [LOOKUP]을 클릭합니다. ② [인수 선택] 대화상자에서 'lookup_value,lookup_vector,result_vector'를 선택합니다. ③ [함수 인수] 대화상자의 LOOKUP_value의 입력란을 클릭한 후 [B3] 셀을 선택합니다. ④ LOOKUP_vector에 [F3:F6] 셀을 드래그한 후 F4를 눌러 절대 참조로 변경합니다. ⑤ Result_vector에 [G3:G6] 셀을 드래그한 후 F4를 눌러 절대 참조로 변경하고, [확인] 단추를 클릭합니다. ⑥ [D3]셀의 채우기 핸들(+)을 [D7] 셀까지 드래그합니다.

내일이 학부모총회!
한 시간 만에 교사소개 자료를
만들 수 없나요?

학습 방향 파워포인트 2010은 프레젠테이션 도구로 가장 많은 사람들에게 사랑받으며 자주 사용하는 도구입니다. 학부모총회 자료를 만들 때 파워포인트 2010의 테마를 사용하면 쉽고 빠르게 만들 수 있고, 스마트아트 그래픽을 사용하면 전문가가 만든 듯한 디자인 요소를 추가하여 만들 수 있습니다.

학습 목표
- 파워포인트 2010의 테마를 전체 문서에 적용하여 스타일, 글꼴, 효과를 한꺼번에 적용합니다.
- 텍스트 상자에 글머리 기호와 번호 매기기를 적용할 수 있습니다.
- 텍스트 목록을 스마트아트 그래픽으로 한꺼번에 변환할 수 있습니다.
- 모든 슬라이드에 배경 음악을 적용할 수 있습니다.
- 모든 슬라이드에 전환 효과를 적용할 수 있습니다.

미리보기 소스파일 학부모총회예제.pptx, me.jpg, BGM.mp3 | 결과파일 학부모총회결과.pptx

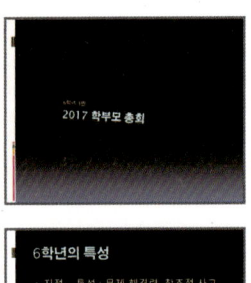

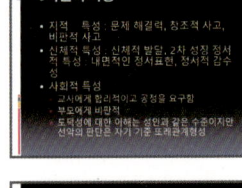
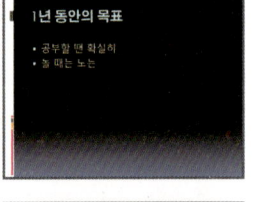
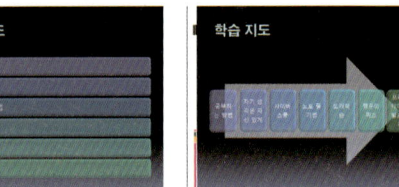
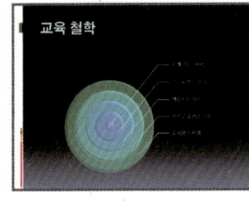
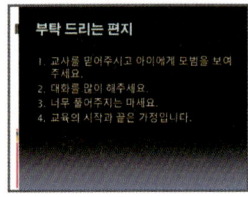

STEP 1 ◆ 파일 불러와서 테마 적용하기

1 파워포인트 2010을 실행한 후 파일을 불러오기 위해 [파일] 탭 – [열기]를 클릭합니다.

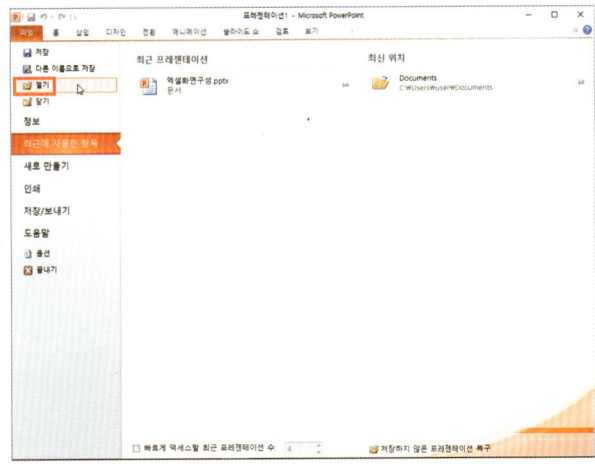

2 [열기] 대화상자에서 '소스파일₩학부모총회예제.pptx'를 선택한 후 [열기] 단추를 클릭합니다.

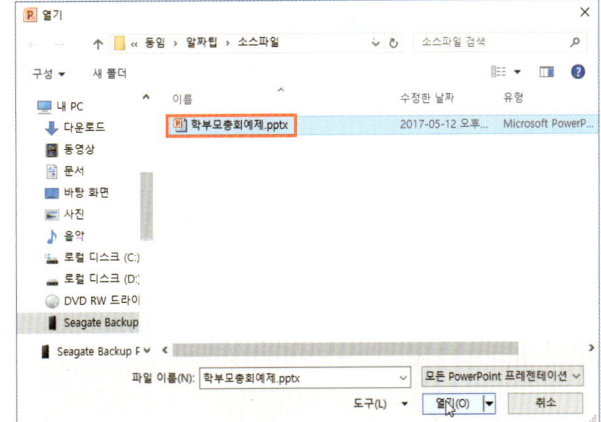

3 예제 파일에 테마를 적용하기 위해 [디자인] 탭 – [테마] 그룹 – [자세히(▼)]를 클릭하여 [메트로]를 선택합니다.

4 테마 글꼴을 사용하기 위해 [디자인] 탭 - [테마] 그룹 - [글꼴]을 클릭하여 [보자기 HY견고딕 맑은 고딕]을 선택합니다. 문서 전체 글꼴이 한꺼번에 변경됩니다.

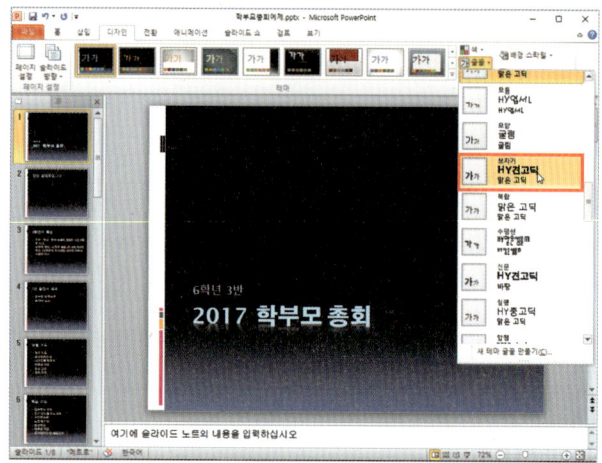

◆ 테마란?

파워포인트 2010에서는 전문적인 디자이너 수준의 프레젠테이션을 만들 수 있는 테마 갤러리를 제공합니다. 테마 갤러리의 축소판 그림 위에 마우스 포인터를 가져가 문서가 변경되는 모양을 확인한 후 마음에 드는 테마를 선택합니다. 문서에 포함된 글꼴, 색, 스마트아트 그래픽, 도형 효과 등 디자인 요소를 한꺼번에 변경할 수 있습니다.

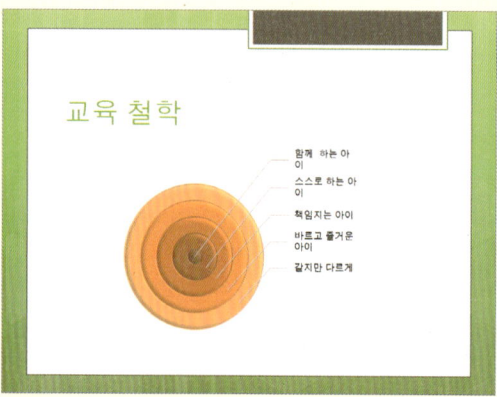
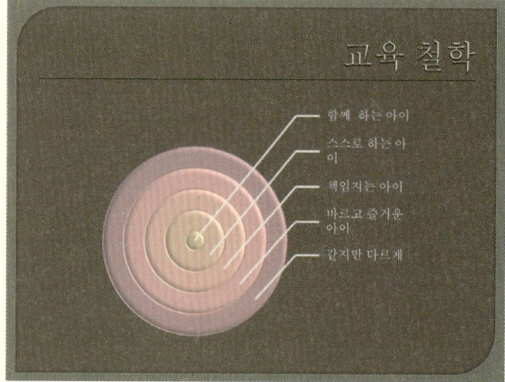
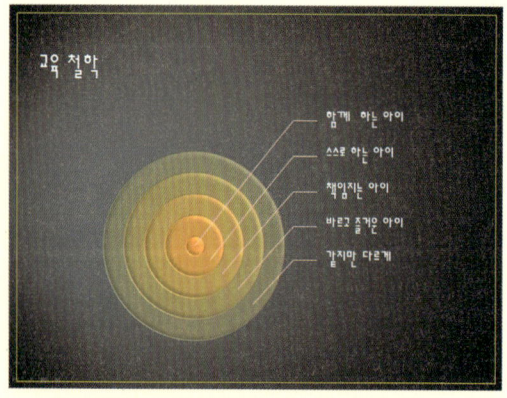
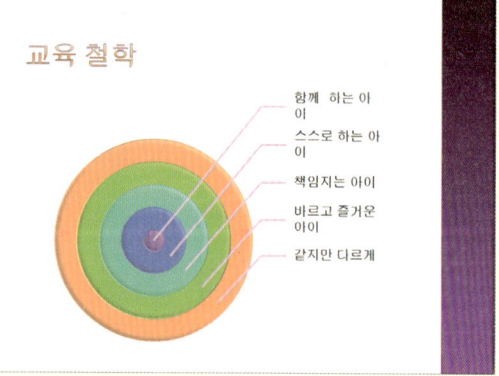

▲ 스마트 그래픽이 포함되어 있는 동일한 슬라이드에 적용된 서로 다른 테마

STEP 2 ◆ 이미지 삽입하고 텍스트 추가하기

이미지 삽입하기

1 슬라이드2를 선택한 후 텍스트 상자 안의 [파일에서 그림 삽입(📷)]을 클릭합니다.

> ◆ [삽입] 탭 – [이미지] 그룹 – [그림]을 클릭해도 그림을 삽입할 수 있습니다.

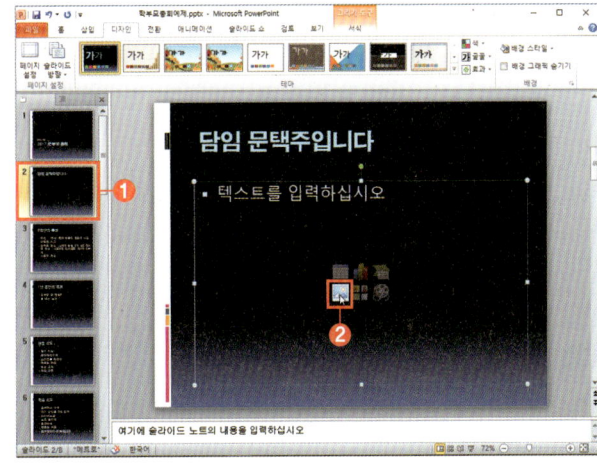

2 [그림 삽입] 대화상자에서 '소스파일₩me.jpg'를 선택하여 [삽입] 단추를 클릭합니다.

3 그림이 삽입되었으면 알맞은 곳으로 이동한 후 텍스트를 입력하기 위해 [홈] 탭 – [그리기] 그룹 – [도형] – 기본 도형의 [텍스트 상자(📝)]를 클릭합니다.

4 텍스트 상자를 드래그하여 그린 후 다음처럼 텍스트를 입력합니다.

5 입력한 텍스트 상자를 선택한 후 [홈] 탭 – [글꼴] 그룹 – [글꼴 크기]를 클릭하여 [24pt]로 설정합니다.

글머리 기호

1 텍스트 상자 안의 특정 부분을 다음처럼 블록 지정합니다.

2 [홈] 탭 – [단락] 그룹 – [글머리 기호(≡)] – [속이 찬 정사각형 글머리 기호]를 클릭합니다. 특정 부분만 글머리 기호로 변경됩니다.

3 슬라이드3을 선택한 후 '사회적 특성' 아래에 추가적으로 설명글을 입력하고 한 수준 아래로 낮추기 위해 앞쪽에 커서를 위치하고 Tab 을 누릅니다.

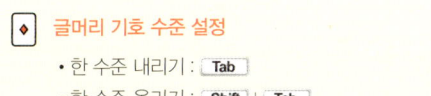

글머리 기호 수준 설정
- 한 수준 내리기 : Tab
- 한 수준 올리기 : Shift + Tab

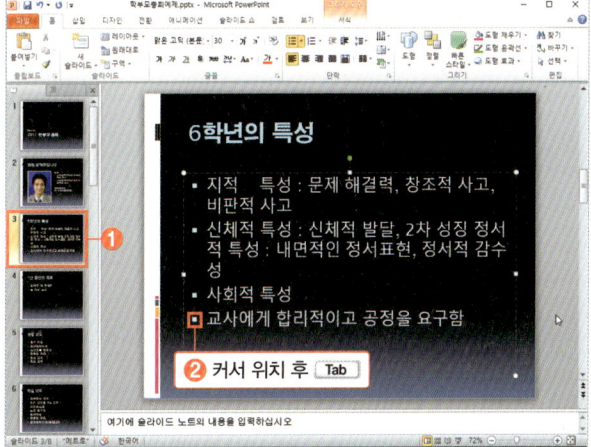

4 한 수준 아래로 글머리 기호가 변경되면서 글꼴 크기도 작아졌습니다. 나머지 글도 추가로 입력합니다.

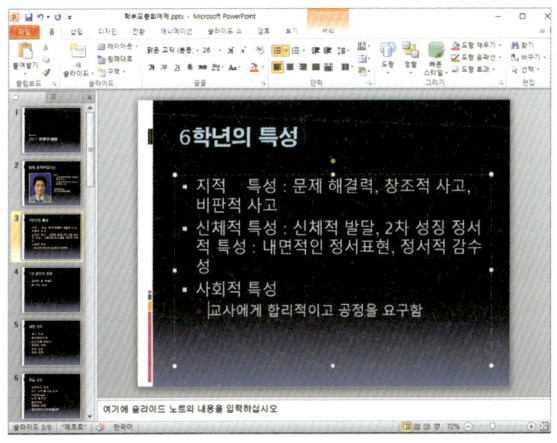
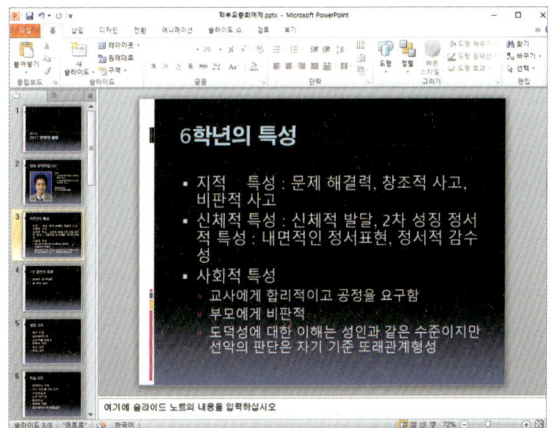

STEP 3 ◆ SmartArt 그래픽으로 변경하기

1 슬라이드5의 내용 텍스트 상자를 선택한 후 [홈] 탭 – [단락] 그룹 – [SmartArt 그래픽으로 변환]을 클릭한 후 [세로 글머리 기호 목록형]을 클릭합니다.

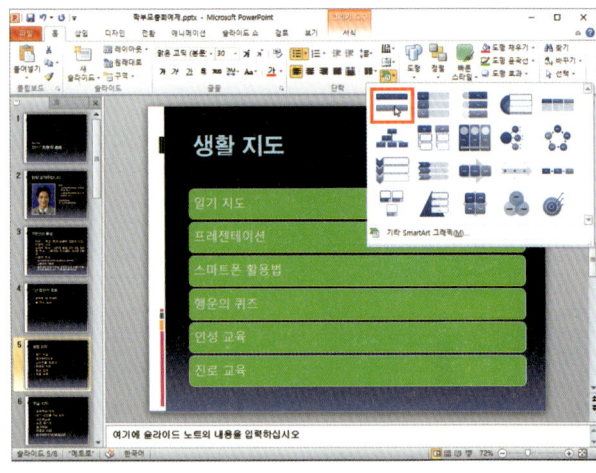

◆ **스마트아트 그래픽 삽입 방법**

스마트아트 그래픽을 삽입하려면 [삽입] 탭 – [일러스트레이션] 그룹 – [SmartArt]를 클릭한 후 [SmartArt 그래픽 선택] 대화상자에서 원하는 그래픽을 선택하여 삽입합니다.

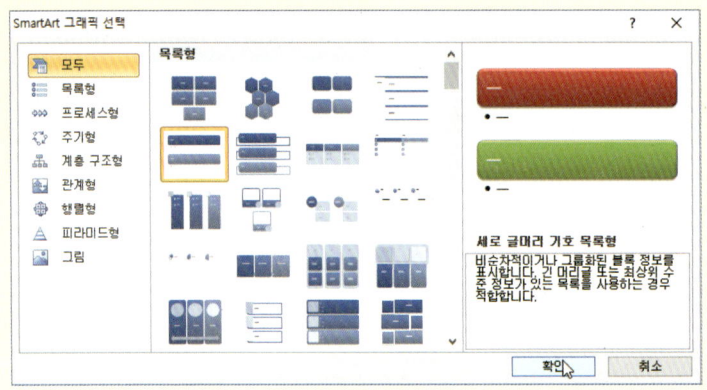

2 [SmartArt 도구]의 [디자인] 탭 – [SmartArt 스타일] 그룹 – [색 변경] – 색상형의 [색상형 범위 – 강조색5 또는 6]을 클릭하여 스마트아트 그래픽의 색상을 변경합니다.

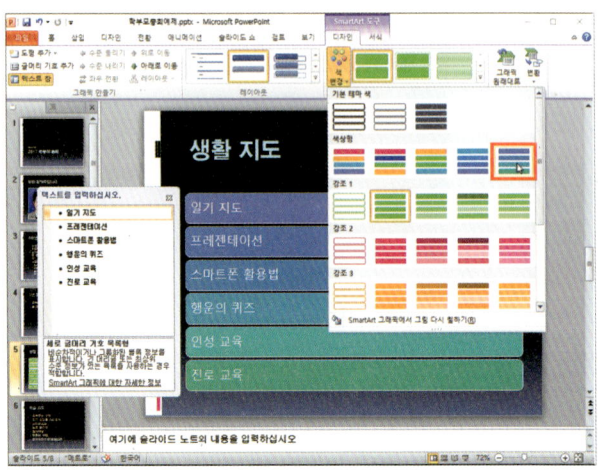

3 [SmartArt 도구]의 [디자인] 탭 – [SmartArt 스타일] 그룹 – [자세히(▼)]를 클릭하여 [파우더]를 선택하면 스마트아트 그래픽의 스타일이 변경됩니다.

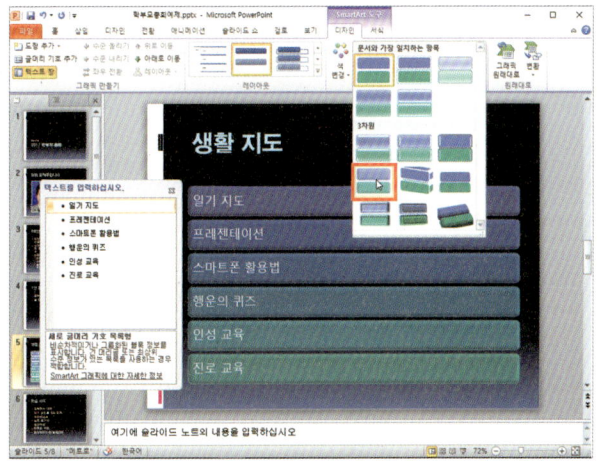

4 입력한 텍스트를 쉽고 빠르게 스마트아트 그래픽으로 변환하고 색상과 스타일까지 설정하였습니다.

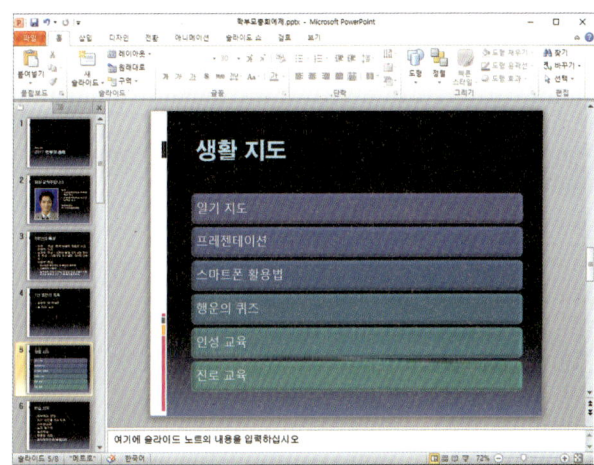

◆ **텍스트로 다시 변경하려면**

[SmartArt 도구]의 [디자인] 탭 – [원래대로] 그룹 – [변환] – [텍스트로 변환]을 클릭합니다. 본래 텍스트 상자로 변환됩니다.

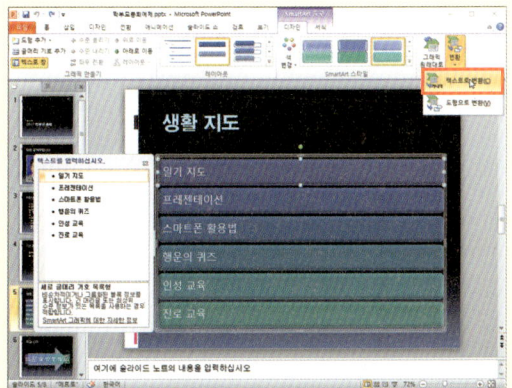 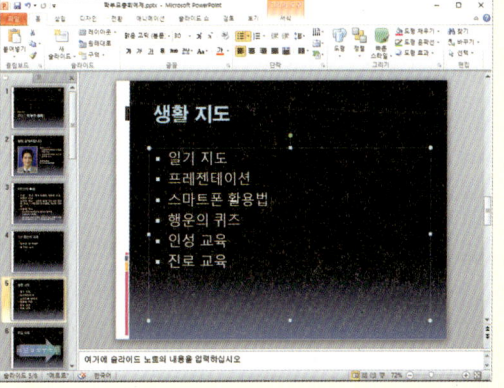

5 같은 방법으로 슬라이드6의 내용 텍스트 상자는 '연속 블록 프로세스형'으로, 슬라이드7의 내용 텍스트 상자는 '기본 과녁형'으로 스마트아트 그래픽으로 변경합니다.

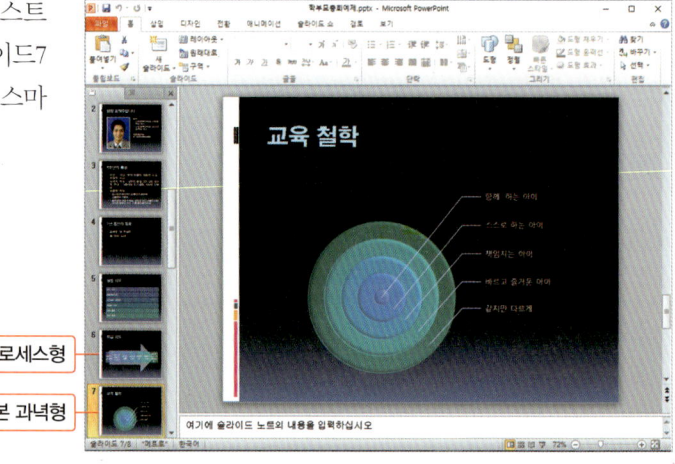

6 슬라이드8을 선택한 후 내용 텍스트 상자를 클릭하고 [홈] 탭 - [단락] 그룹 - [번호 매기기(⋮≡)]를 클릭하여 글머리 기호를 번호 매기기로 변경합니다.

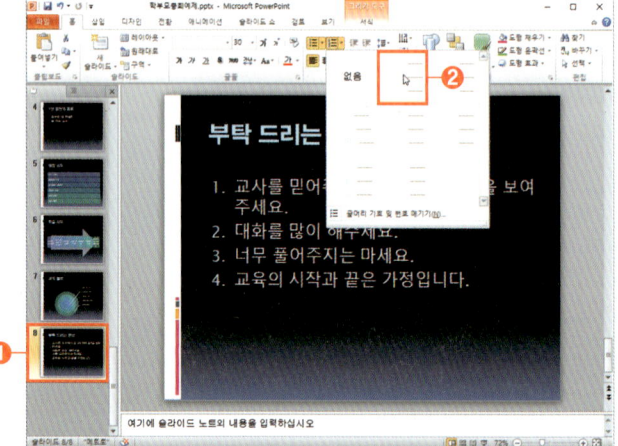

STEP 4 ◆ 배경 음악 삽입하고 전환 효과 적용하기

배경 음악 삽입하기

1 슬라이드1을 선택한 후 [삽입] 탭 – [미디어] 그룹 – [오디오]– [오디오 파일]을 선택합니다.

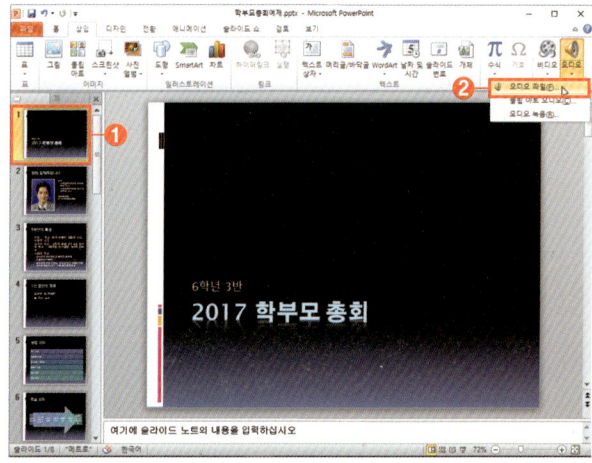

2 [오디오 삽입] 대화상자에서 '소스파일₩BGM.mp3'를 선택한 후 [삽입] 단추를 클릭합니다.

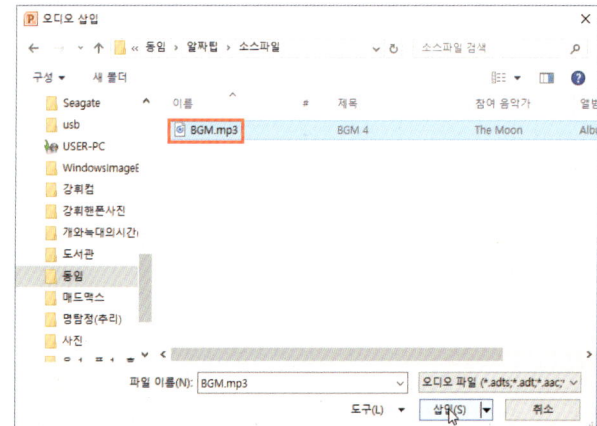

3 슬라이드에 오디오 파일의 아이콘이 삽입되면 드래그하여 오른쪽 상단에 배치합니다. [오디오 도구]의 [재생] 탭 – [미리 보기] 그룹 – [재생]을 클릭하여 삽입한 오디오 파일을 들어봅니다.

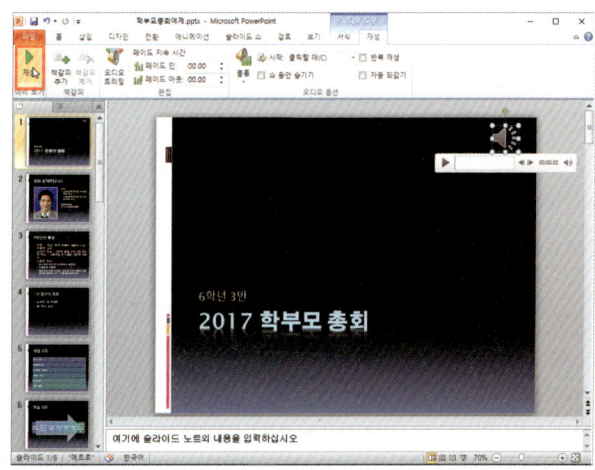

4 삽입한 오디오 파일이 시작될 때 서서히 커지고, 끝날 때는 서서히 줄어들게 하기 위해 [오디오 도구]의 [재생] 탭 – [편집] 그룹 – 페이드 인과 페이드 아웃을 [01.00]으로 설정합니다.

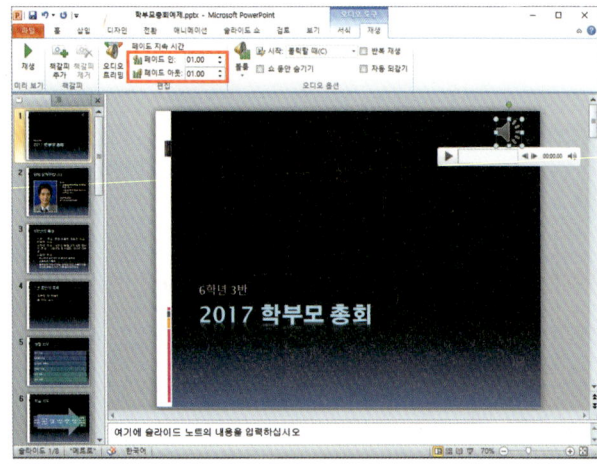

5 삽입한 오디오 파일이 슬라이드 전체 배경 음악이 될 수 있게 [오디오 도구]의 [재생] 탭 – [오디오 옵션] 그룹 – 시작을 [모든 슬라이드에서 실행]으로 설정합니다.

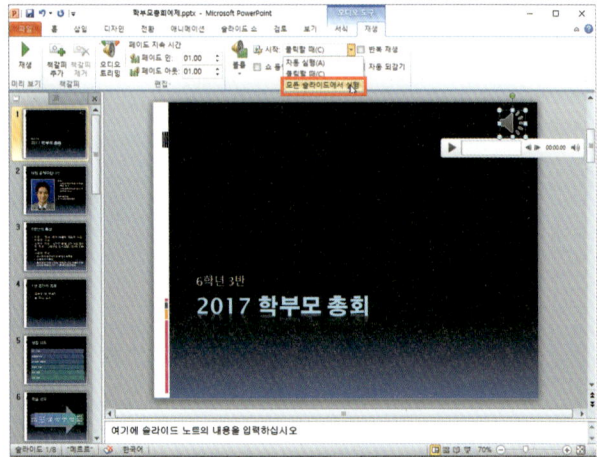

6 효과가 적용되면 표시되는 아이콘이 슬라이드1처럼 ☆ 가 표시됩니다. 소리 아이콘이 쇼 동안 보이지 않게 하기 위해 [오디오 도구]의 [재생] 탭 – [오디오 옵션] 그룹 – [쇼 동안 숨기기]에 체크 표시하고, [반복 재생], [자동 되감기]에 체크 표시하여 쇼 동안 음악이 계속 들리도록 설정합니다.

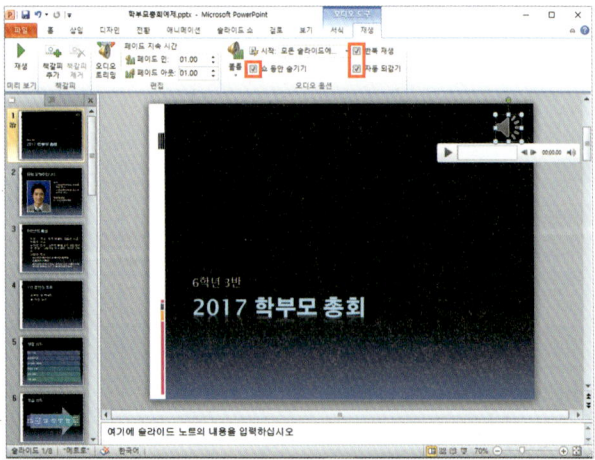

7 하단의 화면 보기 아이콘 중 [슬라이드 쇼 (🖵)]를 클릭합니다.

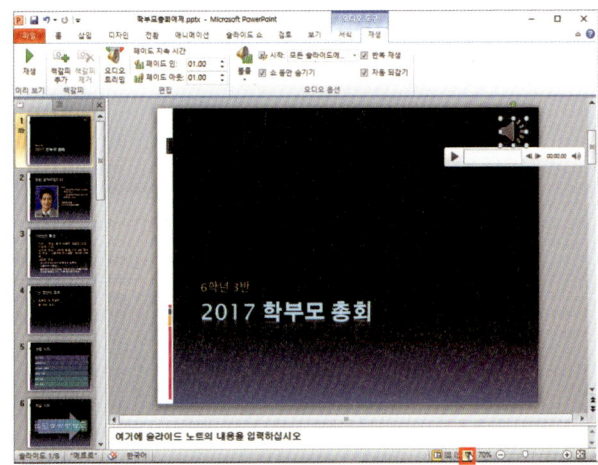

8 슬라이드 쇼가 진행되면 소리 아이콘은 보이지 않는데 배경 음악이 들립니다. `Space Bar` 나 `Enter`를 눌러 다음 슬라이드로 이동하면서 배경 음악이 계속 들리는지 확인합니다. `Esc`를 눌러 기본 보기 화면으로 되돌아옵니다.

전환 효과 적용하기

1 [전환] 탭 – [슬라이드 화면 전환] 그룹 – [자세히(▼)]를 클릭하여 동적 콘텐츠의 [관람차]를 클릭하면 해당 전환 효과를 미리 보여주고 적용됩니다.

> ♦ **전환 효과란?**
> 슬라이드 전환은 프레젠테이션 하는 동안 다음 슬라이드 간에 이동할 때 발생하는 애니메이션과 같은 효과입니다. 속도를 제어하고, 소리를 추가하고, 전환 효과의 속성을 사용자 지정할 수 있습니다.

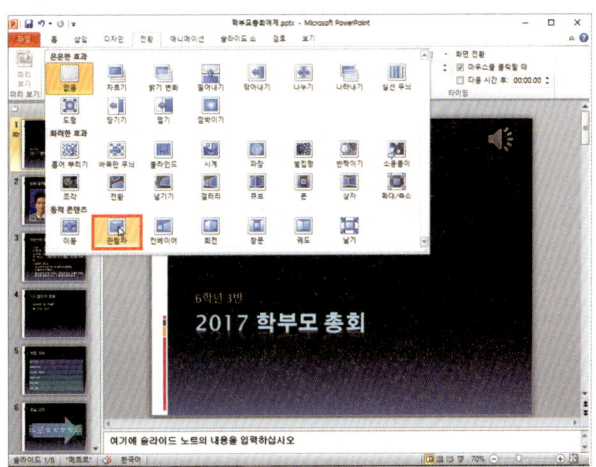

2 [전환] 탭 - [슬라이드 화면 전환] 그룹 - [효과 옵션] - [왼쪽에서]로 설정하여 관람차 효과의 방향을 설정합니다.

3 [전환] 탭 - [타이밍] 그룹 - [모두 적용]을 클릭하면 모든 슬라이드에 관람차 효과가 적용됩니다.

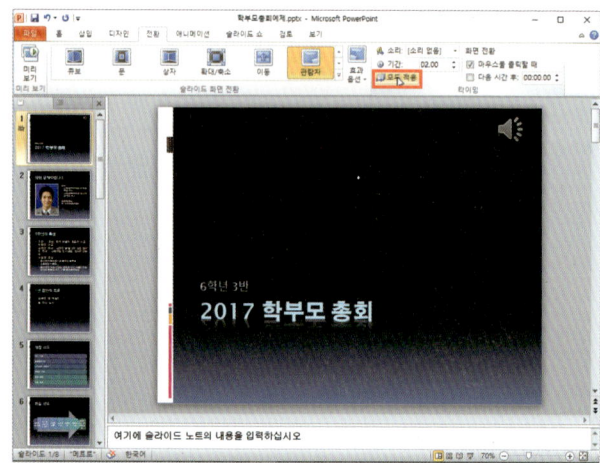

4 모든 슬라이드 앞에 가 표시됩니다. 화면 보기 아이콘 중 [슬라이드 쇼( )]를 클릭하여 적용된 전환 효과를 확인합니다.

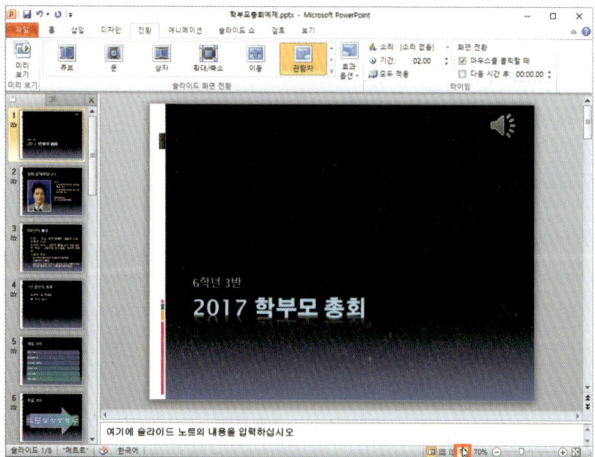

◆ 자동으로 진행하는 전환 효과

① [전환] 탭 – [타이밍] 그룹의 '화면 전환'에서 [마우스를 클릭할 때]에 체크 해제한 후 '다음 시간 후'를 [01:00.00]으로 설정합니다.

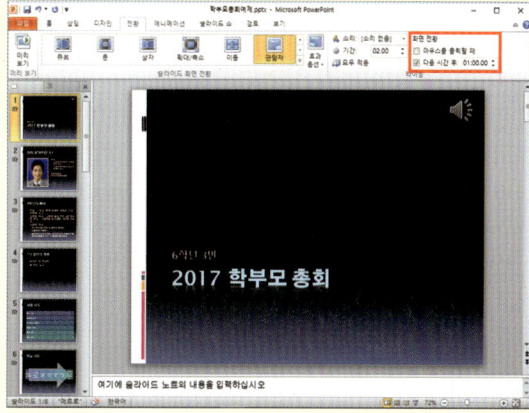

② [전환] 탭 – [타이밍] 그룹 – [모두 적용]을 클릭하면 모든 슬라이드에 관람차 효과가 적용됩니다.

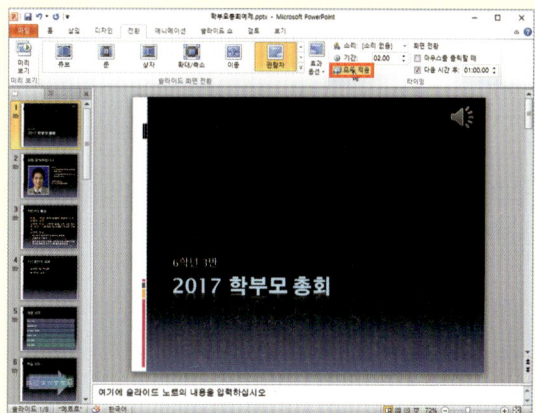

③ 화면 보기 아이콘 중 [슬라이드 쇼(🖵)]를 클릭하거나 F5 를 눌러 처음부터 슬라이드 쇼를 진행합니다. 설정한 시간이 되면 자동으로 다음 슬라이드로 전환되어 자동으로 프레젠테이션을 진행할 수 있습니다.

학습정리

❶ 파워포인트 2010에서는 전문적인 디자이너 수준의 프레젠테이션을 만들 수 있는 테마 갤러리를 제공합니다.

❷ 슬라이드 전체에 테마를 적용하려면 [디자인] 탭 − [테마] 그룹 − [자세히(▼)]를 클릭하여 원하는 테마를 선택합니다.

❸ 슬라이드에 그림을 삽입하려면 [삽입] 탭 − [이미지] 그룹 − [그림]을 클릭하여 원하는 그림을 삽입할 수 있습니다.

❹ 텍스트 목록 앞에 글머리 기호나 번호를 매기려면 [홈] 탭 − [단락] 그룹 − [글머리 기호(☰)]를 클릭하거나 [번호 매기기(☰)]를 클릭하여 글머리 기호나 번호를 선택합니다.

❺ 텍스트 상자를 바로 스마트아트 그래픽으로 변환하려면 텍스트 상자를 선택한 후 [홈] 탭 − [단락] 그룹 − [SmartArt 그래픽으로 변환(🗂)]을 클릭하여 원하는 그래픽을 선택하여 전문가와 같은 그래픽 효과를 적용합니다.

❻ 슬라이드에 오디오 파일을 삽입하려면 [삽입] 탭 − [미디어] 그룹 − [오디오]− [오디오 파일]을 클릭하여 오디오 파일을 삽입합니다. 삽입한 오디오 파일은 사용자 지정에 따라 자동 재생 또는 모든 슬라이드에서 실행할 수 있게 설정을 변경할 수 있습니다.

❼ 모든 슬라이드에 전환 효과를 적용하기 위해 [전환] 탭 − [슬라이드 화면 전환] 그룹 − [자세히(▼)]를 클릭하여 효과 중 하나를 선택하고, [모두 적용]을 클릭합니다.

: 퀴즈 및 실습 문제 :

01 슬라이드의 전체 디자인을 변경할 수 있는 기능은 다음 중 어느 것인가요? (   )
① 테마   ② 스마트아트 그래픽
③ 클립아트   ④ 사진앨범

02 텍스트 목록에 글머리 기호를 삽입했을 때 한 수준을 내릴 때 필요한 키는 어느 것인가요?
① `Alt`   ② `Tab`   (   )
③ `Shift`+`Tab`   ④ `Ctrl`+`Shift`

03 다음 중 슬라이드 쇼가 진행될 때 소리 아이콘을 숨길 때 필요한 것은 어느 것인가요? (   )

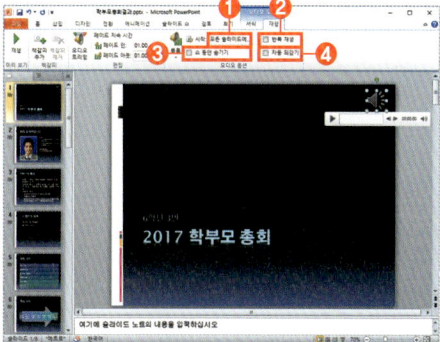

04 '소스파일₩스마트아트그래픽.pptx'를 다음처럼 변경하세요.

- 테마 : 기류
- 텍스트 상자 스마트아트 그래픽 변환 : 하위 단계 프로세스형
- SmartArt 스타일 : 흰색 윤곽선

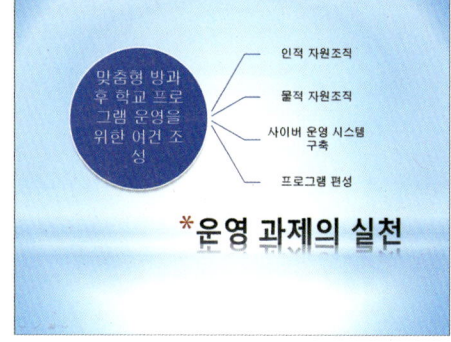

풀이 01 ① 02 ② 03 ③
04 ① 파워포인트 2010에서 '소스파일₩스마트아트그래픽.pptx'를 불러온 다음 [디자인] 탭 – [테마] 그룹 – [자세히(▼)]를 클릭하여 [기류]를 선택합니다. ② 텍스트 상자를 선택하고 [홈] 탭 – [단락] 그룹 – [SmartArt 그래픽으로 변환(▣)]을 클릭한 후 [기타 SmartArt 그래픽]을 클릭하여 [하위 단계 프로세스형]을 선택합니다. ③ [SmartArt 도구]의 [디자인] 탭 – SmartArt 스타일] 그룹에서 [흰색 윤곽선]을 선택합니다.

CHAPTER 6
학교 가정통신문에 링크주소, 사진, 동영상, 연락처를 쉽게 넣을 수 없나요?

학습 방향 QR코드는 단순히 바로 링크 주소로 연결해 주기도 하지만, 사진, 동영상, 연락처 등의 정보를 담아 정보를 전달할 수도 있습니다. 바코드에 비해 사각형으로 된 QR코드에는 더 많은 정보를 담을 수 있습니다. 가정통신문에 QR코드를 포함하여 배포하면 학부모님께서는 스마트폰으로 QR코드를 찍어 학교에 대한 정보를 쉽게 접할 수 있습니다.

학습 목표
- QR코드가 무엇인지 이해할 수 있습니다.
- QR코드를 링크 주소로 바로 연결할 수 있습니다.
- QR코드에 이미지, 동영상, 연락처 등의 정보를 담을 수 있습니다.
- 가정통신문에 QR코드를 넣어 정보를 전달할 수 있습니다.

미리보기 소스파일 sc.png, 로고.png, 학부모수업공개안내.hwp | 결과파일 학교링크.jpg, 학교소개.jpg, QR코드문서.hwp

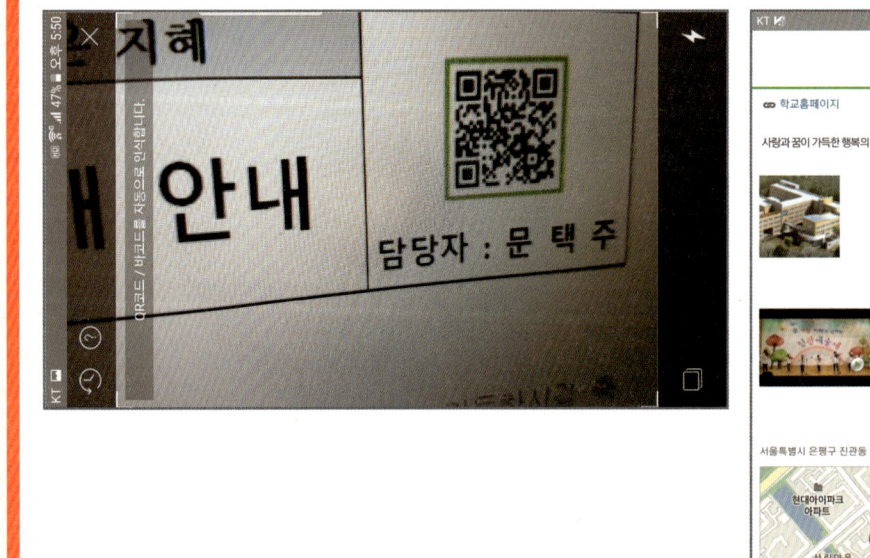

STEP 1 ◆ 링크로 바로 연결되는 QR코드 만들기

1 웹브라우저를 실행한 후 네이버 QR코드 (http://qr.naver.com)에 접속하여 [나만의 QR코드 만들기] 단추를 클릭합니다.

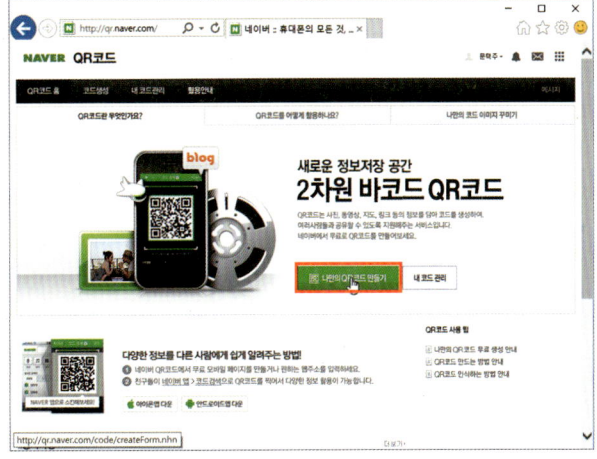

2 [1. 기본 정보 입력]의 '코드제목'에 제목을 입력하고, '코드 스타일'의 [기본형] 탭을 선택하여 '1. 테두리 컬러 및 스킨 선택'에서 원하는 스킨을 선택합니다. '2. 추가옵션'은 '추가옵션 사용 안함'을 선택한 후 [다음단계] 단추를 클릭합니다.

> ◆ **QR코드란?**
>
> QR코드(Quick Response Code)는 사각형의 가로, 세로 두 방향으로 정보를 저장하기 때문에 바코드보다 훨씬 많은 정보를 담을 수 있는 코드입니다. 사진, 동영상, 지도, 링크 등의 정보를 담아 QR코드를 생성하고 스마트폰으로 QR코드를 스캔하면 해당 정보를 제공받을 수 있습니다.
>
> QR코드는 코드가 '최대 30%까지 훼손되어도' 사용이 가능하기 때문에 요즘에는 감각적인 명함이나 청첩장뿐만 아니라 가정통신문에도 QR코드를 넣어 모바일 가정통신문으로 활용합니다.
>
>

3 [2. 추가 정보 입력]의 '정보 입력 선택'에서 '링크로 바로 이동'을 선택하고, '웹주소 직접 입력'을 선택한 후 웹주소를 입력하고 [미리보기] 단추를 클릭합니다.

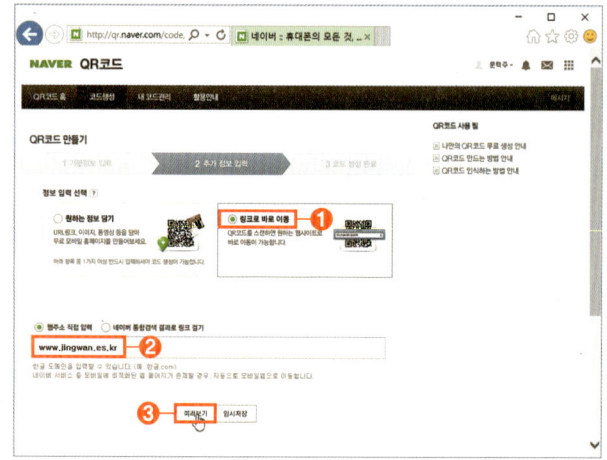

4 입력한 웹주소로 바로 링크되는 것을 확인할 수 있습니다.

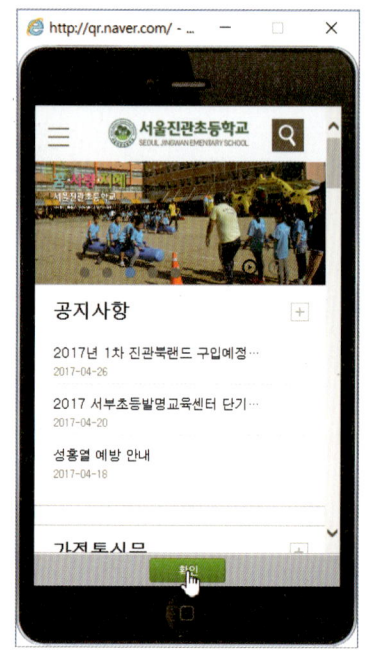

5 링크로 바로 이동하는 QR코드를 완성하려면 [작성완료] 단추를 클릭합니다.

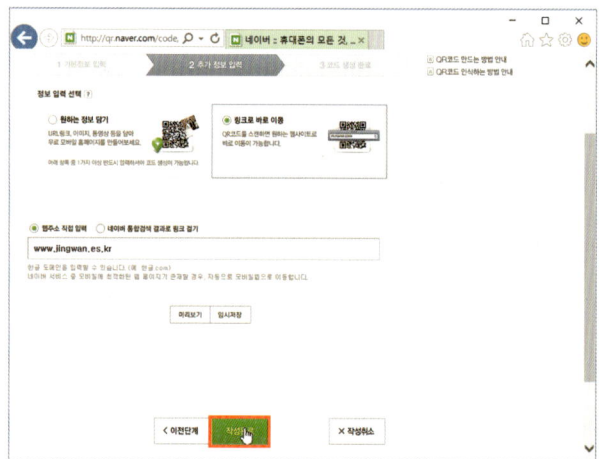

6 네이버 QR코드가 생성되었습니다. QR코드를 이미지로 저장하기 위해 [코드저장] 단추를 클릭하여 확장자는 'JPG'로 선택하고, 가장 작은 이미지 사이즈를 선택합니다. [저장] 단추를 클릭합니다.

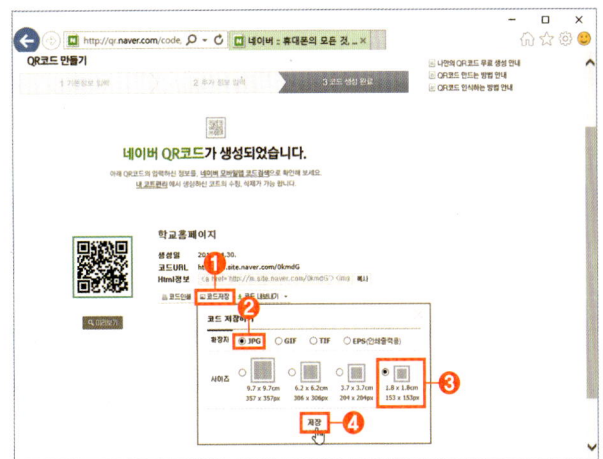

7 QR코드를 내 컴퓨터에 저장하기 위해 아래쪽에 저장을 묻는 창에 [저장] 단추의 [▼]를 클릭하여 [다른 이름으로 저장]을 클릭합니다. [다른 이름으로 저장] 대화상자에 저장 위치를 지정한 후 파일 이름을 입력하고 [저장] 단추를 클릭합니다.

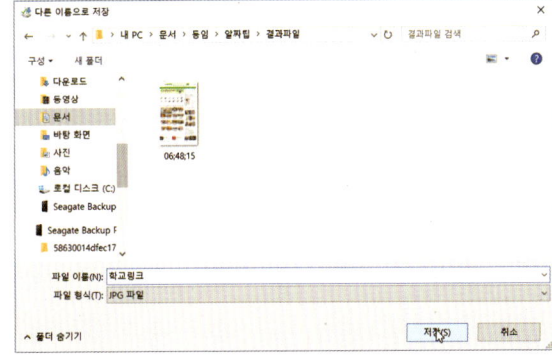

STEP 2 ♦ 원하는 정보를 담은 QR코드 만들기

링크 정보와 사진 이미지 올리기

1 원하는 정보를 담은 QR코드를 만들기 위해 QR코드 홈에서 [나만의 QR코드 만들기] 단추를 클릭하여 [1. 기본 정보 입력]에서 코드제목을 입력하고, 기본 옵션 그대로 [다음단계] 단추를 클릭하여 이동합니다.

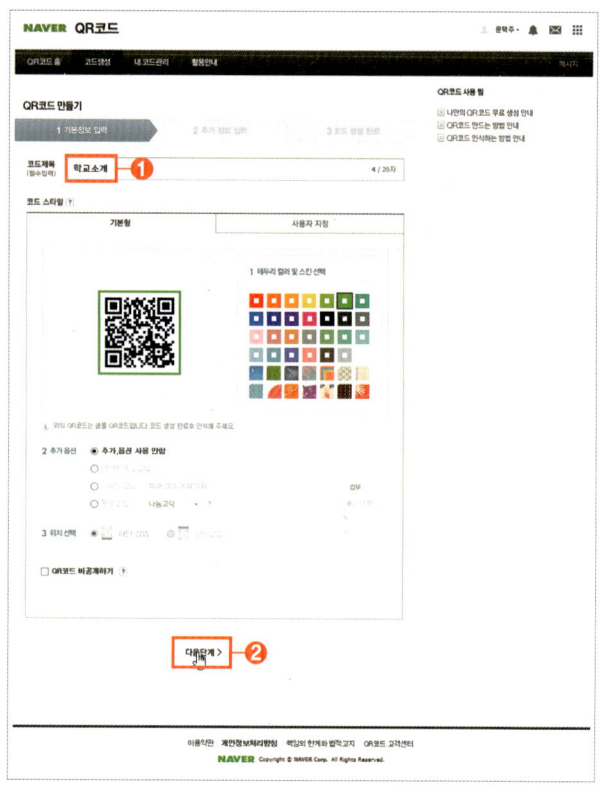

2 [2. 추가 정보 입력]의 '정보 입력 선택'에서 '원하는 정보 담기'를 선택하고, 링크 제목, 링크 주소, 소개글을 차례로 설정한 후 이미지를 등록하기 위해 [이미지]를 클릭합니다.

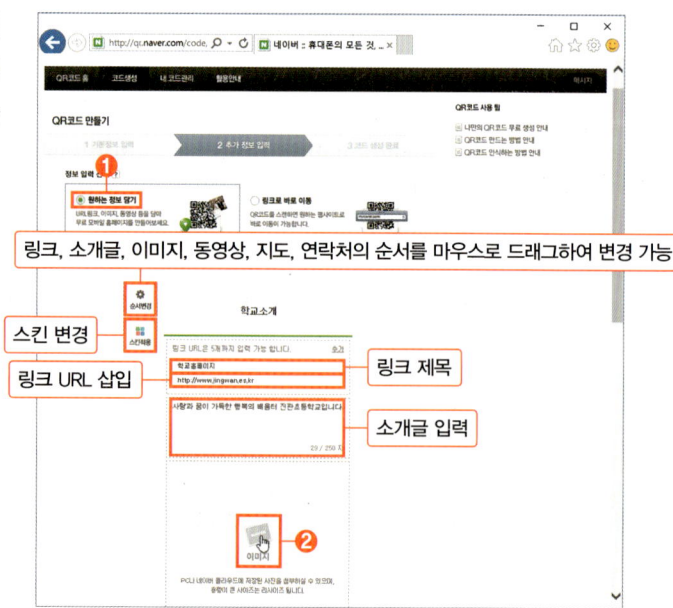

3 '네이버 포토업로더' 창이 나타나면 내PC, 네이버 클라우드, SNS에서 원하는 사진을 불러올 수 있는데, 내 컴퓨터에서 사진을 불러오기 위해 [내PC] 단추를 클릭합니다.

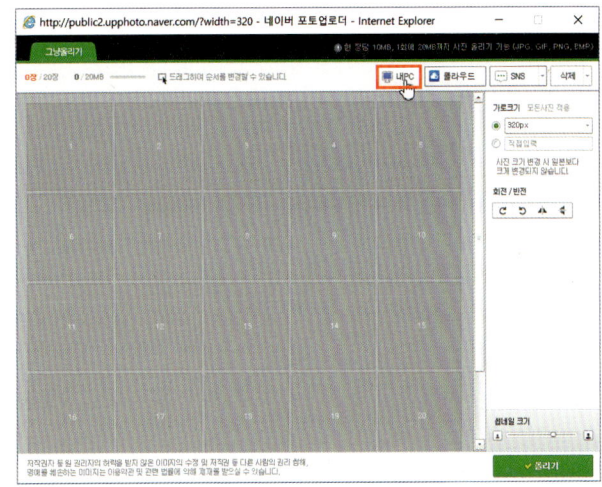

최근 네이버 포토업로더 새로운 버전이 나왔습니다. 이전 버전과 새로운 버전 둘 다 현재 이용 가능하며, 이전 버전에서 [새로운 포토업로더 이용하기]를 클릭하면 새로운 버전의 포토업로더를 이용할 수 있습니다.

4 [소스파일] 폴더에서 'sc.png'를 선택한 후 [열기] 단추를 클릭합니다.

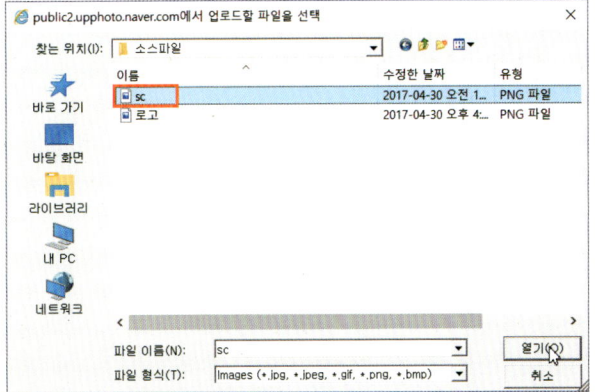

5 등록된 사진을 확인한 후 [올리기] 단추를 클릭합니다.

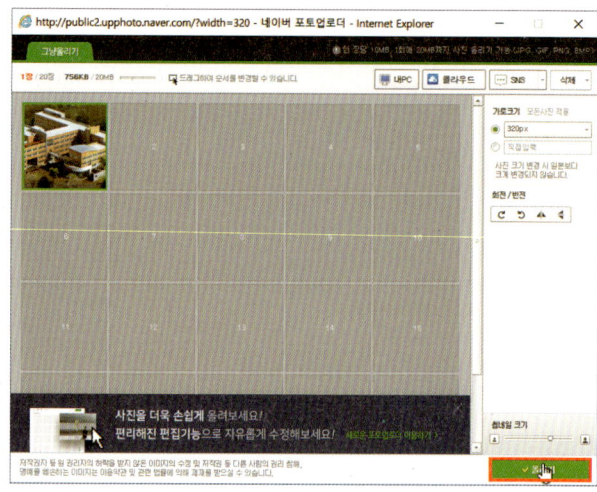

유튜브 동영상 올리기

1 동영상을 등록하기 위해 [동영상]을 클릭하고, [링크 걸기] 탭을 클릭합니다. 유튜브, 네이버(블로그/카페) 동영상, 네이버TV, 다음TV팟 등의 URL을 입력하여 링크할 수 있습니다.

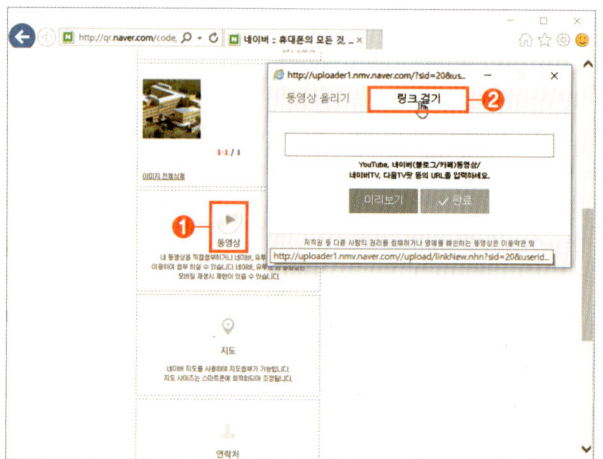

♦ 내 컴퓨터 안의 동영상 올리기

[동영상 올리기] 탭의 [파일 선택] 단추를 클릭한 후 내 컴퓨터 안의 동영상을 불러와서 올리기합니다. 동영상의 크기는 4096MB/60분 이하의 동영상을 올릴 수 있습니다.

2 유튜브(https://www.youtube.com)에 접속한 후 검색창에 '진관초등학교'라고 입력하여 검색합니다. 검색 목록 중 링크 걸기할 동영상을 선택합니다.

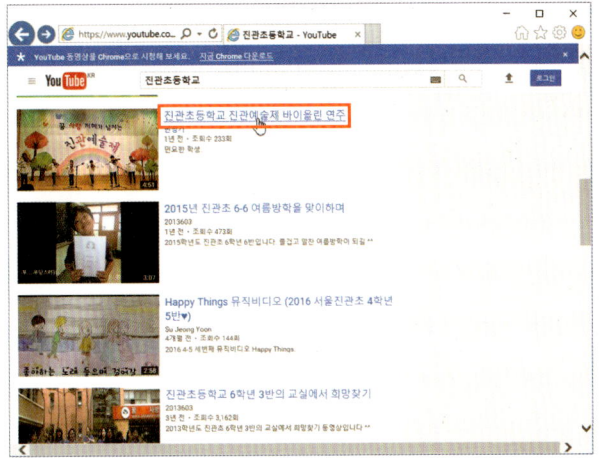

3 동영상이 재생되면 올릴 동영상을 확인합니다. [공유]를 클릭한 후 URL 주소 위에서 마우스 오른쪽 단추를 눌러 [복사]를 클릭합니다.

4 다시 네이버 QR코드로 되돌아와서 [링크걸기]의 입력창에서 마우스 오른쪽 단추를 눌러 [붙여넣기] 합니다.

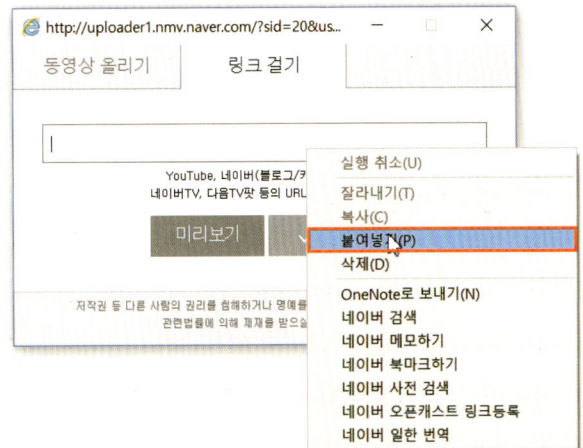

5 아래쪽에 링크된 동영상이 보이면 [완료] 단추를 클릭합니다.

지도와 연락처 올리기

1 동영상이 등록된 것을 확인한 후 [지도]를 클릭합니다.

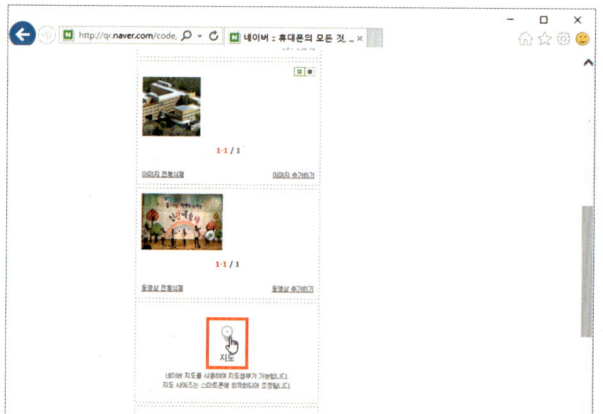

2 '지도 첨부하기' 창의 검색창에 삽입할 학교 이름을 검색한 후 [확인] 단추를 클릭합니다.

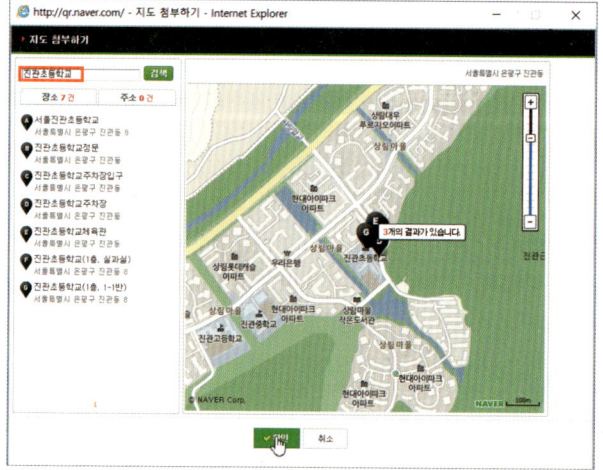

3 지도가 등록된 것을 확인한 후 [연락처]를 클릭하면 '개인정보 수집 및 이용에 대한 동의' 창에 동의한 후 [다음] 단추를 클릭합니다. 이름과 전화번호를 입력하고 [확인] 단추를 클릭합니다.

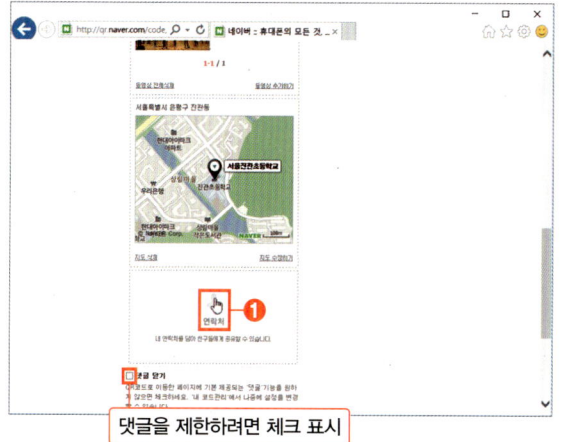
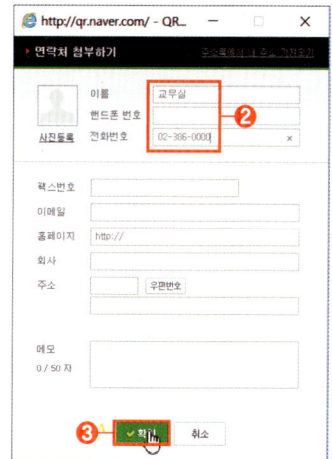

댓글을 제한하려면 체크 표시

4 [작성완료] 단추를 클릭하여 QR 코드를 마무리하고 저장합니다.

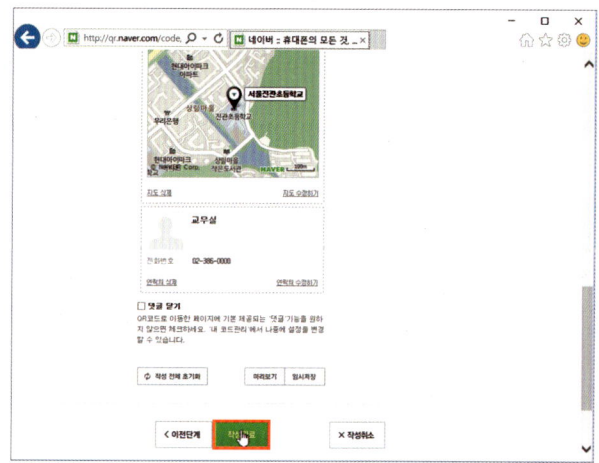

◆ **사용자 지정으로 QR코드 중앙에 로고 삽입하기**

- [QR코드 홈]을 클릭하여 네이버 QR코드 화면으로 이동하여 [나만의 QR코드 만들기] 단추를 클릭합니다.
- 제목을 입력하고, 코드 스타일에서 [사용자 지정] 탭을 선택한 후 '중앙 로고 이미지 첨부'에 체크 표시한 후 [첨부] 단추를 클릭하여 로고를 삽입합니다.

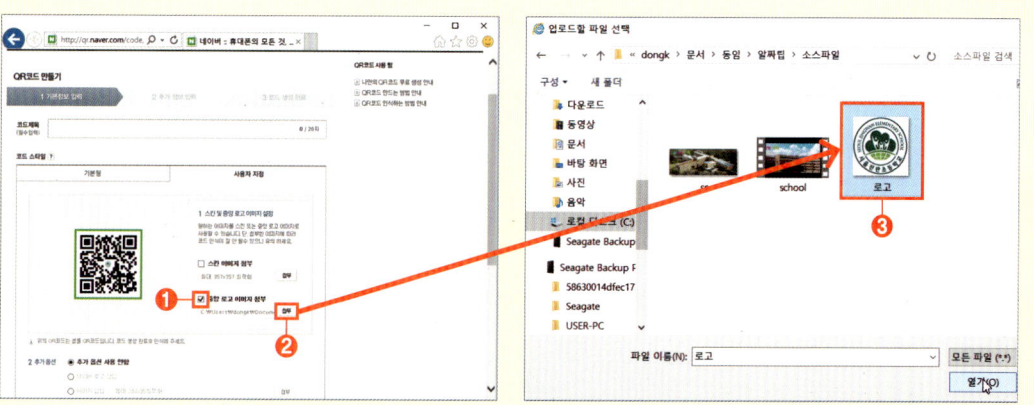

STEP 3 ◆ QR코드 넣기

한글 문서에 QR코드 이미지 삽입하기

1 한글 2010 프로그램을 실행한 후 '소스파일\학부모수업공개안내.hwp' 파일을 불러옵니다. 미리 만들어둔 QR코드를 삽입하기 위해 [편집]탭 – [입력] 그룹의 [그림] – [그림]을 클릭합니다.

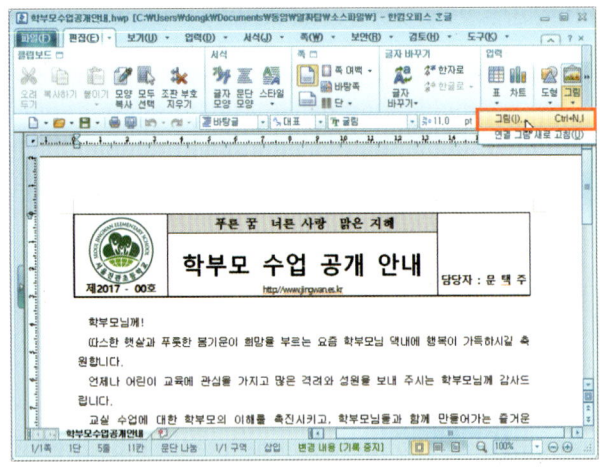

2 QR코드를 저장해 둔 위치를 연 후 '학교소개'를 선택합니다. '문서에 포함', '글자처럼 취급'에 체크한 후 [넣기] 단추를 클릭합니다.

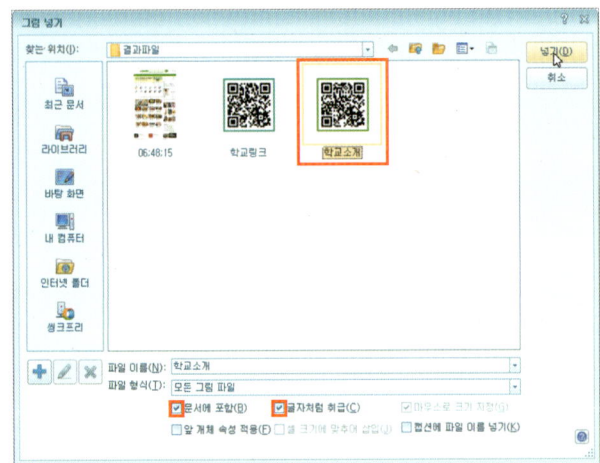

3 원하는 위치에 QR코드를 드래그하여 배치합니다.

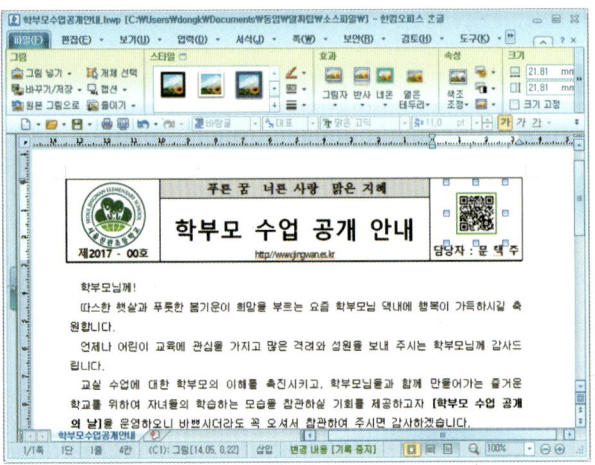

QR코드 읽기

1 스마트폰에서 네이버(N) 앱을 탭하여 실행합니다. 검색창의 🎵를 탭한 후 QR · 바코드(▦)를 탭합니다. QR코드에 카메라를 가까이 가져가면 자동으로 코드를 읽습니다.

> ◆ 네이버 앱을 처음 설치하고 이용할 경우에는 네이버 검색창 오른쪽의 아이콘이 음악(🎵)으로 나오지만, 네이버 앱을 이미 설치해서 사용하고 있는 경우에는 이전에 음악/음성/한자/일본어/QR · 바코드/스마트렌즈 중 어떤 메뉴를 사용하였느냐에 따라 나오는 아이콘의 모양이 다를 수 있습니다.

2 QR코드에 담긴 다양한 정보를 볼 수 있습니다.

: 학습정리 :

❶ **QR코드(Quick Response Code)** : 사각형의 가로, 세로 두 방향으로 정보를 저장하기 때문에 바코드보다 훨씬 많은 정보를 담을 수 있는 코드입니다. 사진, 동영상, 지도, 링크 등의 정보를 담아 QR코드를 생성하고 스마트폰으로 QR코드를 스캔하면 해당 정보를 제공받을 수 있습니다.

❷ **링크로 바로 연결되는 QR코드**
- 웹 브라우저를 실행한 후 네이버 QR코드(http://qr.naver.com)에 접속하여 [나만의 QR코드 만들기] 단추를 클릭합니다.
- 코드제목을 입력하고, 코드 스타일에서 테두리 색깔 및 스킨을 선택한 후 추가옵션은 설정하지 않고 [다음단계]를 클릭합니다.
- '정보 입력 선택'에서 '링크로 바로 이동'을 선택하고, 링크할 웹주소를 입력합니다.
- QR코드가 생성되면 [코드저장]을 클릭하여 QR코드의 파일형식과 사이즈를 설정하여 저장합니다.

❸ **원하는 정보를 담아 QR코드 만들기**
- QR코드 홈에서 [나만의 QR코드 만들기] 단추를 클릭하여 코드 제목, 코드 스타일을 설정합니다.
- '정보 입력 선택'에서 '원하는 정보 담기'를 선택한 후 추가 정보 입력화면이 나타나면 제목, 이미지, 동영상, 지도, 연락처 등을 등록합니다. 링크제목과 링크URL을 입력한 후 [작성완료] 합니다.
- QR코드가 생성되면 [코드저장]을 클릭하여 QR코드의 파일형식과 사이즈를 설정하여 저장합니다.

❹ **QR코드 삽입하고 읽기**
- 한글 2010 프로그램을 실행한 후 QR코드를 삽입할 문서를 엽니다.
- [편집] 탭 - [입력] 그룹의 [그림] - [그림] 을 클릭하여, 정보를 담은 QR코드를 불러옵니다.
- 삽입된 문서의 QR코드는 네이버(N) 앱을 실행하여 검색창의 🎵를 탭한 후 QR·바코드(▦)로 QR코드를 찍어 정보를 확인합니다.

: 퀴즈 및 실습 문제 :

01 사각형의 가로, 세로 두 방향으로 정보를 저장하기 때문에 많은 정보를 담을 수 있는 코드는 무엇인가요? (   )

① 바코드　　　　　　　　　② QR코드
③ 스터디코드　　　　　　　④ 악성코드

02 QR코드에 담을 수 있는 정보가 <u>아닌</u> 것은 어느 것인가요? (   )

① 사진　　　　　　　　　　② 동영상
③ 지도　　　　　　　　　　④ 음악

03 QR코드를 읽으려면 다음 중 어떤 것을 탭해야 하나요? (   )

04 다음처럼 티처빌(http://www.teacherville.co.kr) 사이트로 바로 링크되는 QR코드를 만드세요.(단, 파일형식은 'jpg', 크기는 '3.7x3.7cm'으로 저장합니다.)

- 티처빌 로고 : 소스파일₩tb.png.

풀이 01 ②　02 ④　03 ⑤
04 ① 웹 브라우저를 실행한 후 네이버 QR코드(http://qr.naver.com)에 접속하여 [나만의 QR코드 만들기] 단추를 클릭합니다. ② 코드제목을 입력하고, 코드 스타일에서 테두리를 보라색으로 선택한 후 추가옵션에서 '이미지 삽입'을 선택하여 소스파일을 첨부합니다. 위치 선택은 '상단 삽입'으로 설정한 후 [다음단계]를 클릭합니다. ③ '정보 입력 선택'에서 '링크로 바로 이동'을 선택하고, 링크할 웹주소를 입력합니다. ④ QR코드가 생성되면 [코드저장]을 클릭하여 QR코드의 파일형식은 jpg, 사이즈는 3.7x3.7cm로 설정하여 저장합니다.

PART.

수업 자료를 수집하려면 인터넷에서 사진, 동영상, 소리 파일 등을 쉽게 다운로드할 수 있어야 하고, 수집한 자료들은 학생들과 쉽게 공유할 수 있어야 합니다.
네이버 캡처를 PC에 설치하면 인터넷 익스플로러에서 쉽게 사진을 단축키로 캡처할 수 있고, 직접 지정해서 원하는 부분만 캡처할 수도 있고, 전체화면을 캡처할 수도 있습니다. 또한 네이버 앱의 툴바에서 화면 캡처, PDF 저장 기능을 사용하면 웹 페이지를 바로 이미지로 저장하고 PDF로 저장할 수 있어서 많은 자료를 빠르게 수집할 수 있습니다.
모둠별로 구글 문서를 사용하여 슬라이드를 만들고, 서로 의견을 실시간으로 나누면서 하나의 발표 자료를 만드는 방법까지 알아보도록 하겠습니다.

2

수업자료
관리 및 제작

스마트폰에서도 인터넷 페이지를 손쉽게 캡처하고, PDF로도 다운로드받을 수 있나요?

학습 방향

네이버 툴바는 웹서핑을 할 때 자주 사용하면 좋은 기능만 모아서 만든 편리한 막대입니다. 네이버 툴바의 캡처 기능은 단축키를 활용하여 쉽게 웹 페이지의 특정 부분만 캡처할 수도 있고, 웹 페이지 전체를 캡처할 수도 있습니다. 네이버 앱에서는 웹 페이지를 PDF로 저장할 수도 있어서 자료를 저장하여 수업에 활용하기 좋습니다.

학습 목표

- PC 버전 네이버 툴바를 다운로드하여 설치할 수 있습니다.
- PC 버전 네이버 툴바의 4가지 캡처 기능을 익혀서 웹 페이지를 캡처할 수 있습니다.
- 네이버 앱을 설치하고 툴바를 활용하여 캡처할 수 있습니다.
- 모바일에서 캡처한 화면을 PDF 파일로 저장할 수 있습니다.

미리보기

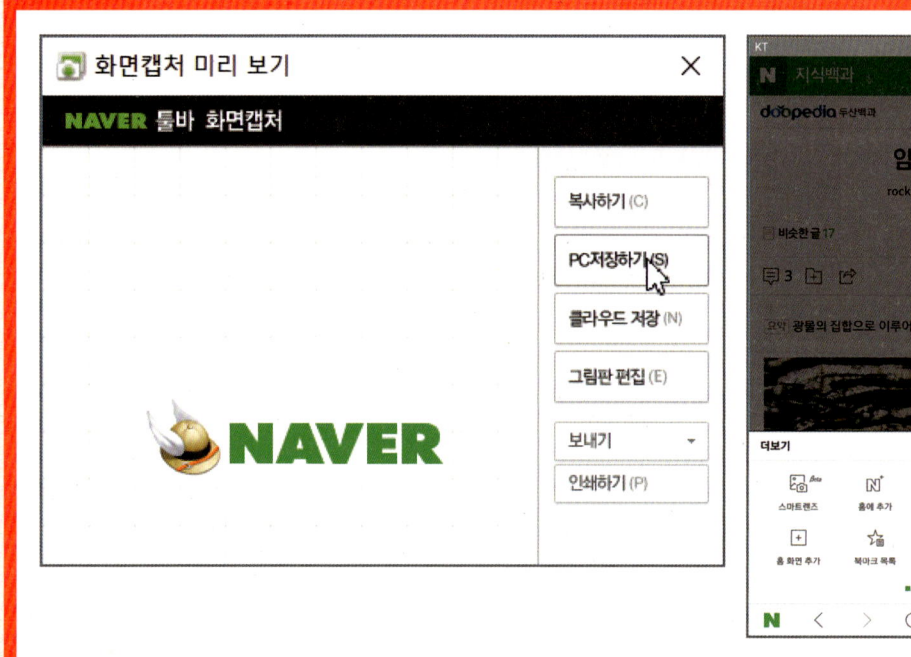

STEP 1 ◆ PC 버전 네이버 툴바 설치하기

1 네이버 툴바(http://tools.naver.com/service/toolbar) 사이트에 접속한 후 [네이버 툴바 다운로드] 단추를 클릭합니다.

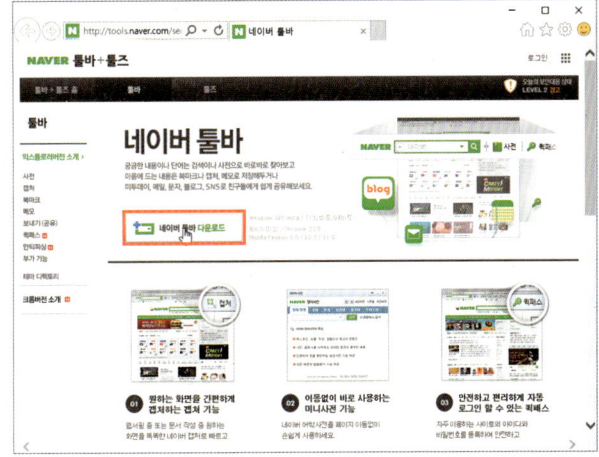

2 [무료 다운로드] 단추를 클릭하고 설치 전 사용범위를 확인한 후 [확인 후 다운로드] 단추를 클릭하고 일반속도로 다운로드하기 위해 [다운로드] 단추를 클릭합니다.

> ◆ 네이버에 로그인한 후에는 [초고속 다운로드]가 가능하고 내려받은 파일을 관리할 수도 있습니다.

3 네이버의 Software 창의 [다운로드] 단추를 클릭하면 아래쪽의 실행하거나 저장하시겠냐는 창이 나타나면 [실행] 단추를 클릭합니다.

4 'NAVER 툴박스' 창에서 [동의함] 단추를 클릭하여 약관에 동의하고 '유해 사이트로부터 내 PC 보호하기'에 체크는 해제한 후 [설치하기] 단추를 클릭하여 설치를 시작합니다.

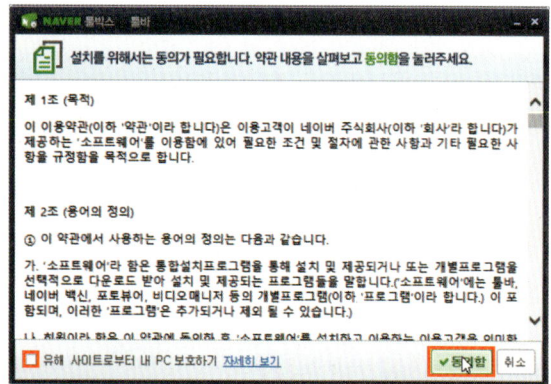 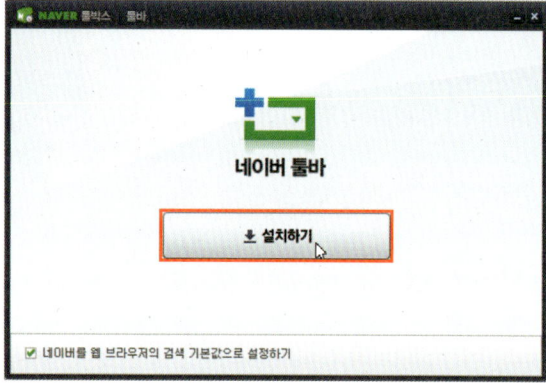

5 설치가 완료되면 [다음] 단추를 클릭하고, '네이버 클리너를 추가 설치하기'에 체크 해제하고 [확인] 단추를 클릭합니다.

6 네이버 툴바가 정상적으로 설치되었다는 화면이 나타나면 아래쪽에 '네이버 툴바' 추가 기능을 사용할 준비가 되었다는 창에 [사용] 단추를 클릭합니다.

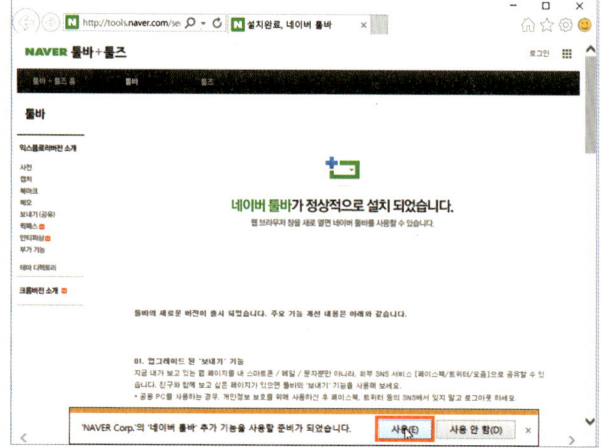

7 네이버 화면 상단에 네이버 툴바가 나타납니다.

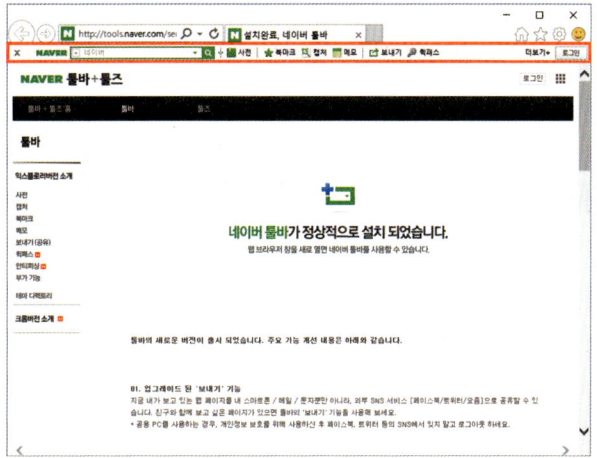

> ◆ **네이버 툴바**
>
> 자주 이용하는 기능만 모아서 만든 편리한 막대를 툴바라고 합니다. 툴바가 보이지 않을 때는 웹 페이지 상단의 탭 영역에서 마우스 오른쪽 단추를 눌러 [네이버 툴바]를 체크한 후 추가 기능을 사용하겠냐는 물음에 [사용] 단추를 클릭합니다.
>
>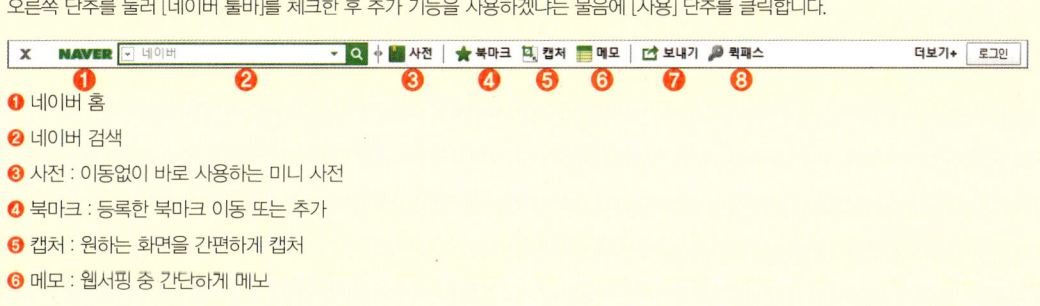
>
> ❶ 네이버 홈
> ❷ 네이버 검색
> ❸ 사전 : 이동없이 바로 사용하는 미니 사전
> ❹ 북마크 : 등록한 북마크 이동 또는 추가
> ❺ 캡처 : 원하는 화면을 간편하게 캡처
> ❻ 메모 : 웹서핑 중 간단하게 메모
> ❼ 보내기 : 문자, 메일, SNS 공유
> ❽ 퀵패스 : 즐겨찾는 사이트의 로그인 정보를 저장하여 쉽고 빠르게 사이트 접속

STEP 2 ◆ PC 네이버 툴바로 캡처하기

직접 지정 캡처 방법

1 네이버 툴바에서 [캡처]를 클릭하면 4가지 기능과 각 기능의 단축키를 확인할 수 있습니다.

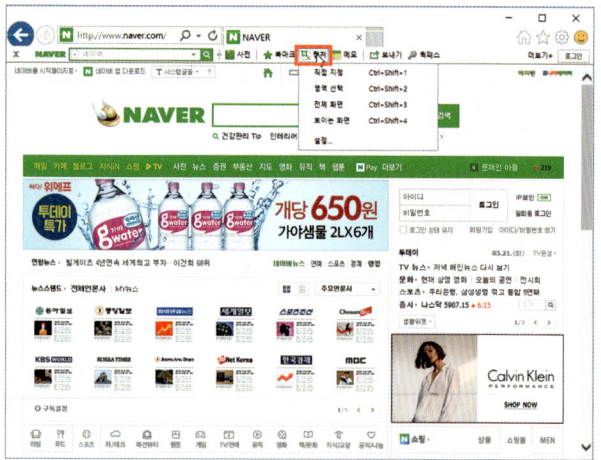

2 캡처하려는 화면 위에서 직접 드래그하기 위해 `Ctrl` + `Shift` + `1` 을 누릅니다. 캡처하려는 부분 위에서 드래그하여 영역을 설정한 후 손을 뗍니다.

3 '화면캡처 미리 보기' 창에서 [PC저장하기] 단추를 클릭합니다.

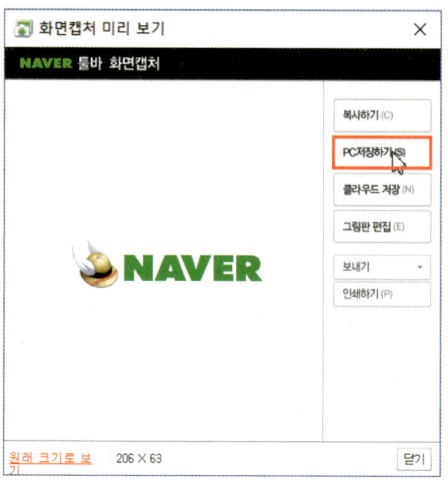

4 [다른 이름으로 저장] 대화상자가 나타나면 저장 위치를 지정하고 파일 이름과 파일 형식을 설정한 후 [저장] 단추를 클릭하여 저장합니다.

◆ 화면캡처 미리 보기

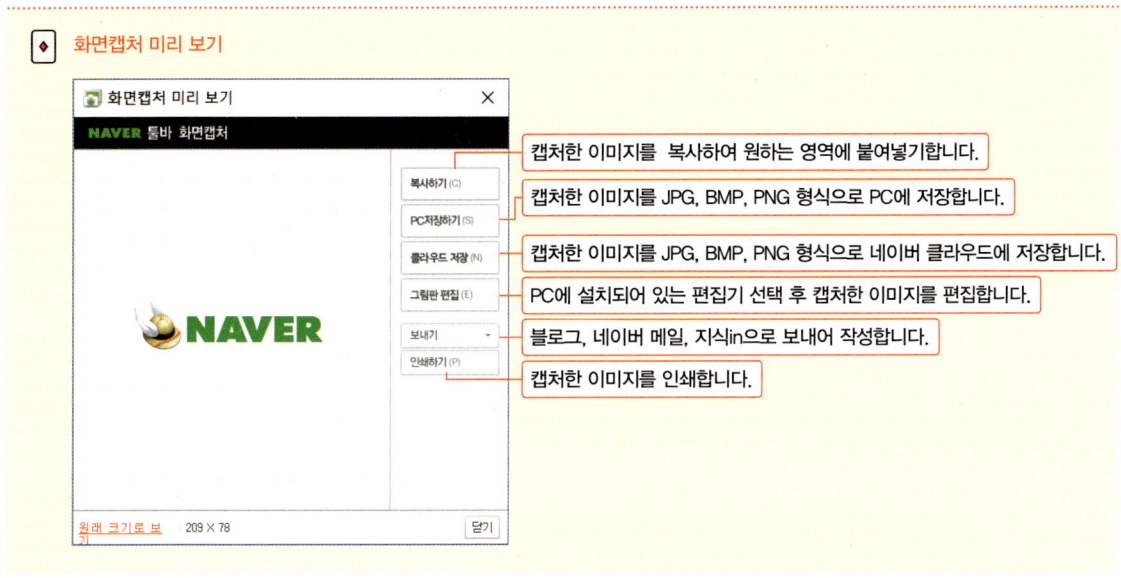

5 '저장 확인' 창이 나타나면 [닫기] 단추를 클릭합니다.

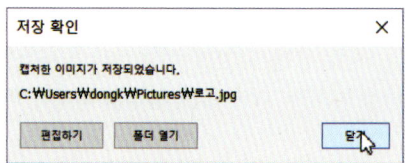

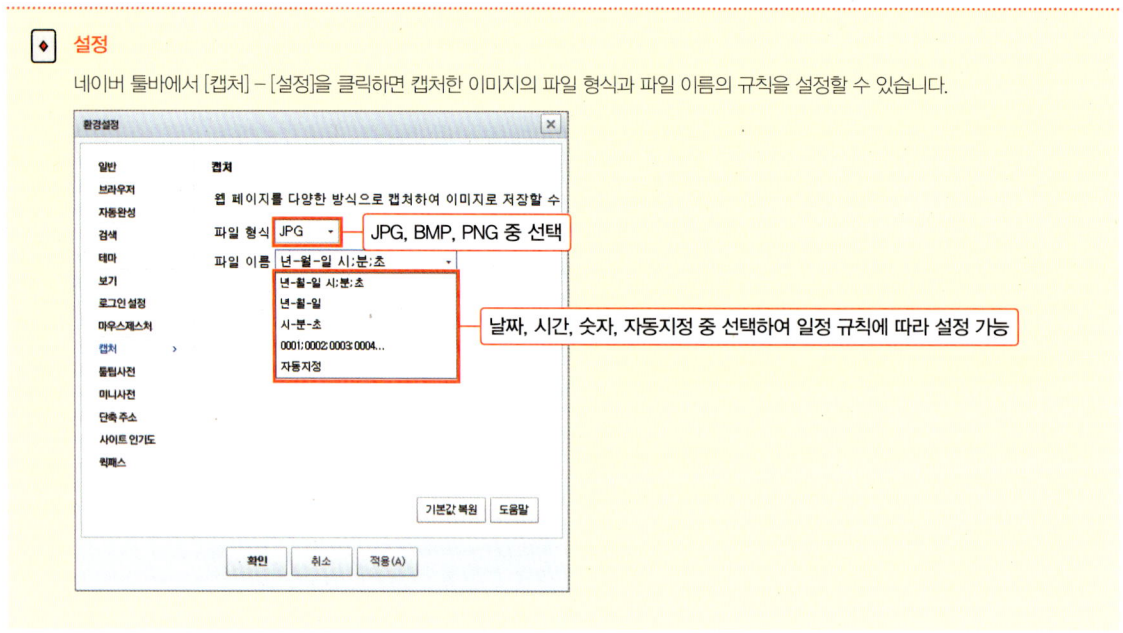

◆ **설정**

네이버 툴바에서 [캡처] – [설정]을 클릭하면 캡처한 이미지의 파일 형식과 파일 이름의 규칙을 설정할 수 있습니다.

영역 선택 / 전체화면 / 보이는 화면 캡처 방법

1 `Ctrl`+`Shift`+`2`를 누르고 여기저기 마우스를 가져가면 이미지나 글귀 등이 자동으로 선택됩니다. 로고 쪽으로 마우스를 가져가면 자동으로 선택되고 클릭하면 '화면캡처 미리 보기' 창으로 이동하여 저장할 수 있습니다.

2 `Ctrl`+`Shift`+`3`을 누르면 지금 보고 있는 웹 페이지 전체 영역이 캡처되어 '화면캡처 미리 보기' 창으로 이동하여 해당 캡처 이미지를 저장할 수 있습니다.

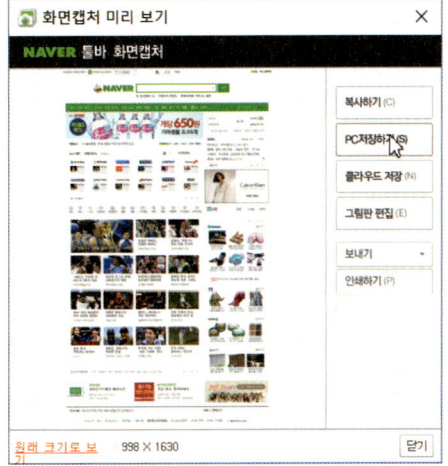

3 `Ctrl`+`Shift`+`4`를 누르면 웹 페이지의 현재 보이는 화면만 캡처되어 '화면캡처 미리 보기' 창으로 이동하여 해당 캡처 이미지를 저장할 수 있습니다.

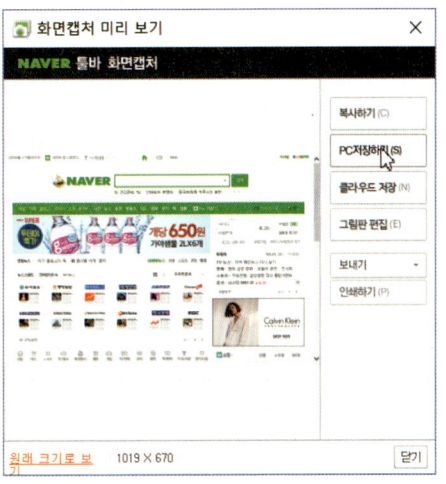

STEP 3 ◆ 네이버 앱 설치하기

1 홈 화면에서 Play 스토어(▶) 앱을 터치하여 실행한 후 'Google Play' 검색창에 '네이버'라고 입력합니다. 검색된 목록 중 [네이버-NAVER]를 터치합니다.

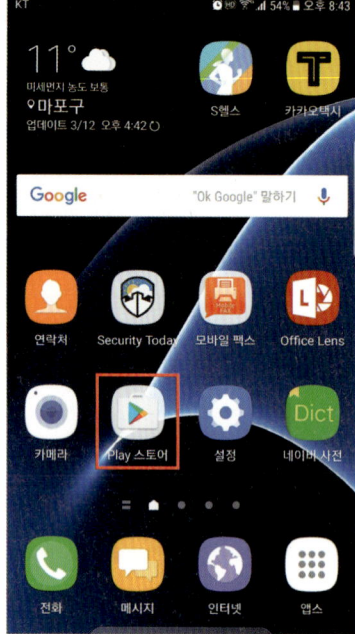 

2 [설치] 단추를 터치하여 설치를 시작하고 설치가 완료되면 [열기] 단추를 터치하여 네이버를 실행합니다.

> ♦ 설치 시 사용에 필요한 항목(위치, 사진, 미디어, 파일 등)에 대해 동의해 주고, 실행 시 필요 항목에 대해 허용을 요구하면 허용하여 앱을 사용합니다.

STEP 4 ◆ 네이버 앱의 툴바로 캡쳐하기

현재 화면 캡쳐하기

1 홈 화면에서 [네이버]() 앱을 터치한 후 검색창에 수업에 필요한 자료를 찾기 위한 검색어를 입력하여 검색합니다. 아래쪽 툴바에서 ┅를 터치하여 [화면 캡쳐]를 터치합니다.

2 '화면 캡쳐' 창에서 [현재 화면 캡쳐]를 터치합니다. 그러면 캡쳐한 이미지가 갤러리의 [Naver] 폴더에 저장됩니다.

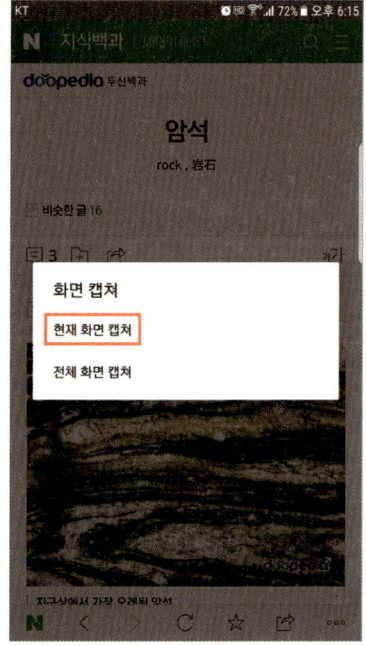 

3 홈 화면에서 갤러리(★) 앱을 터치하면 [Naver] 폴더에서 캡처한 현재 화면을 확인할 수 있습니다.

전체화면 캡처하기

캡처할 화면의 툴바에서 ···를 터치하여 [화면 캡처]를 터치했을 때 '화면 캡처' 창에서 [전체화면 캡처]를 터치합니다. 홈 화면에서 갤러리(★) 앱을 터치하여 [Naver] 폴더를 터치하면 전체화면이 캡처된 것을 볼 수 있습니다.

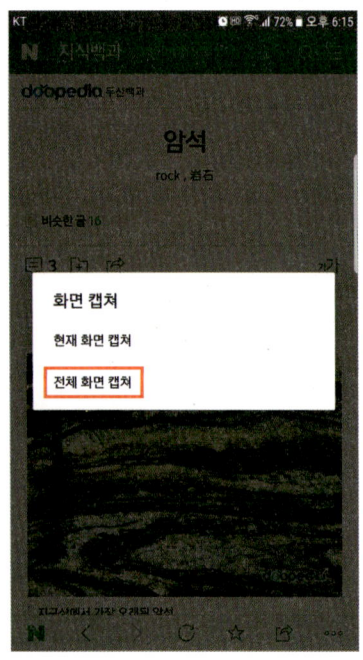  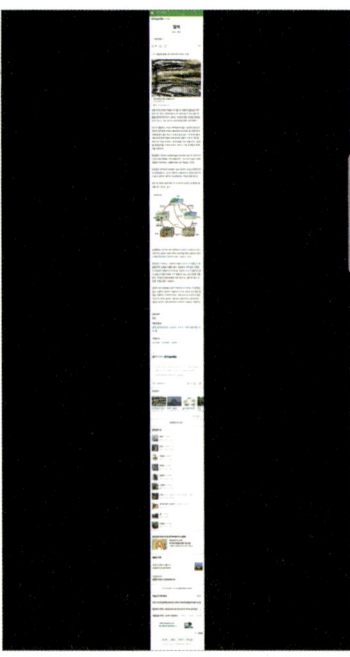

PDF 저장하기

1 캡처할 화면의 툴바에서 ⋯ 를 터치하여 [PDF 저장]을 터치한 후 화면 오른쪽의 ▼를 터치합니다. [PDF 파일로 저장]으로 설정한 후 🔸를 터치하여 저장합니다.

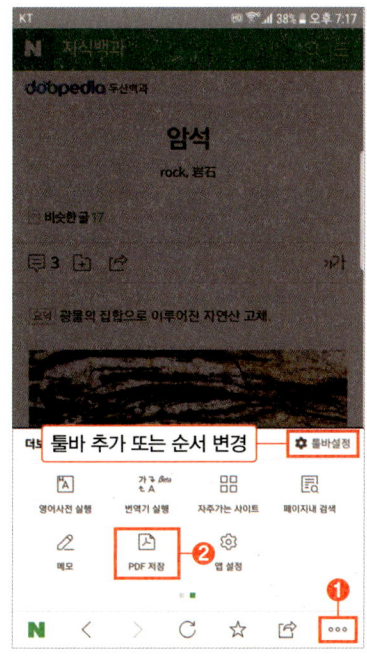
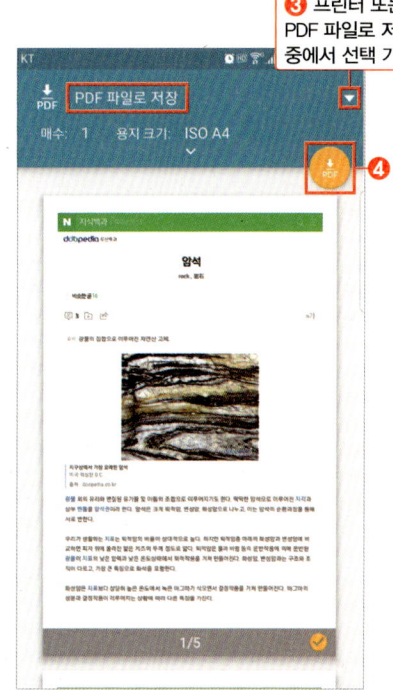

2 저장하기 위해 [Naver]를 선택한 후 [완료]를 터치합니다. [Naver] 폴더 안에 저장된 PDF 파일을 터치하면 아래쪽에 PDF를 읽을 수 있는 앱이 나타나는데 그 중 하나를 선택합니다.

> ◆ 사용자 폰에 따라 PDF 뷰어가 다르게 설치되어 있어서 아래쪽에 나타난 앱이 그림과 다를 수 있습니다.

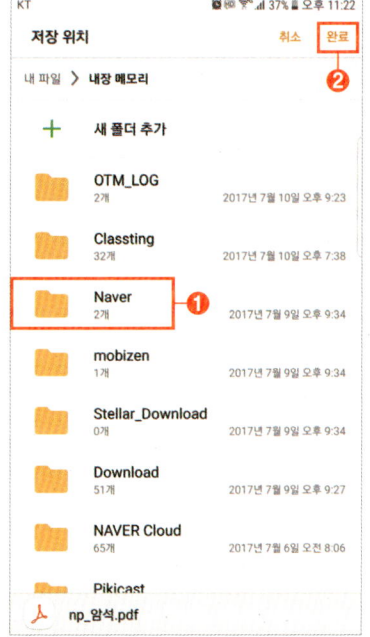

3 PDF 뷰어를 통해 스마트폰에서 PDF 파일을 읽을 수 있습니다.

4 다시 내 파일(📁) 앱에서 저장한 PDF 파일을 길게 눌러 선택한 후 [공유]를 터치합니다. 아래쪽에 공유 파일이 나타나면 [이메일]을 선택합니다.

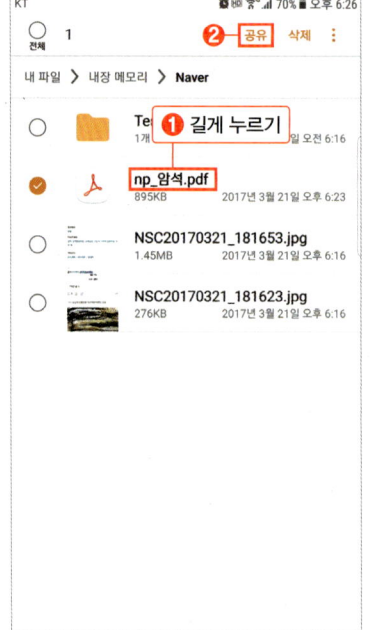
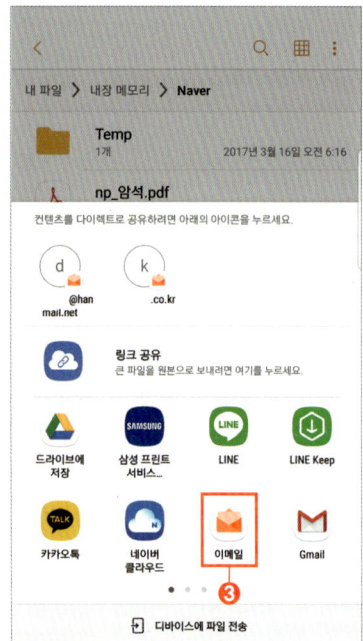

5 이메일이 실행되면서 저장한 PDF 파일이 첨부되어 있습니다. '받는 사람'에 받을 사람의 이메일 주소를 입력한 후 제목과 내용을 입력하고 [보내기]를 터치합니다.

6 이메일을 받은 사람은 PC에서 받은 메일을 확인한 후 첨부된 PDF 파일을 다운로드하여 PDF 뷰어 프로그램에서 파일을 읽어봅니다. 스마트폰에서 웹 페이지를 PDF 파일로 저장하여 PC에서 읽어볼 수 있습니다.

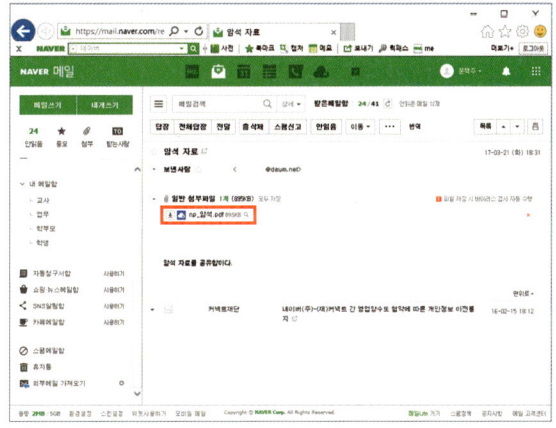 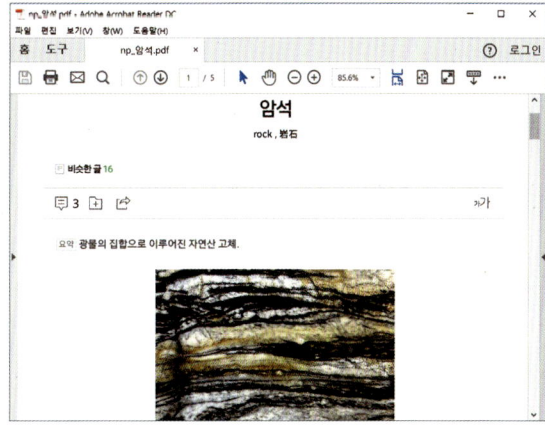

: 학습정리 :

❶ **PC 버전 네이버 툴바 설치**
- 네이버 툴바(http://tools.naver.com/service/toolbar) 사이트에 접속한 후 [네이버 툴바 다운로드] 단추를 클릭하고, [무료 다운로드] 단추를 클릭한 후 절차에 따라 설치합니다.
- 네이버 툴바 설치 완료 화면이 나타나고 아래쪽에 '네이버 툴바' 추가 기능을 사용할 준비가 되었다는 창에 [사용] 단추를 클릭합니다.
- 네이버 화면 상단에 네이버 툴바가 표시됩니다.

❷ **PC 버전 네이버 툴바로 캡처하기**
- 직접 지정(Ctrl + Shift + 1) : 마우스를 직접 드래그하여 화면을 캡처합니다.
- 영역 선택(Ctrl + Shift + 2) : 웹 페이지에 마우스를 올리면 이미지나 글귀의 영역에 녹색 박스가 나타나는데, 원하는 영역을 마우스로 클릭하여 캡처합니다.
- 전체화면(Ctrl + Shift + 3) : 웹 페이지 전체 영역을 캡처합니다.
- 보이는 화면(Ctrl + Shift + 4) : 웹 페이지의 현재 보이는 화면만 캡처합니다.

❸ **네이버 앱 설치하기**
- 스마트폰의 홈 화면에서 Play 스토어(▶) 앱을 터치하여 실행한 후 'Google Play' 검색창에 '네이버'라고 입력합니다.
- 검색된 목록 중 [네이버-NAVER]를 터치한 후 [설치] 단추를 클릭하여 설치합니다.
- 설치가 완료되면 [열기] 단추를 터치하여 실행하거나 홈 화면에서 네이버(N) 앱을 터치하여 실행합니다.

❹ **네이버 앱의 툴바로 화면 캡처하기**
- 네이버(N) 앱에서 캡처할 자료를 검색합니다.
- 캡처할 자료 화면의 아래쪽 툴바에서 ⋯를 터치한 후 [화면 캡처]를 터치합니다.
- '화면 캡처' 창에서 [현재 화면 캡처]나 [전체화면 캡처]를 터치하여 캡처합니다.
- 홈 화면에서 갤러리(✸) 앱을 터치하여 [Naver] 폴더 안에서 캡처한 화면을 확인합니다.

❺ **네이버 앱의 툴바로 PDF 저장하기**
- PDF로 저장할 자료 화면의 아래쪽 툴바에서 ⋯를 터치한 후 [PDF 저장]을 터치합니다.
- 화면 오른쪽의 ▼를 터치하여 [PDF 파일로 저장]으로 설정한 후 현재 화면을 PDF로 저장하기 위해 ●를 터치합니다.
- 저장 폴더를 설정한 후 저장하고, 폴더 안의 저장된 PDF 파일을 터치하여 확인합니다.

: 퀴즈 및 실습 문제 :

01 웹에서 자주 이용하는 기능만 모아서 만든 편리한 막대를 무엇이라고 하나요? (   )
① 캡처　　　　　　　　　② 메모
③ 툴바　　　　　　　　　④ 퀵패스

02 PC 버전 네이버 툴바를 설치한 후 영역 선택으로 캡처할 때 필요한 단축키는 어느 것인가요?
① Ctrl + Shift + 1　　　　② Ctrl + Shift + 2　　　(   )
③ Ctrl + Shift + 3　　　　④ Ctrl + Shift + 4

03 스마트폰에서 네이버 툴바로 캡처한 이미지가 저장된 폴더는 다음 중 어느 것인가요? (   )
① 카메라　　　　　　　　② 스크린샷
③ Naver　　　　　　　　④ Naver Cloud

04 PC에서 네이버(www.naver.com)의 홈 화면을 전체 캡처하세요.(단, 파일 형식은 'jpg', 파일 이름은 현재 시각의 '시-분-초'로 저장합니다.)

풀이 01 ③　02 ②　03 ③
04 ① 네이버에 접속한 후 네이버 툴바에서 [캡처] – [설정]을 클릭합니다. ② 파일 형식은 'jpg', 파일 이름은 '시-분-초'로 설정합니다.
③ Ctrl + Shift + 3 을 눌러 전체화면을 캡처합니다.

학생들이 파워포인트 없이도, 모둠별로 협력해서 작업하게 할 수 있나요?

학습 방향 구글 문서의 프레젠테이션은 파워포인트와 비슷해서 처음 사용하는 사람도 온라인에서 쉽게 문서를 작성할 수 있습니다. 작성한 문서를 모둠 친구들과 공유한 후 서로 댓글로 의견을 주고받으면서 문서를 수정할 수 있습니다. 더 많은 대화를 나누고 싶을 때는 채팅창을 열어 의견을 주고받음으로써 좀 더 나은 문서를 만들 수 있습니다.

학습 목표
- 구글 계정으로 로그인하여 구글 문서를 사용할 수 있습니다.
- 구글 문서의 프레젠테이션으로 문서를 작성할 수 있습니다.
- 작성한 프레젠테이션 문서를 공유할 수 있습니다.
- 공동 작업자는 작성한 프레젠테이션 문서를 보거나 수정할 수 있습니다.
- 공유한 문서에 대해 서로 댓글이나 채팅으로 의견을 주고받을 수 있습니다.

미리보기 결과파일 촌락의 발전 방안.pptx

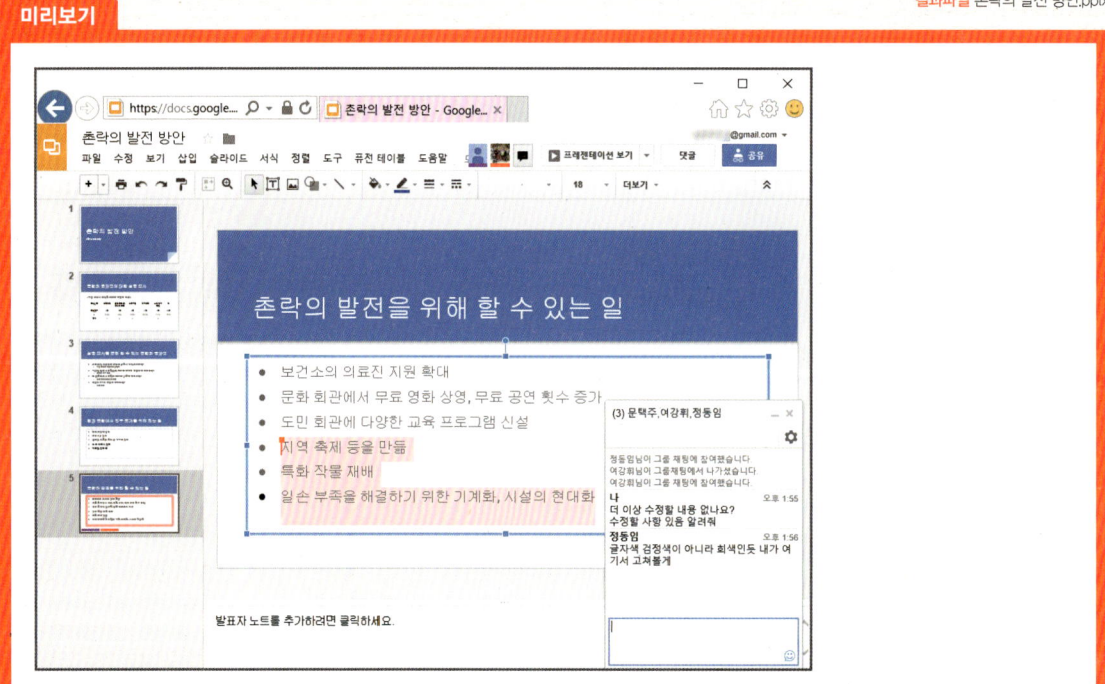

STEP 1 ◆ 구글 문서로 프레젠테이션 문서 만들기

프레젠테이션 문서 만들고, 테마 설정하기

1 구글(www.google.com) 사이트에 접속하여 구글 계정으로 로그인한 후 [Google 앱(▦)]을 클릭하고 [더보기]-[문서]를 클릭합니다.

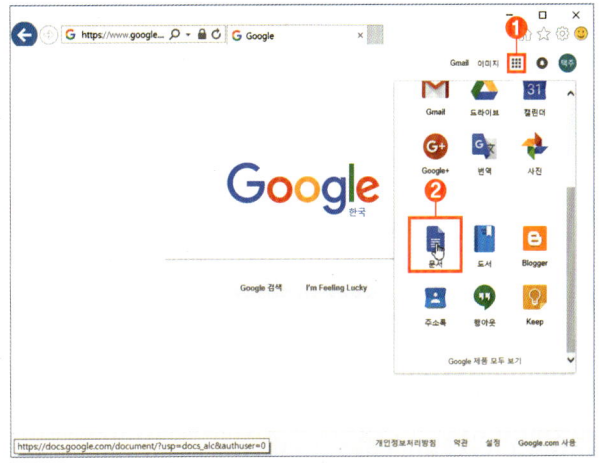

2 구글 문서가 열리면 왼쪽 상단의 기본 메뉴(≡)를 클릭한 후 [프레젠테이션]을 클릭합니다.

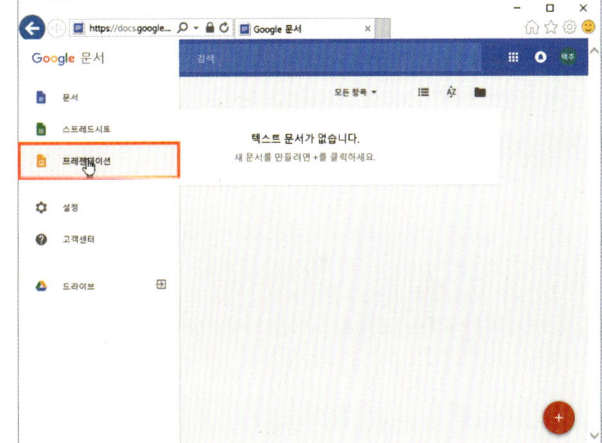

3 새 프레젠테이션을 만들기 위해 새 프레젠테이션 만들기(●)를 클릭합니다.

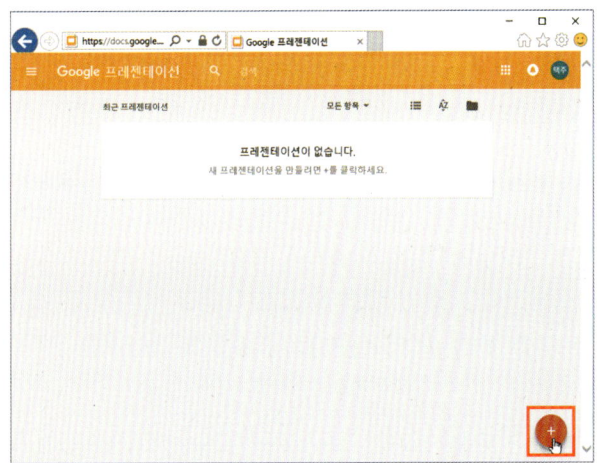

4 제목 없는 프레젠테이션이 열리면 오른쪽의 테마 창에서 원하는 테마를 선택한 후 [닫기](X) 단추를 클릭하여 테마 창을 닫습니다.

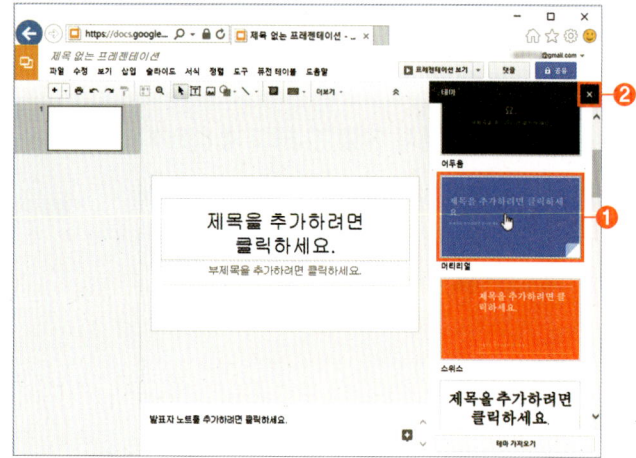

5 테마가 적용되면 제목과 부제목을 각각 입력합니다.

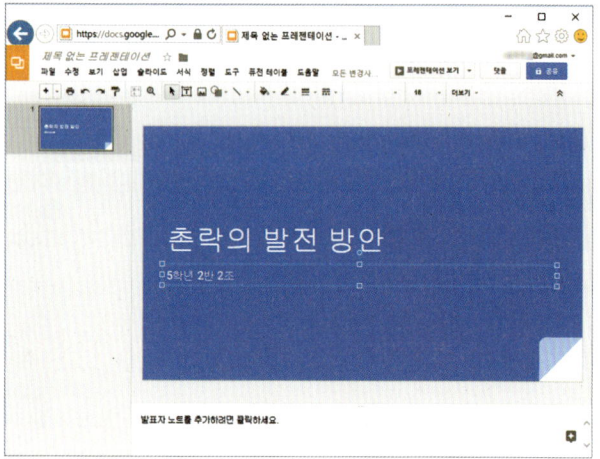

◆ 구글 문서란?

스마트폰, 태블릿, 컴퓨터로 어디서든지 문서를 만들고 수정할 수 있으며 오프라인에서도 사용 가능합니다. 문서, 스프레드시트, 프레젠테이션 등을 만들 수 있습니다.

슬라이드 추가하고 표 삽입하기

1 새 슬라이드를 추가하기 위해 도구 모음 중 [새 슬라이드(+)]를 클릭하면 슬라이드 종류가 표시되는데, [제목 및 본문]을 클릭합니다.

> ◆ Ctrl + M 을 누르면 바로 전에 추가한 슬라이드와 동일한 슬라이드 종류가 추가됩니다.

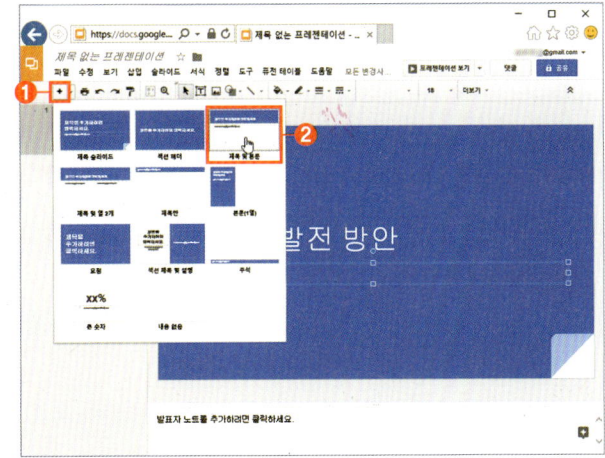

2 제목 및 본문의 새 슬라이드가 추가되었으면 제목과 내용 부분에 텍스트를 입력하고, 표를 추가하기 위해 [삽입] – [표] 메뉴를 클릭한 후 7×4 표가 되게 드래그합니다.

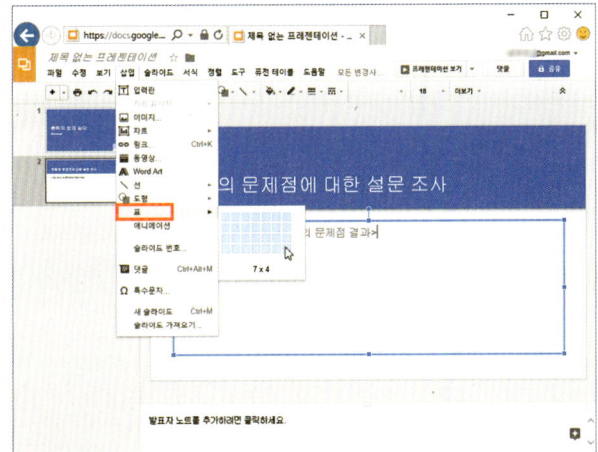

3 표가 삽입되면 다음처럼 텍스트와 숫자를 입력합니다. 셀에서 다음 셀로 이동할 때는 Tab 을 사용합니다.

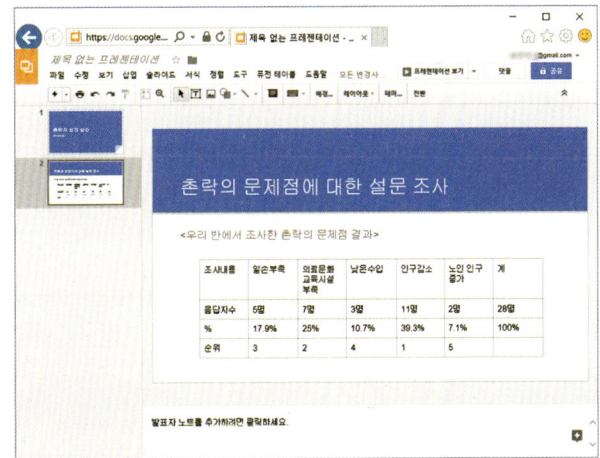

4 기호를 넣을 위치에 커서를 위치시키고 [삽입] - [특수문자] 메뉴를 클릭합니다.

> ◆ [삽입] 메뉴에는 이미지, 차트, 워드아트, 표, 애니메이션, 특수문자 등 파워포인트와 비슷한 삽입 기능이 있습니다.

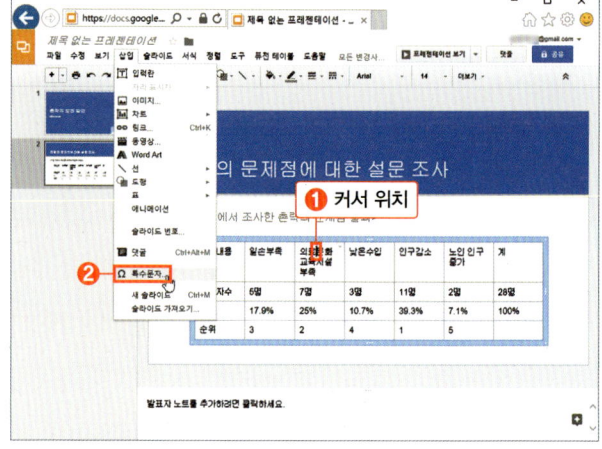

5 [특수문자 삽입] 대화상자가 나타나면 [기호]를 클릭하여 [구두점]으로 설정한 후 [·]를 클릭하고 대화상자를 닫습니다.

6 표의 바깥쪽 선을 클릭하여 표를 선택한 후 크기 조절 핸들을 드래그하여 표의 가로 크기를 늘려주고, 마지막 '계'의 셀 크기는 줄여줍니다.

> ◆ 표를 선택하면 파란색의 핸들이 표시되는데, 그 위로 마우스 포인터를 가져가 ↔일 때 드래그하면 전체 표 크기를 조절할 수 있습니다. 셀 크기만 조절하려면 표를 선택하지 않은 채 ↔를 드래그하여 원하는 셀만 조절합니다.

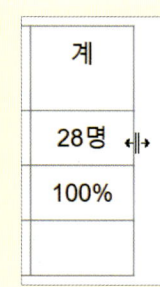

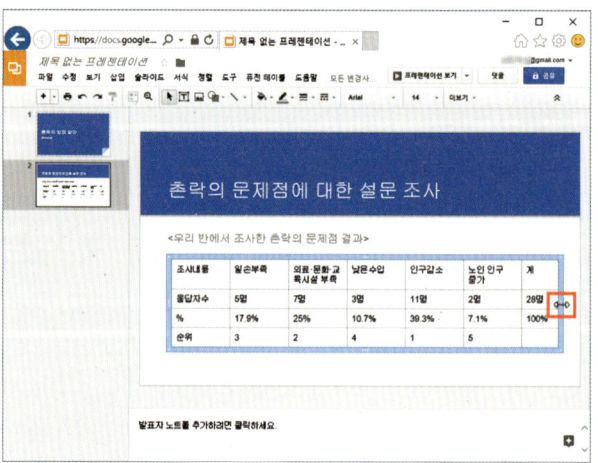

7 표를 선택한 후 도구 모음 중 [더보기] - [정렬(■·)]을 클릭하여 [가운데(≡)]를 선택합니다.

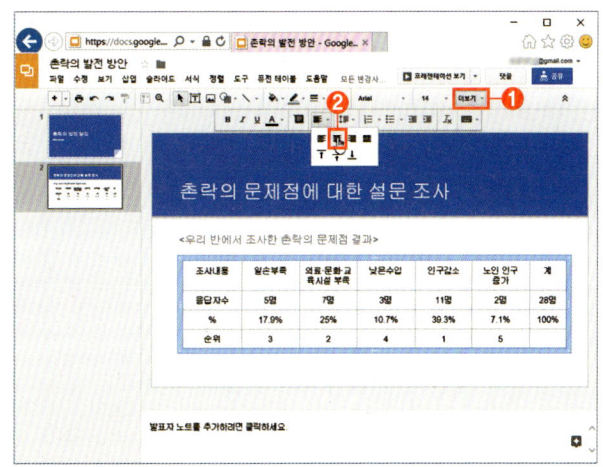

> 모니터 해상도에 따라 도구 모음을 전체적으로 볼 수 있습니다.

글머리 기호 넣기

1 새 슬라이드를 추가하기 위해 Ctrl + M 을 눌러 추가하고, 내용 텍스트 상자에 텍스트를 입력한 후 도구 모음에서 [더보기] - [글머리 기호 넣기(≣·)]를 클릭하여 글머리 기호를 선택합니다.

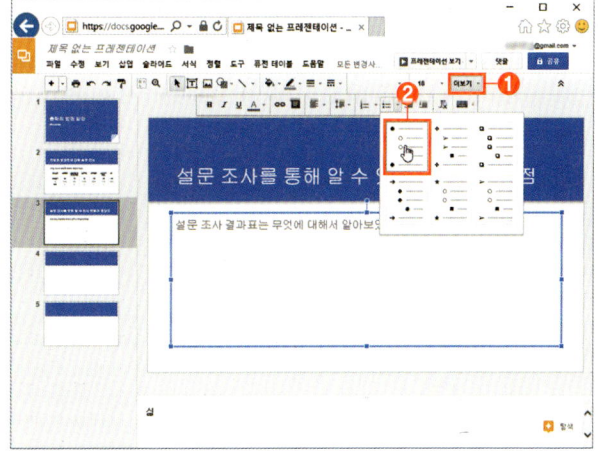

2 다음처럼 글을 완성합니다.

> ◆ **글머리 기호 수준 변경 방법**
> - 수준 내리기 : Tab
> - 수준 올리기 : Shift + Tab

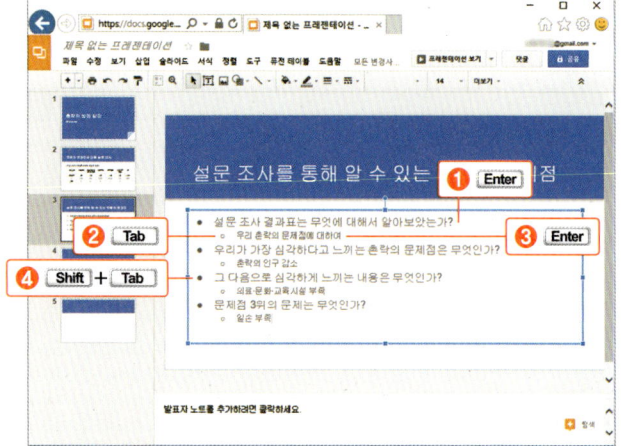

3 슬라이드 두 개 더 추가해서 같은 방법으로 작성하고, 왼쪽 상단의 제목 부분을 클릭하여 제목도 입력합니다.

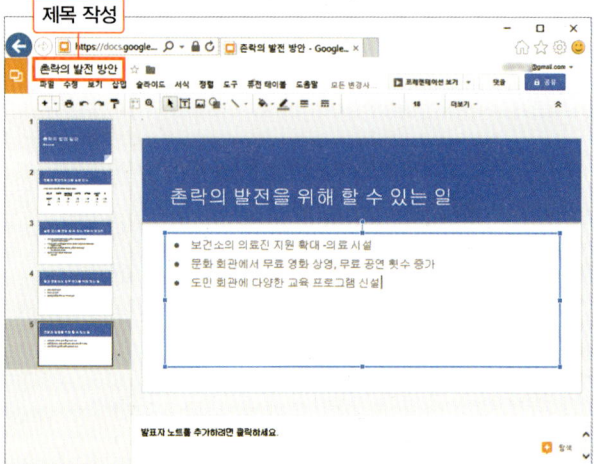

> ◆ 구글 문서에서는 실시간으로 문서가 자동으로 저장되지만 다운로드하려면 [파일] 메뉴 – [다른 이름으로 다운로드]를 클릭합니다. 원하는 파일 형식을 선택하면 내 컴퓨터의 [다운로드] 폴더에 저장됩니다.

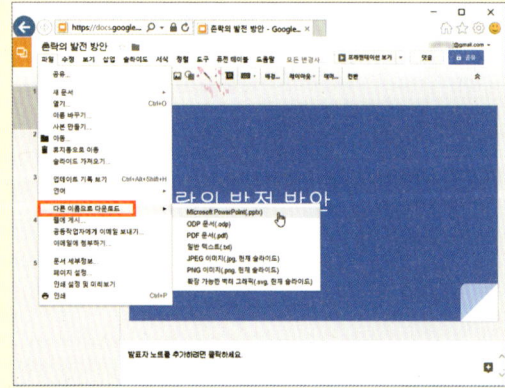

STEP 2 ◆ 프레젠테이션 문서를 모둠원에게 공유하기

1 프레젠테이션을 작성한 사람이 모둠원에게 공유하기 위해 화면 오른쪽 상단의 [공유] 단추를 클릭합니다.

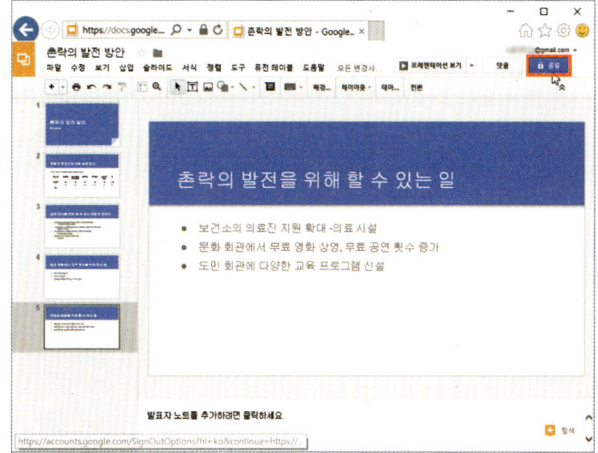

2 다른 사용자와 공유 창이 나타나면 [공유 가능한 링크 가져오기]를 클릭합니다. '사용자'에 메일 주소를 입력하고, ✎ 를 클릭하여 모둠원에게 수정 권한을 주기 위해 [수정 가능]을 선택합니다. 내용을 입력하고 [전송] 단추를 클릭하여 보냅니다.

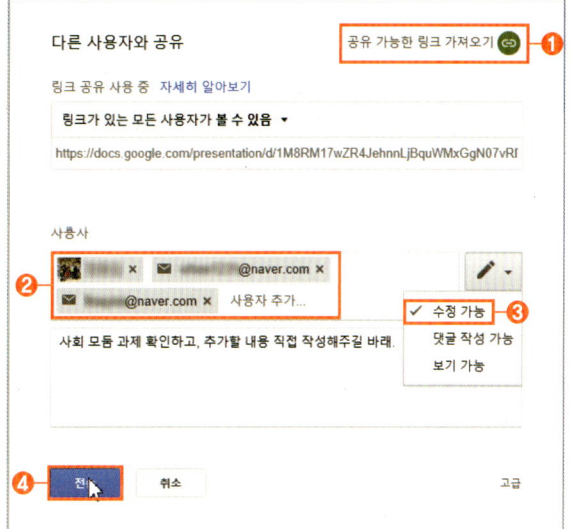

◆ 다른 사용자와 공유 창

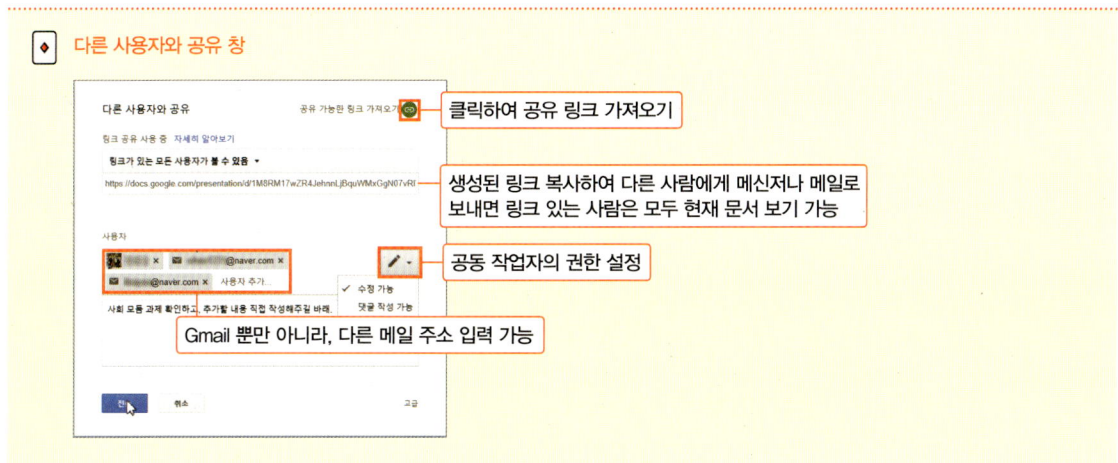

CHAPTER 8 :: 학생들이 파워포인트 없이도, 모둠별로 협력해서 작업하게 할 수 있나요?   135

3 Gmail이 아니기 때문에 구글 계정이 없는 수신자의 경우에도 로그인 없이 액세스할 수 있다는 알림창에 [예] 단추를 클릭하여 초대장을 전송합니다.

4 3명과 공유함이 나타나고, [공유] 단추 아이콘도 변경됩니다.

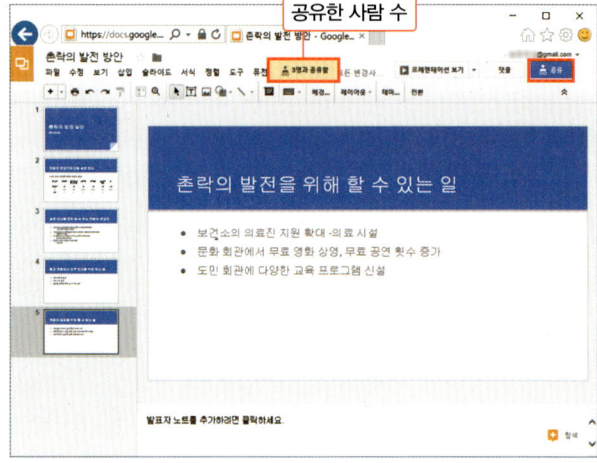

5 초대장을 받은 사람은 받은 편지의 [프레젠테이션에서 열기] 단추를 클릭합니다.

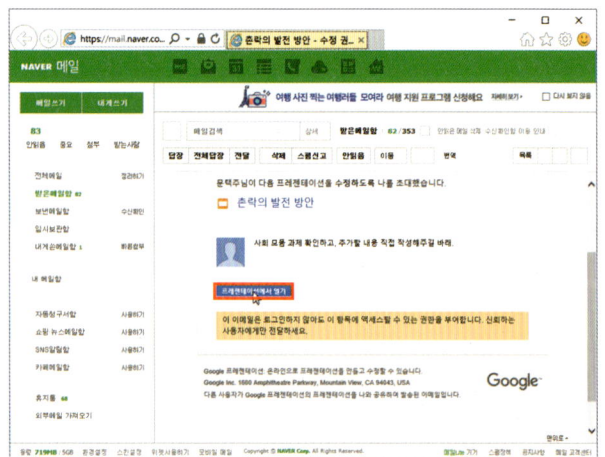

6 구글 계정으로 로그인하기 전이기 때문에 보기는 가능하나 편집은 할 수 없습니다. 내용을 추가하려면 오른쪽 상단의 [로그인] 단추를 클릭하여 구글 계정으로 로그인합니다.

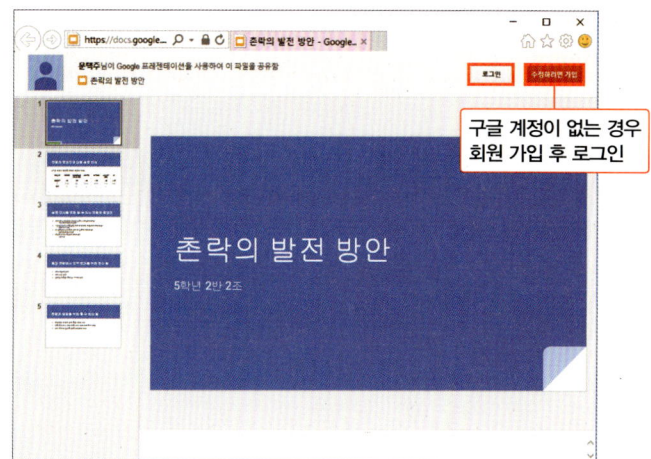

7 추가할 내용이 있으면 작성한 후 도구 모음에서 [더보기] – [텍스트 색상(A)] – [파란색]으로 설정하여 소유자와 다르게 구분합니다.

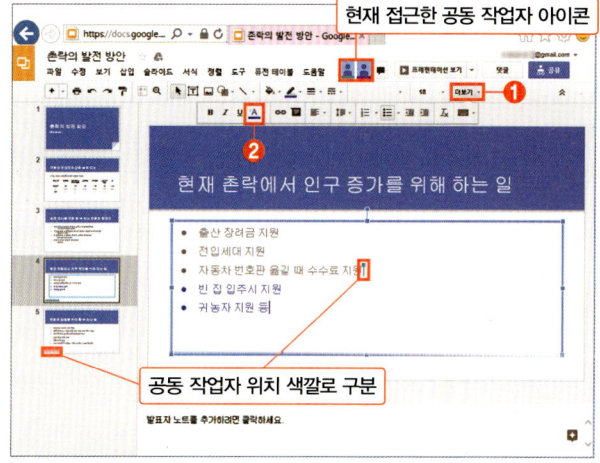

STEP 3 ◆ 댓글 추가하고 답변하기

1 오른쪽 상단의 [댓글] 단추를 누른 후 [댓글]을 클릭합니다.

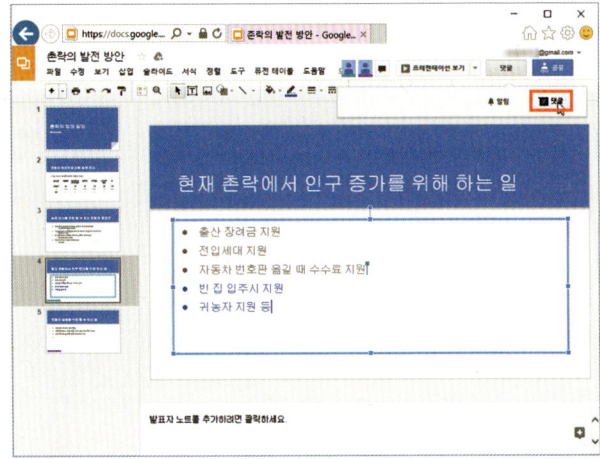

2 댓글 내용을 작성하고, [댓글] 단추를 클릭합니다.

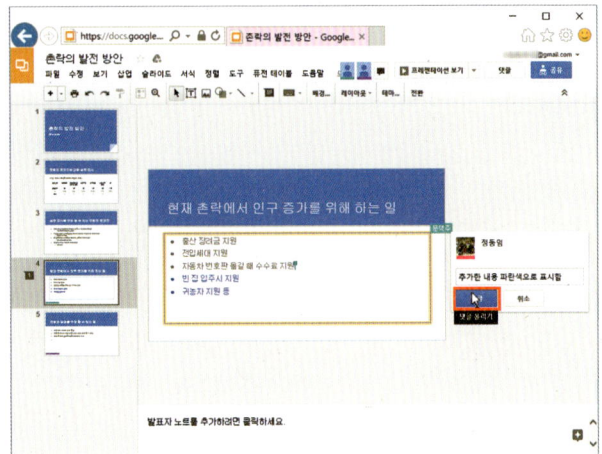

3 구글 프레젠테이션을 작성한 소유자는 공동 작업자가 실시간으로 문서를 수정하는 것을 확인할 수 있고, 작성한 댓글에 대해 의견을 입력하고, [답장] 단추를 클릭하여 답할 수 있습니다. 상대방도 상대방 PC에서 댓글에 대한 답장을 확인할 수 있습니다.

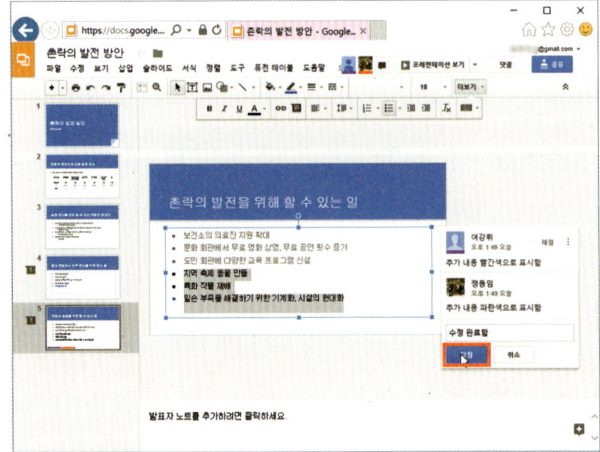

STEP 4 ◆ 실시간 채팅으로 토론하기

1 구글 프레젠테이션을 작성한 소유자는 댓글이 모두 해결되었다고 생각되면 [해결] 단추를 클릭하여 완료합니다.

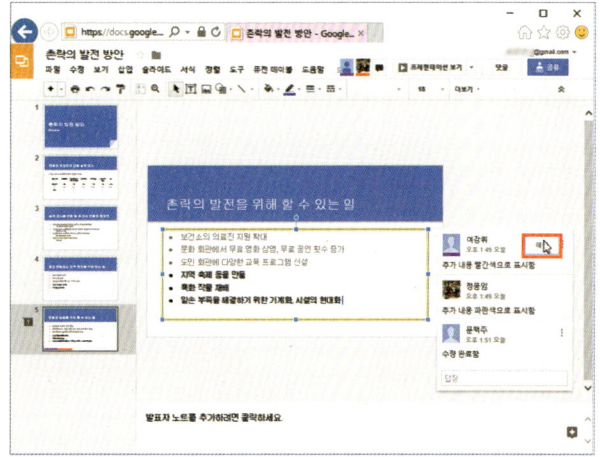

2 댓글 외에 실시간으로 더 많은 의견을 조율해야 한다면 공동 작업자 아이콘 옆의 [채팅 열기(■)]를 클릭합니다. 아래쪽에 채팅창이 열리면 채팅창의 입력란에 텍스트를 입력하고 Enter 를 눌러 서로 의견을 나눕니다.

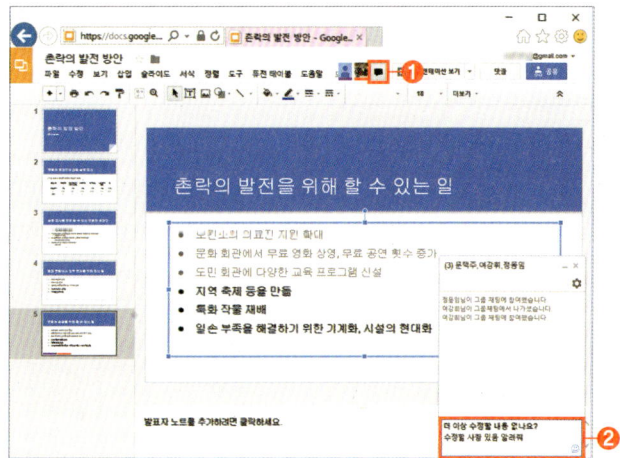

3 채팅창의 내용대로 문서를 수정합니다. 상대방이 수정하는 모습을 실시간으로 확인할 수 있습니다. 협업으로 프레젠테이션을 준비할 때, 구글 프레젠테이션을 사용하면 편리합니다.

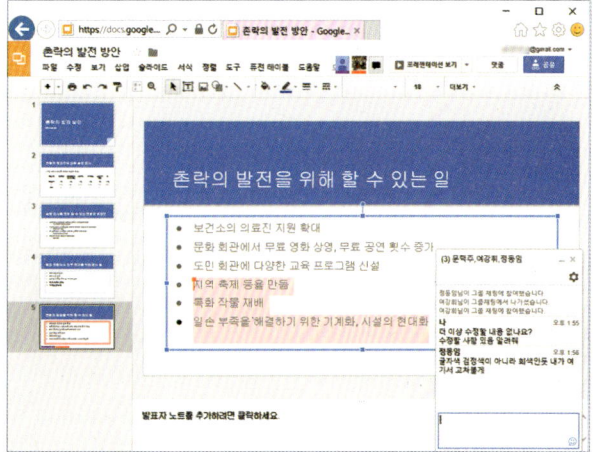

학습정리

❶ **구글 문서에서 프레젠테이션 문서 만들기**
- 구글(www.google.com) 사이트에 접속하여 구글 계정으로 로그인한 후 [Google 앱(▦)] - [문서]를 클릭합니다.
- 구글 문서가 열리면 왼쪽 상단의 기본 메뉴(☰)를 클릭한 후 [프레젠테이션]을 클릭합니다.
- 새 프레젠테이션 만들기(●)를 클릭하여 새 프레젠테이션이 만들어지면 테마를 설정한 후 내용을 작성합니다.

❷ **구글 프레젠테이션 문서 공유하기**
- 구글 프레젠테이션에서 오른쪽 상단의 [공유] 단추를 클릭합니다.
- 공동 작업할 사람의 메일 주소를 입력하고, 권한 설정을 한 후 초대장을 보냅니다.
- 초대장을 받은 사람은 소유자의 프레젠테이션에 접속하여 권한에 따라 보기만 가능하거나 수정 또는 댓글 추가가 가능합니다.

❸ **구글 프레젠테이션 문서 공동 작업자와 대화하기**
- 공동 작업자 중 수정 가능으로 권한을 부여받은 사람은 초대장을 보낸 사람의 프레젠테이션에 접속하여 내용을 추가하거나 수정한 후 댓글을 추가합니다.
- 소유자는 해당 프레젠테이션에 접속하여 댓글에 답장하거나 댓글을 추가합니다.
- 실시간으로 프레젠테이션에 관해 더욱 활발하게 의견을 나누기 위해서 채팅창을 열어 공동 작업자와 의견을 조율할 수 있습니다.

: 퀴즈 및 실습 문제 :

01 구글에서 문서, 스프레드시트, 프레젠테이션을 만들 수 있는 기능은 어느 것인가요? (   )
① Google+
② 구글 행아웃
③ 구글 문서
④ 구글 캘린더

02 구글 프레젠테이션에서 글머리 기호 넣기를 한 후 한 수준을 내릴 때 필요한 키는? (   )
① Tab
② Shift + Tab
③ Alt
④ Shift + Alt

03 구글 프레젠테이션에서 채팅을 할 때 필요한 도구 단추는 어느 것인가요? (   )
① ▦
② ≡
③ ■
④ +

04 공유 가능한 링크를 통해 여러 사람과 구글 프레젠테이션을 공유해 보세요.

 →

풀이 01 ③ 02 ① 03 ③
04 ① 구글 프레젠테이션의 오른쪽 상단의 [공유] 단추를 클릭합니다. ② 다른 사용자와 공유 창에서 '공유 가능한 링크 가져오기'를 클릭합니다. ③ '링크가 있는 모든 사용자가 볼 수 있음' 아래의 링크를 복사합니다. ④ 메일이나 메신저로 복사한 링크를 공유할 사람들에게 전송합니다. ⑤ 구글 프레젠테이션에 공유 링크를 통해 접속한 구글 계정으로 로그인하지 않은 익명의 접속자 아이콘을 볼 수 있습니다.

수업에 필요한 사진, 동영상, 소리 파일들을 손쉽게 다운로드받을 수 있나요?

학습 방향 수업에 필요한 다양한 사진, 동영상 자료가 필요할 때 알툴바를 설치하면 간단한 단축키로 사진을 캡처할 수 있고, 웹 페이지 전체 사진을 다운로드할 수도 있으며 유튜브 영상까지 바로 다운로드할 수 있어서 무척 편리합니다. 무료 음악 사이트에 접속하여 원하는 장르를 다운로드하는 방법도 알아보겠습니다.

학습 목표
- 알툴바를 다운로드하여 설치할 수 있습니다.
- 알툴바의 캡처 단축키를 사용하여 사진을 캡처할 수 있습니다.
- 알툴바의 동영상 퍼가기 기능으로 유튜브 동영상을 다운로드할 수 있습니다.
- 무료 음악 사이트에 접속하여 원하는 곡을 다운로드할 수 있습니다.

미리보기　　　　　　　　　　　　　　　　　　　결과파일 학교.jpg, [과학송]무게재기송.mp4, Crate_Digger.mp3, bensound-littleidea.mp3

▲ 사진, 동영상 다운로드
▶ 무료 소리 파일 다운로드

STEP 1 ◆ 알툴바 설치하기

1 인터넷 익스플로러를 실행하고 알툴즈 (http://www.altools.co.kr) 사이트에 접속한 후 알툴바의 [설치하기] 단추를 클릭합니다.

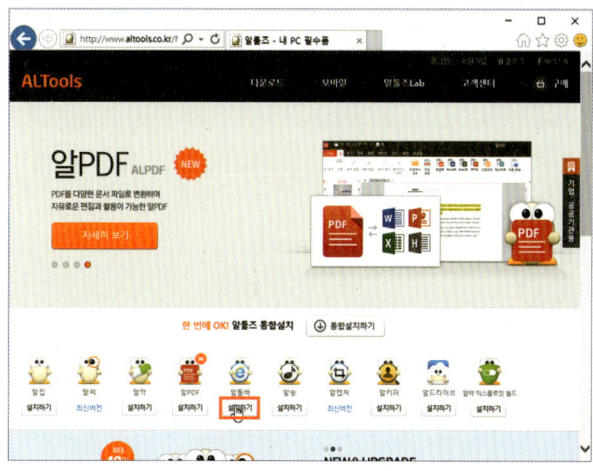

> ♦ **알툴바란?**
> 브라우저의 부가기능을 통해 편리한 인터넷 환경을 만들어가는 알툴바는 이미지, 동영상 캡처는 물론 다운로드까지 할 수 있고, 마우스 우클릭 제한 해제, 퀵 전송 등 편리한 기능을 제공합니다. 이미지나 동영상을 다운로드할 때는 저작권법에 저촉되지 않은 범위 내에서 사용해야 합니다.

2 아래쪽에 실행하거나 저장하시겠냐는 물음에 [실행] 단추를 클릭합니다. 완벽하게 알툴바를 설치하기 위해 모든 인터넷 익스플로러 창을 종료합니다.

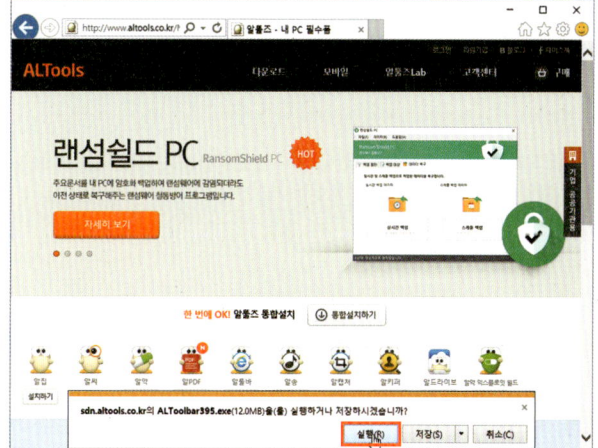

3 '알툴바 설치' 창이 나타나면 '안티피싱 기능 사용'이 필요하지 않은 경우에는 체크 해제하고, 알툴바 라이선스 계약 동의에 [동의] 단추를 클릭합니다.

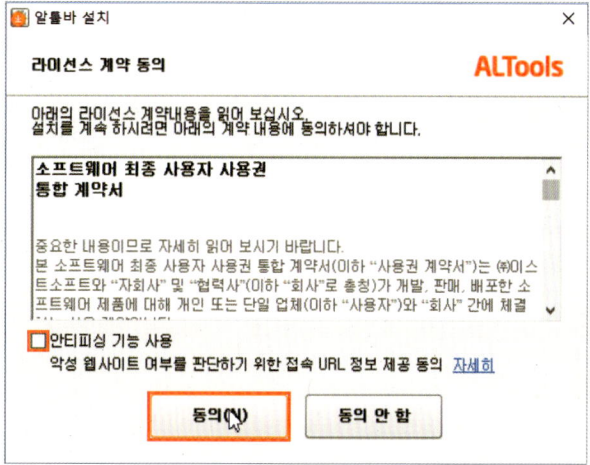

4 아래쪽의 제휴 서비스 추가 설치 부분에 체크 시 추가 설치되므로, 체크 해제 후에 [설치 시작] 단추를 클릭합니다.

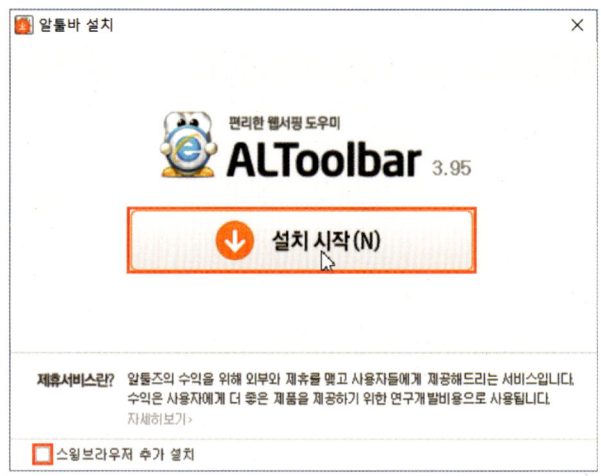

5 아래쪽의 추가 설치 부분은 모두 체크 해제한 후 [빠른 설치] 단추를 클릭하고 설치를 시작합니다.

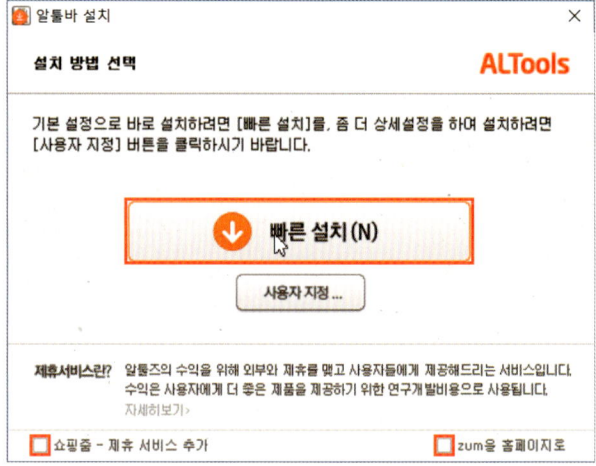

6 알툴바 설치가 진행됩니다. 설치가 완료되면 알송 설치 여부에 [아니요] 단추를 클릭합니다.

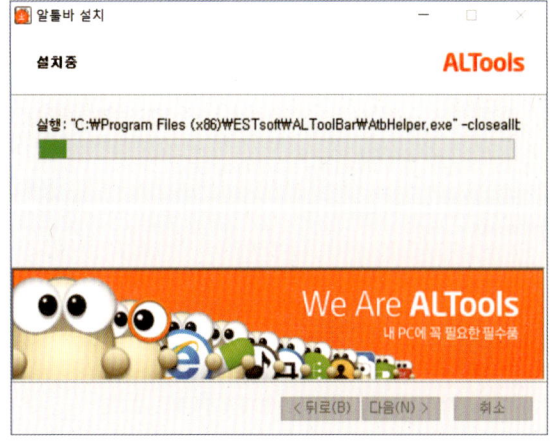 

7 알툴바 설치가 완료되면 자동으로 인터넷 익스플로러가 실행되고, 창 아래쪽에 알툴바를 사용할 준비가 되었다는 메시지에 [사용] 단추를 클릭합니다.

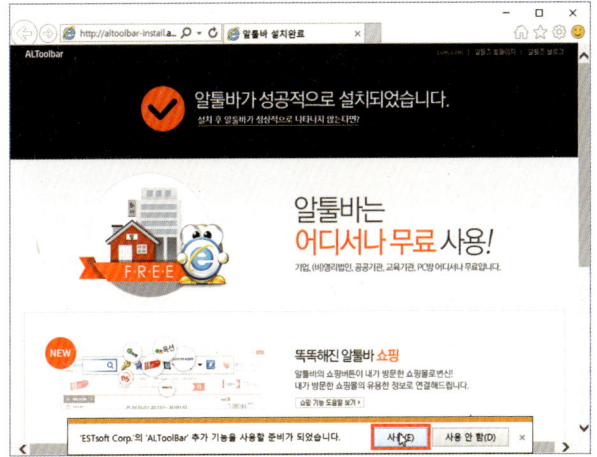

8 인터넷 익스플로러 브라우저 상단에 설치된 알툴바가 나타납니다.

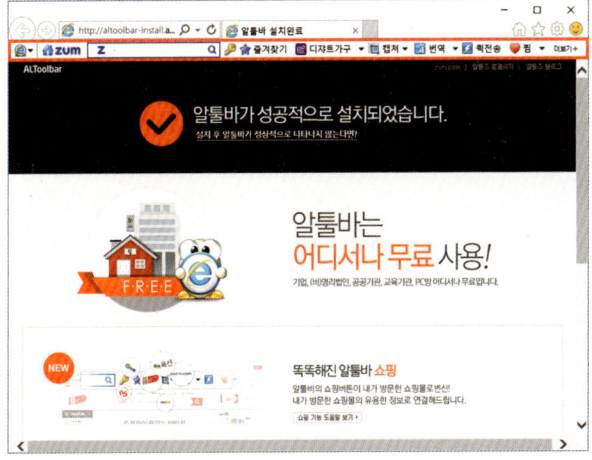

STEP 2 ◆ 사진 캡처하기

이미지 캡처하기

1 인터넷 익스플로러 브라우저 상단의 알툴바에서 [캡처] 메뉴를 클릭하면 다양한 캡처 방법이 표시됩니다.

◆ 캡처 방법 옆에 단축키도 함께 표시되는데, 간단하게 단축키만 눌러 이미지 캡처와 동영상 등을 다운로드 할 수 있습니다.

2 진관초등학교(www.jingwan.es.kr)에 접속한 후 단위영역을 캡처하기 위해 `Alt` + `1`를 누릅니다. 이미지 부분에 마우스를 가져가면 이미지에 자동으로 빨간 영역이 생기고 클릭하면 해당 이미지가 캡처됩니다. 캡처를 취소할 때는 `Esc`를 누릅니다.

◆ **직접 지정 단축키**

`Alt`+`3`을 누르면 원하는 이미지를 직접 드래그한 후 클릭하여 캡처할 수 있으나, `Alt`+`1`을 눌러 원하는 이미지에 마우스만 가져가면 자동으로 영역을 선택하여 캡처할 수 있어 쉽고 편리합니다.

3 '알툴바 캡처 미리보기' 창에서 캡처된 이미지를 확인한 후 [저장] 단추를 클릭합니다.

4 [다른 이름으로 저장] 대화상자에서 파일 이름에 이름을 입력하고, 파일형식은 'jpg'로 설정한 후 [저장] 단추를 클릭합니다.

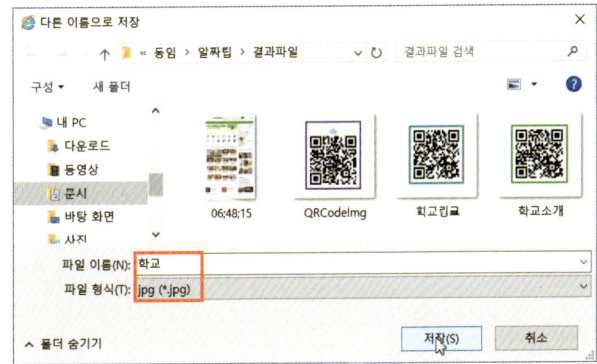

> 파일 형식은 jpg, bmp, png, gif 중에서 선택하여 실정할 수 있습니다.

5 캡처된 이미지가 저장되었다는 창에 [닫기] 단추를 클릭합니다.

이미지 퍼가기

1 이미지 퍼가기 단축키를 확인하기 위해 다시 한 번 알툴바의 [캡처] 메뉴를 클릭합니다. 이미지 퍼가기를 실행하기 위해 Ctrl + Alt + 2 를 누릅니다.

2 '편리한 이미지 다운로드' 창에 웹 페이지에 있는 모든 이미지 목록이 나타납니다. 다운로드할 이미지를 체크한 후 저장경로를 설정하고 [다운로드] 단추를 클릭하면 웹 페이지의 이미지가 모두 다운로드됩니다.

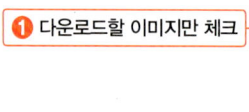

① 다운로드할 이미지만 체크

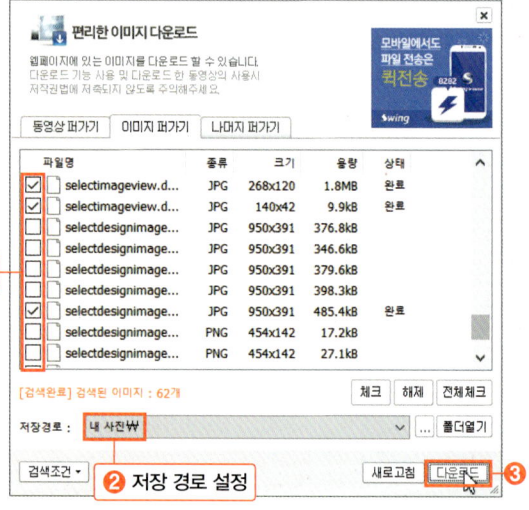

② 저장 경로 설정 ③

3 다운로드된 이미지의 저장이 완료되면 '퍼가기' 창에 [확인] 단추를 클릭합니다. 이미지가 다운로드된 폴더를 열면 저장된 이미지를 확인할 수 있습니다.

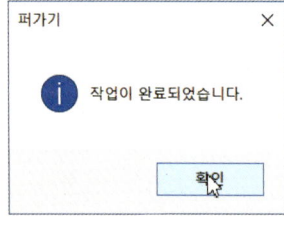
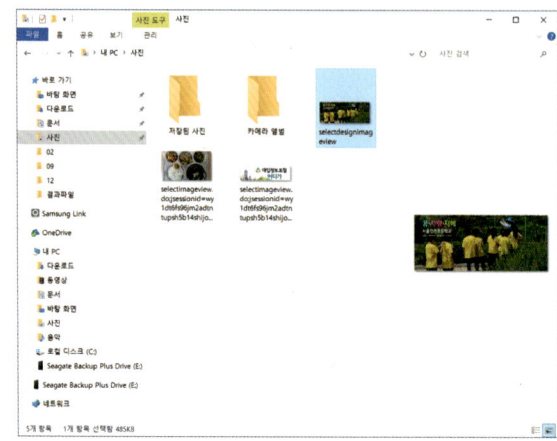

STEP 3 ◆ 유튜브 동영상 다운로드하기

1 유튜브(www.youtube.com)에 접속한 후 다운로드할 동영상을 검색하여 엽니다. 알툴바의 [캡처] 메뉴를 클릭한 후 [동영상 퍼가기]를 클릭합니다.

◆ Ctrl + Alt + 1 을 눌러도 동영상 퍼가기를 실행할 수 있습니다.

2 '편리한 동영상 다운로드' 창에 다운로드할 동영상 목록이 나타나면 체크한 후에 저장경로를 설정하고 [다운로드] 단추를 클릭합니다.

3 이용자는 저작권자가 허용한 동영상을 다운로드받아야 하고, 다운로드한 동영상은 영리 목적이 아닌 개인 용도로 사용해야 합니다. 유의 사항을 읽고 [확인] 단추를 클릭합니다.

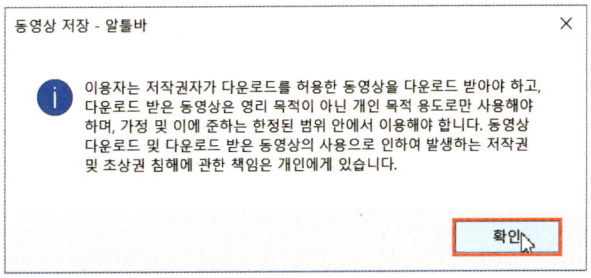

4 '다운로드 매니저' 창에 동영상이 다운로드되었습니다. 다운로드 동영상을 확인하기 위해 [폴더열기] 단추를 클릭합니다.

5 폴더가 열리면 다운로드한 동영상을 클릭하여 해당 동영상을 확인합니다.

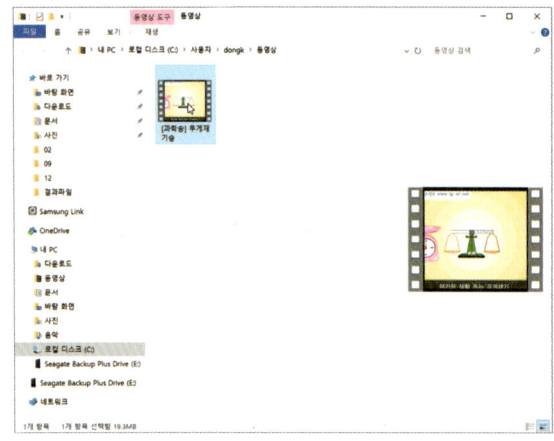

◆ **퀵전송**

① 퀵전송을 사용하면 스마트폰이나 다른 PC로 링크, 이미지, 동영상, 텍스트를 보낼 수 있습니다.
② '다운로드 매니저' 창에서 [퀵전송] 단추를 클릭합니다. '퀵전송' 창에서 [보내기] 탭의 [보내기] 단추를 클릭하면 키와 QR코드가 나타납니다.

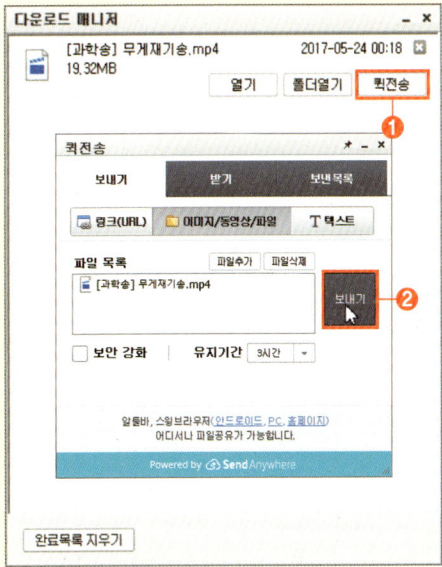 

③ 스마트폰에 스윙(S) 앱을 설치하여 실행합니다. 하단의 ⋮ 를 탭한 후 [퀵전송]을 탭하여 PC에서 확인한 퀵전송의 '키'를 입력하여 [받기] 단추를 클릭합니다. PC에서 다운로드한 동영상을 스마트폰에서 확인할 수 있습니다.

STEP 4 ◆ 무료 소리 파일 다운로드하기

유튜브에 영상을 올릴 때 무료 음악이 필요할 경우

1 유튜브(https://www.youtube.com)에 접속한 후 오른쪽 상단의 [로그인] 단추를 클릭하여 구글 계정으로 로그인합니다. [크리에이터 스튜디오] 단추를 클릭합니다.

> ♦ **유튜브 오디오 라이브러리**
>
> 구글 계정만 있으면 유튜브(https://www.youtube.com)에 로그인하여 저작권 걱정없는 BGM, 음향 효과 등을 다운로드할 수 있습니다. 장르, 기분, 악기, 시간으로 분류되어 있어서 찾기 쉽고, 유튜브에 영상 올릴 때 비영리로 사용할 경우 저작권 걱정없이 동영상 배경음악으로 사용할 수 있습니다.

2 왼쪽의 [만들기]에서 [오디오 라이브러리]를 클릭합니다. 오디오 라이브러리의 [무료 음악] 탭이 열리면 [저작자 표시]를 클릭하여 [저작자 표시 필요 없음]을 클릭합니다.

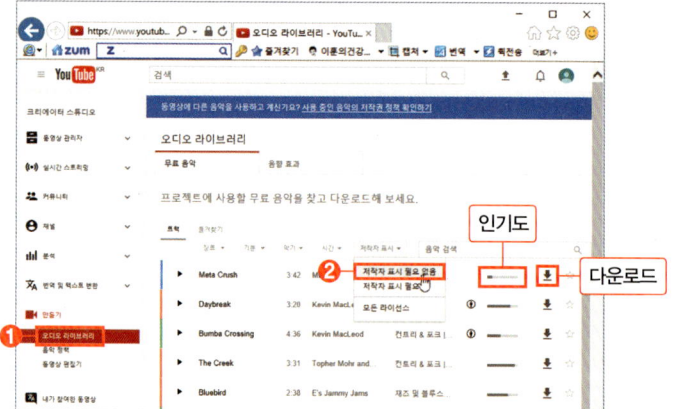

3 저작권 표시가 필요 없는 음악만 검색되었습니다. 다운로드할 곡의 ⬇ 를 클릭한 후 아래쪽의 저장하겠냐는 물음에 [저장] - [다른 이름으로 저장]을 클릭하여 원하는 곳에 다운하여 활용합니다.

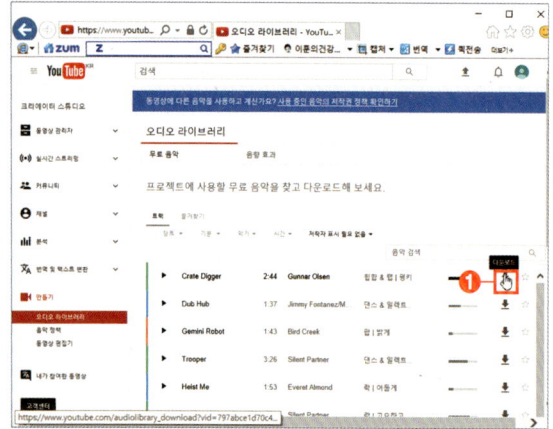 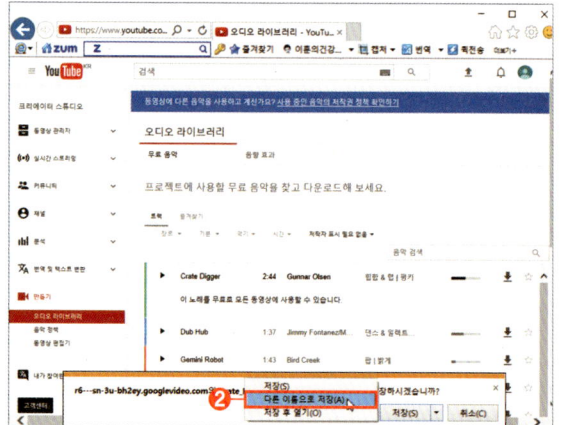

무료 음악 사이트 벤사운드

1 벤사운드(http://www.bensound.com)에 접속하면 무료로 사용할 수 있는 음악이 나타납니다. 다운로드할 곡의 [DOWNLOAD] 단추를 클릭합니다.

> ◆ 벤사운드(http://www.bensound.com)
> 다양한 음악을 무료로 다운로드할 수 있는 해외 사이트입니다. 곡 종류가 다양하고, 전체보기, 장르별 분류되어 있고 재생 단추와 재생 시간이 표시되어 있어서 들어본 후에 다운로드하여 사용할 수 있습니다.

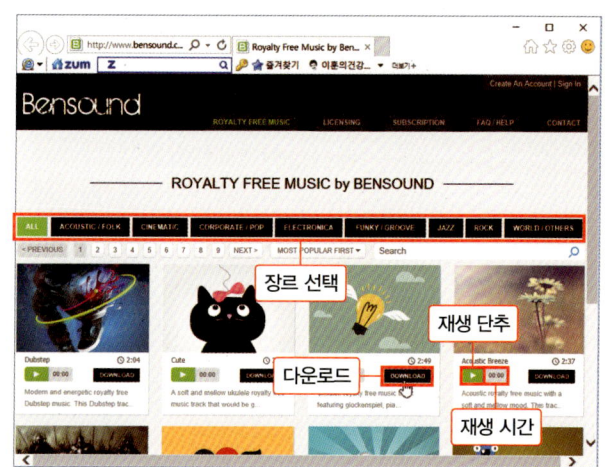

2 저작권 무료 음악의 [DOWNLOAD] 단추를 클릭한 후 아래쪽의 저장하겠냐는 물음에 [저장] - [다른 이름으로 저장]을 클릭하여 원하는 곳에 다운로드하여 활용합니다.

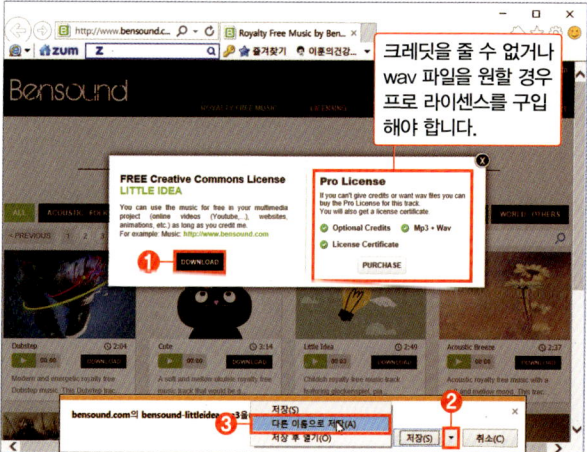

학습정리

❶ **알툴바 설치** : 알툴즈(http://www.altools.co.kr) 사이트에 접속한 후 알툴바의 [설치하기] 단추를 클릭하여 다운로드 후 설치할 수 있습니다.

❷ **알툴바 사진 캡처 단축키**
- 단위영역 : `Alt` + `1`
- 전체영역 : `Alt` + `2`
- 직접지정 : `Alt` + `3`
- 직접지정(프레임 무시) : `Alt` + `4`
- 원본저장 : `Alt` + `5`

❸ **웹 페이지 전체 이미지 다운로드** : 다운로드할 웹 페이지에서 알툴바 [캡처] – [이미지 퍼가기]를 클릭하거나 `Ctrl` + `Alt` + `2`를 누르면 해당 웹 페이지에 포함된 모든 이미지 목록이 나타납니다. 원하는 이미지에 체크한 후 [다운로드] 단추를 클릭합니다.

❹ **유튜브 동영상 다운로드** : 다운로드할 유튜브(https://www.youtube.com) 영상에서 알툴바 [캡처] – [동영상 퍼가기]를 클릭하거나 `Ctrl` + `Alt` + `1`을 누르면 해당 유튜브 영상 목록이 나타납니다. 영상에 체크한 후 [다운로드] 단추를 클릭합니다.

❺ 유튜브에 올릴 영상의 배경 음악이나 음악효과를 다운로드하려면 유튜브에 구글 계정으로 로그인한 후 [크리에이터 스튜디오]의 [만들기]–[오디오 라이브러리]를 클릭하여 무료 음악 또는 음향효과를 다운로드하여 활용합니다.

❻ 벤사운드(http://www.bensound.com)는 무료 음악을 다운로드할 수 있는 해외 사이트로 해당 사이트에 접속한 후 원하는 음악의 [DOWNLOAD] 단추를 클릭하여 음악을 다운로드하여 사용합니다.

: 퀴즈 및 실습 문제 :

01 다음 중 브라우저 부가기능을 통해 웹의 동영상, 이미지 등을 다운로드할 수 있는 프로그램은 어느 것인가요 ? (   )

① 네이버 툴바 ② 알툴바
③ 구글 툴바   ④ 알캡처

02 알툴바 설치 시 웹의 이미지를 단위영역으로 캡처할 때 단축키는? (   )

① Alt + 1   ② Alt + 2
③ Alt + 3   ④ Alt + 4

03 유튜브 동영상을 다운로드할 때 알툴바에서 필요한 기능은? (   )

① 단위영역   ② 전체영역
③ 동영상 퍼가기 ④ 이미지 퍼가기

04 네이버(www.naver.com)에 접속한 후 알툴바로 나음처럼 로고를 갭처하고, 'logo.png'로 저장하세요.

풀이 01 ② 02 ① 03 ③
04 ① 알툴바의 [캡처] 메뉴 – [단위영역]을 클릭하거나 Alt + 1 를 누릅니다. ② 네이버 로고쪽으로 마우스를 가져가면 로고에 빨간색으로 영역이 표시되면 클릭합니다. ③ '알툴바 캡처 미리보기' 창에서 [저장] 단추를 클릭하고, [다른 이름으로 저장] 대화상자에서 파일 이름은 'logo', 파일형식은 'png'로 설정합니다.

PART

연구대회나 운영보고회 문서를 작성할 때 주로 사용하는 한글 2010 프로그램에서 꼭 필요한 문서 마당, 구역 나누기, 쪽 번호 매기기 등 꼭 필요한 팁 내용을 다루고 있습니다. 미리 지정해 둔 스타일 제목만 모아서 차례를 만들 수 있기 때문에 따로 차례를 작성하는 불편함이 없어서 편리합니다. 그 외에 요즘 많이 사용하는 프레지에 대해서 다루고 있습니다. 업그레이드되면서 전에 사용하던 클래식 버전은 새 가입자가 사용할 수 없기 때문에 앞으로 더욱 많은 사람들이 사용할 새로 업그레이드된 넥스트 버전의 기능을 이해하고 사용할 수 있어야 합니다. 넥스트 버전을 사용하여 연구대회나 운영보고회를 준비해보도록 하겠습니다.

3

연구대회/
운영보고회

CHAPTER 10

연구대회 보고서 작성에 꼭 필요한 한글의 고급기능만 알려주실 수 있나요?

학습 방향

한글 2010은 워드프로세서 프로그램으로 문서를 만들 때 가장 많이 사용하는 프로그램이며, 문서마당의 여러 가지 미리 만들어 놓은 서식 파일을 활용하면 문서를 쉽게 작성할 수 있습니다. 스타일 설정, 차례 만들기 등의 고급 기능을 활용하여 좀 더 편리하고 빠르게 문서를 작성하는 방법에 대해서 알아보겠습니다.

학습 목표

- 문서마당에서 사용할 문서를 선택하여 활용할 수 있습니다.
- 스타일을 만들고 원하는 곳에 적용할 수 있습니다.
- 쪽 번호를 매기고, 새 번호부터 시작하게 설정할 수 있습니다.
- 본문의 낱말에 각주를 달아 보충 설명할 수 있습니다.
- 스타일을 모아서 차례를 만들 수 있습니다.

미리보기 소스파일 연구보고서.hwp | 결과파일 연구보고서결과.hwp

STEP 1 ◆ 문서마당 수정하여 보고서 표지 만들기

문서마당 불러오기

1 한글 2010을 실행한 후 [파일] 탭 – [불러오기]를 클릭하여 '소스파일₩연구보고서.hwp'를 불러옵니다. 보고서 표지를 찾기 위해 [파일] 탭 – [새 문서] – [문서마당]을 클릭합니다.

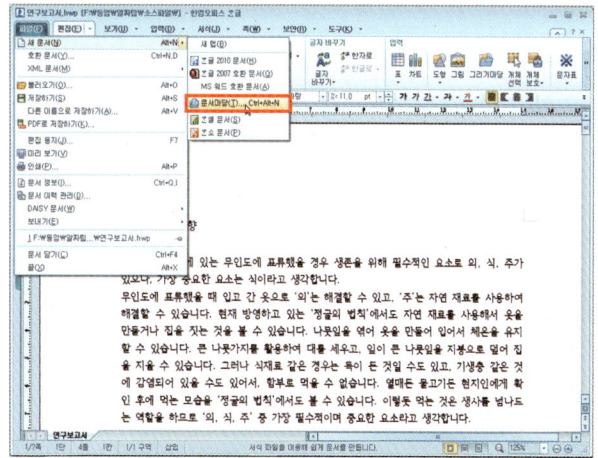

2 [문서마당] 대화상자에서 [문서마당 꾸러미] 탭을 클릭한 후 [학생 문서] – [보고서 표지 01]을 선택하고 [열기] 단추를 클릭합니다.

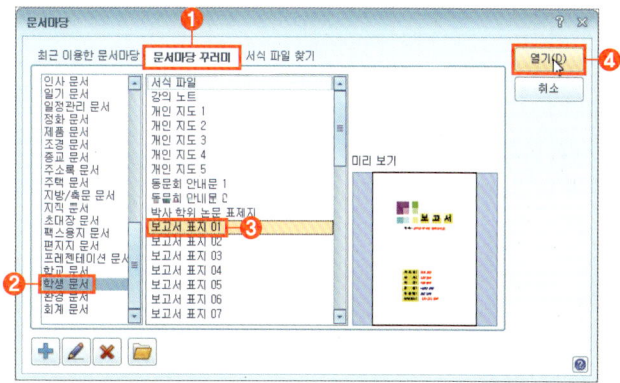

> ◆ **문서마당**
>
> [문서마당]은 자주 사용하는 문서의 모양을 미리 서식 파일(*.Hwt)로 만들어 놓고 필요할 때마다 불러와 문서의 빈 부분만 채우면 문서를 빠르게 만들 수 있는 템플릿 방식의 기능입니다. 그리고 같은 종류의 서식 파일들을 한 곳에 모아 놓은 탭을 [문서마당 꾸러미]라고 하는데, 여기서 선택한 문서를 미리보기에서 확인한 후 선택하여 사용할 수 있습니다.

문서마당에서 불러온 서식 파일 수정하기

1 보고서 표지가 새로운 문서로 열렸습니다. 먼저 개체를 선택한 후 마우스 오른쪽 단추를 눌러 [개체 속성]을 선택합니다. [개체 속성] 대화상자에서 '글자처럼 취급'에 체크 해제한 후 [설정] 단추를 클릭합니다.

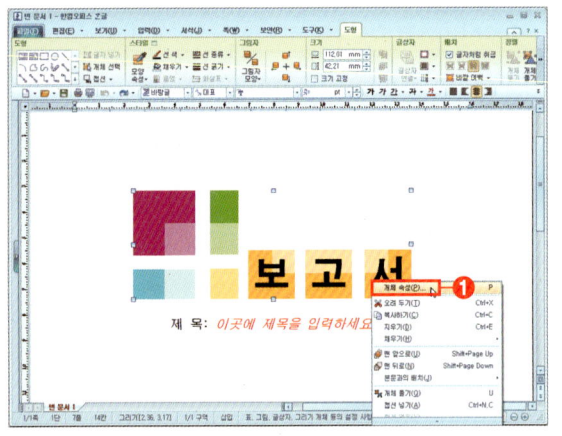
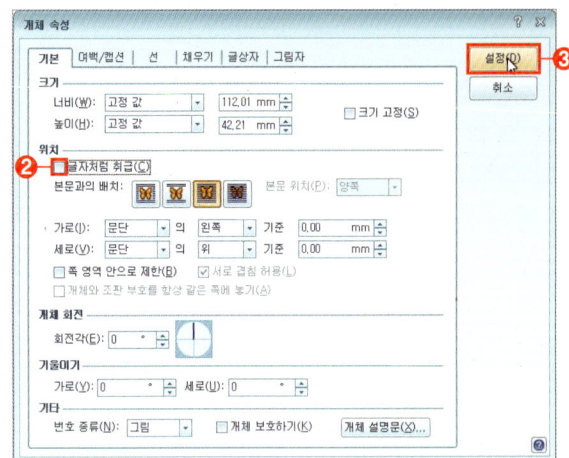

2 글자처럼 취급이 해제된 상태의 개체를 마우스 오른쪽 단추로 누른 후 [개체 풀기]를 클릭합니다.

> ◆ 글자처럼 취급을 해제하지 않고, 개체 풀기를 하면 개체가 뿔뿔이 흩어지게 됩니다.

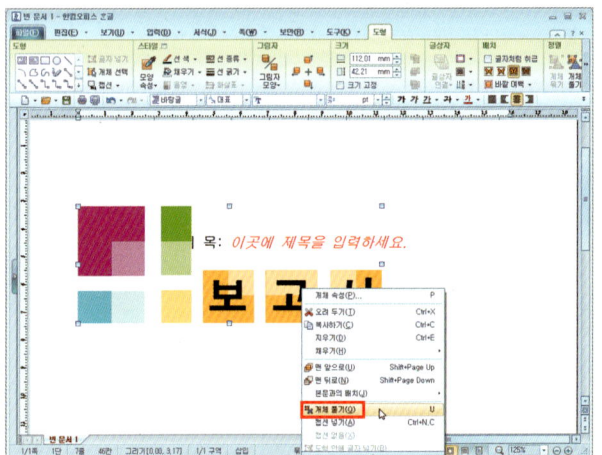

3 보고서 개체를 선택한 후 Ctrl + Shift 를 누르고, 그대로 위쪽으로 드래그하여 수직 복사합니다.

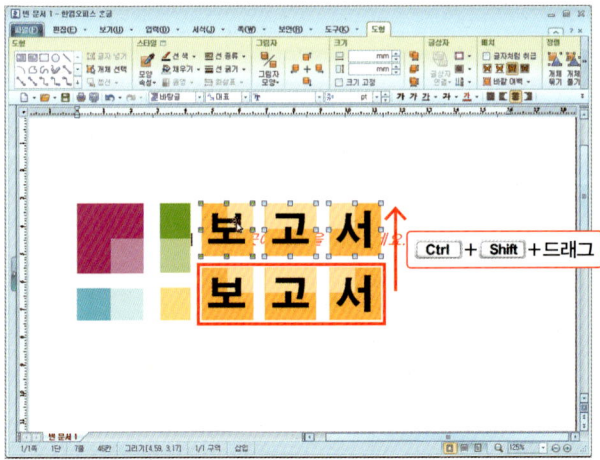

4 다음처럼 개체를 더 복사하고 개체 안의 글자를 수정한 후 개체를 모두 선택하여 마우스 오른쪽 단추를 누른 후 [개체 묶기]를 선택합니다.

> ◆ [편집] 탭 – [입력] 그룹 – [개체 선택]을 한 후 개체 묶기할 개체 위에서 모두 포함되게 드래그하면 모든 개체가 선택됩니다.

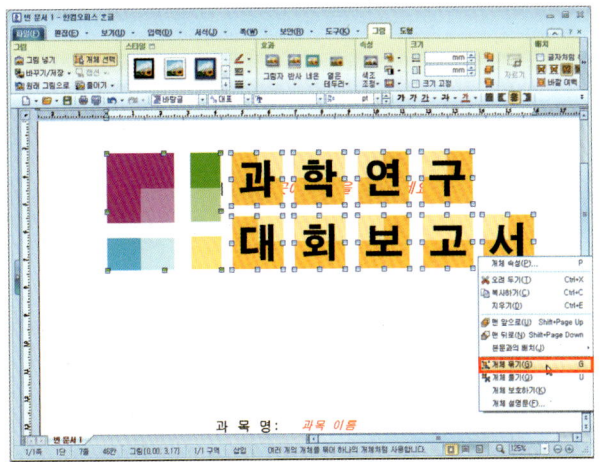

5 하나의 묶음처럼 된 개체를 다시 [개체 속성] 대화상자에서 '글자처럼 취급'에 체크해서 글자처럼 변경합니다. 아래에 제목도 입력합니다.

> ◆ 개체를 글자처럼 취급으로 변경하면 글자와 완전 동일하게 취급하여 글자를 입력하거나 지우는대로 개체도 함께 움직이게 됩니다.

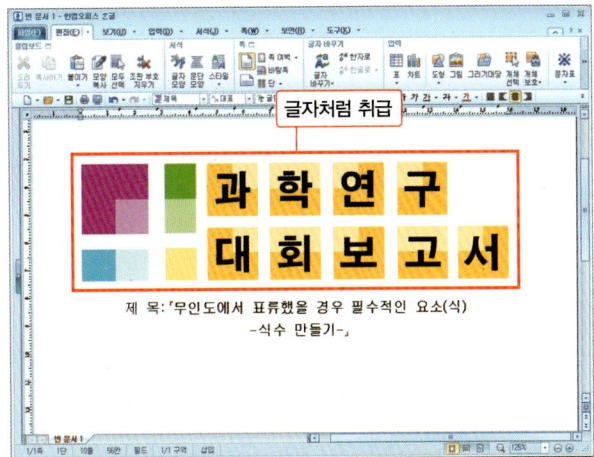

6 아래쪽의 개체와 표가 같은 위치에 있게 개체를 드래그하여 다시 맞춰 준 후 불필요한 위쪽 두 줄은 선택하고 마우스 오른쪽 단추를 눌러 [셀 지우기]를 선택합니다. 지우기 경고 창에 내용과 셀 모양을 모두 지우기 위해 [지우기] 단추를 클릭합니다.

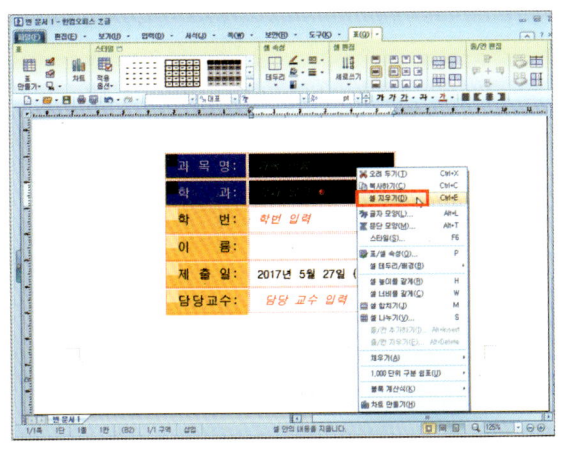
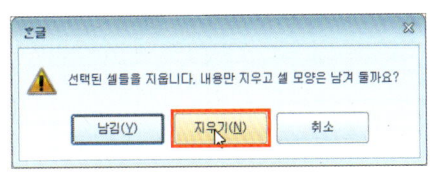

> ◆ 지우기 경고 창에서 [남김] 단추를 클릭하면 내용만 지우고 셀 모양은 남게 됩니다.

7 개체와 셀에 다음처럼 글자를 수정한 후 개체를 모두 선택하고 마우스 오른쪽 단추를 눌러 [개체 풀기]를 선택합니다.

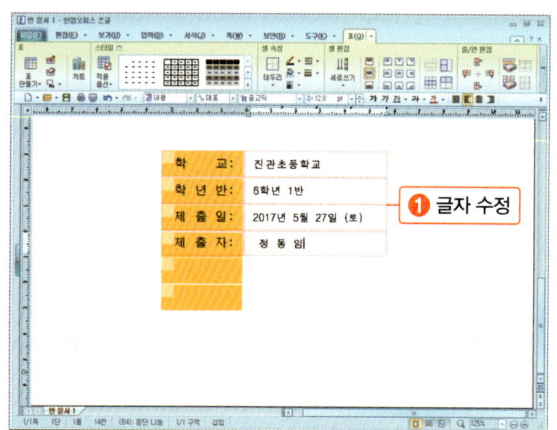
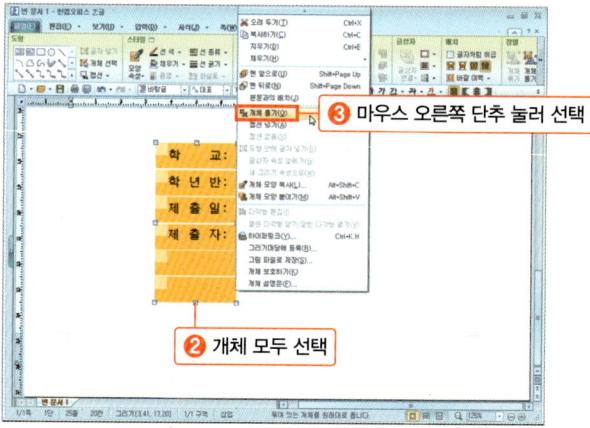

8 불필요한 두 개체는 선택하여 [지우기]한 후 다시 앞쪽 개체를 모두 선택한 후 마우스 오른쪽 단추를 누른 후 [개체 묶기]를 선택합니다.

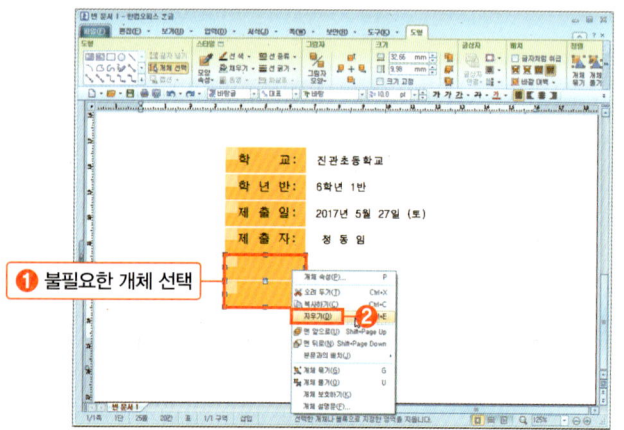
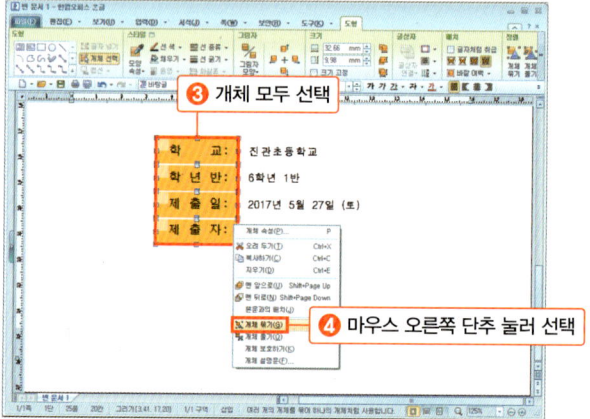

STEP 2 ◆ 구역 나누고, 스타일 지정하기

구역 나누기

1 미리 불러왔던 '연구보고서.hwp'의 제일 앞에 커서를 위치시킨 후 [쪽] 탭의 ▼를 클릭하고 [구역 나누기]를 클릭합니다.

> ◆ 구역 나누기를 하면 하나의 문서를 여러 개의 구역으로 쪼개어 구역마다 편집 용지를 다르게 설정하거나 새 개요 번호 모양을 만들 수 있습니다. 여기서는 표지와 다른 구역으로 쪼개어 목차나 쪽수를 설정하기 위해서 구역 나누기를 합니다.

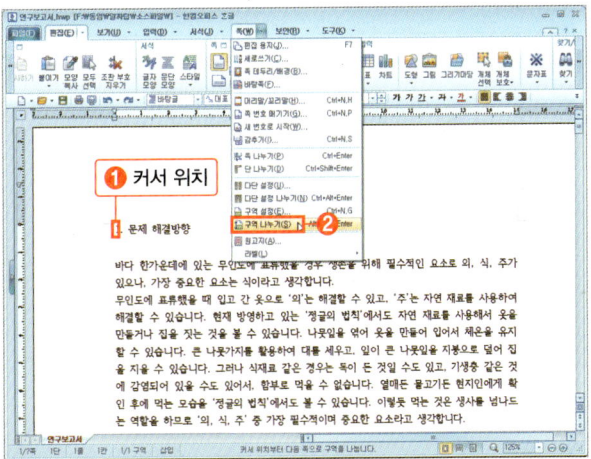

2 보고서 표지 문서로 다시 이동하여 Ctrl+A를 눌러 문서 전체를 선택한 후 Ctrl+C를 눌러 복사합니다.

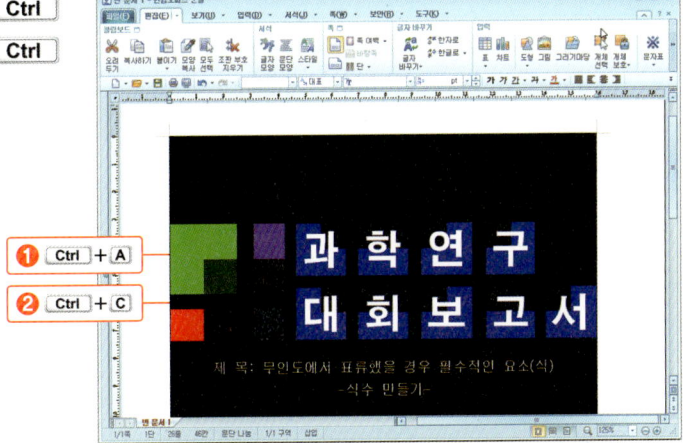

3 '연구보고서.hwp'에서 구역 나누기를 하여 비어있는 첫 페이지에 커서를 위치시킨 후 Ctrl+V를 누릅니다. 보고서 표지가 붙여넣기 되었습니다.

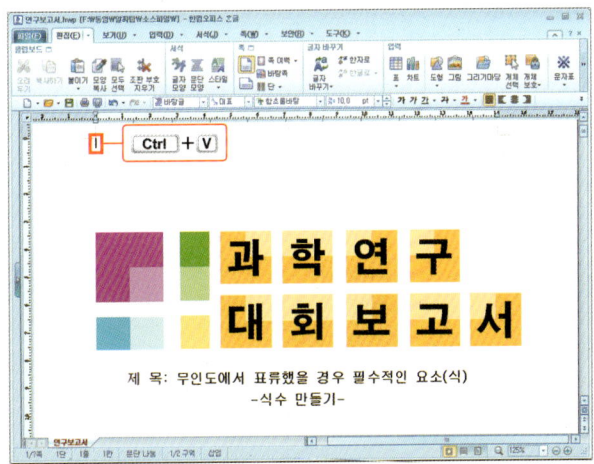

CHAPTER 10 :: 연구대회 보고서 작성에 꼭 필요한 한글의 고급기능만 알려주실 수 있나요?   163

4️⃣ 표지가 붙여넣기 되면서 편집 용지가 맞지 않으므로, [쪽] 탭의 ▼를 클릭하여 [편집 용지]를 클릭합니다.

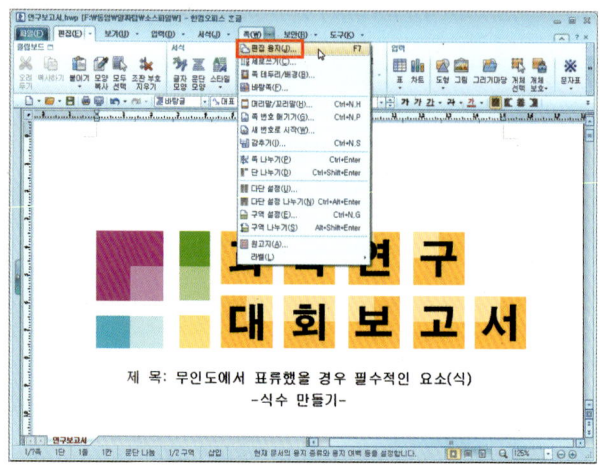

5️⃣ [편집 용지] 대화상자에서 왼쪽, 오른쪽을 각각 '25mm'로 변경한 후 [설정] 단추를 클릭합니다.

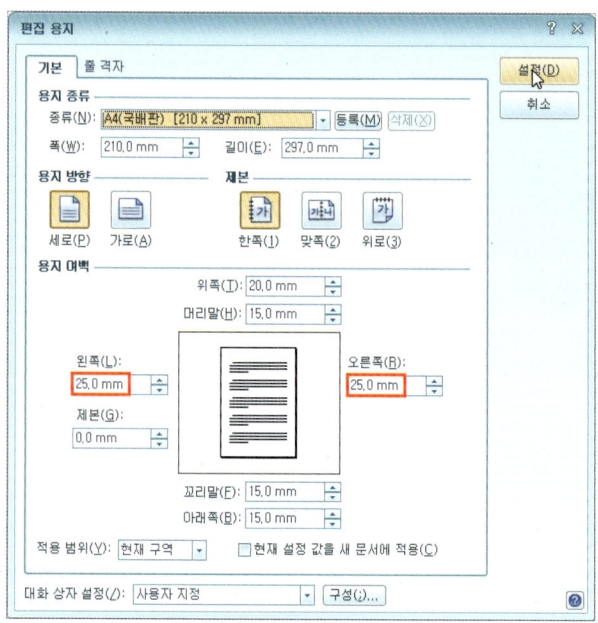

6️⃣ 붙여넣기 하면서 아래쪽에 개체와 표가 맞지 않습니다. 표가 글자처럼 취급되어 있으므로 표 앞에 커서를 두고, Back Space 를 몇 번 눌러서 옆쪽 개체와 맞춥니다.

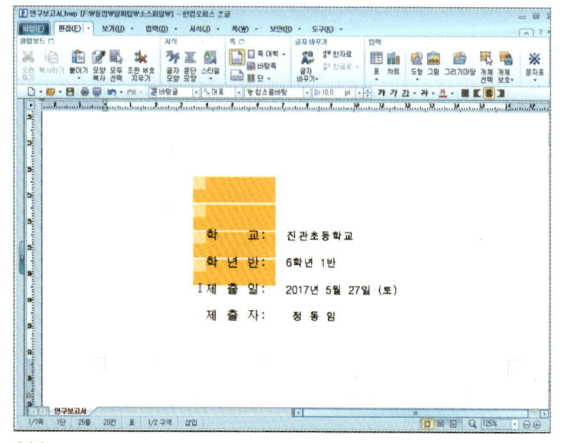 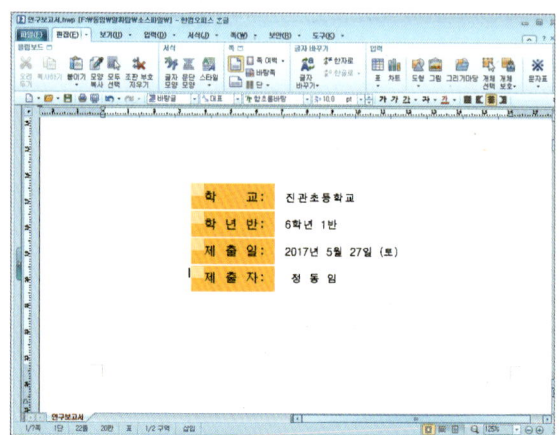

스타일 만들고 적용하기

1 구역 나누기한 2쪽에서 다시 [쪽] 탭의 ▼를 클릭하여 [편집 용지]를 클릭한 후 위쪽, 머리말, 꼬리말, 아래쪽을 각각 '12.7mm'로 변경합니다. 구역 나누기를 하였기 때문에 표지와 다르게 편집 용지 설정을 할 수 있습니다.

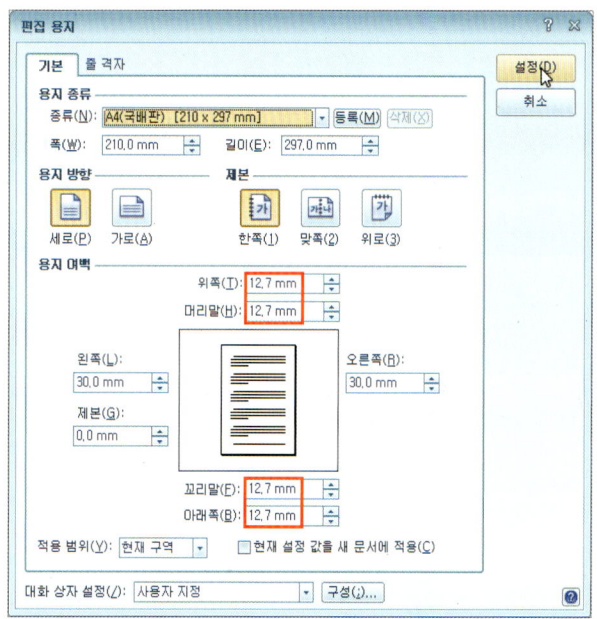

2 [서식] 탭의 ▼를 클릭한 후 [스타일]을 선택합니다.

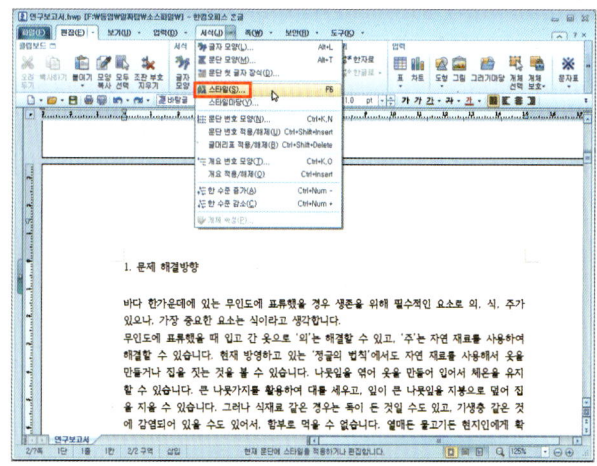

3 [스타일] 대화상자의 [스타일 추가하기(+)]를 클릭합니다.

> ◆ 자주 사용하는 글자 모양이나 문단 모양을 미리 정해 놓은 스타일 목록을 보여 주는데, 스타일을 추가하여 사용할 수도 있습니다.

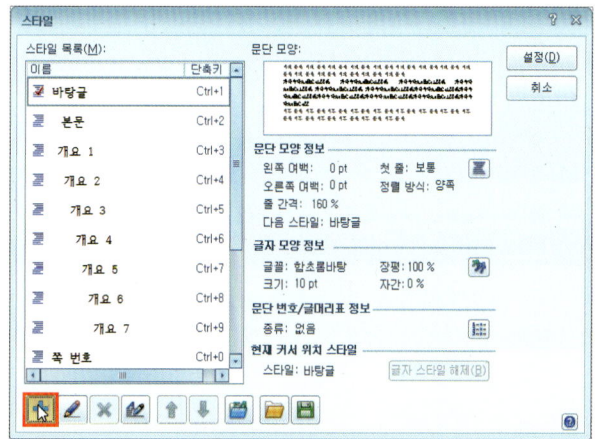

4 [스타일 추가하기] 대화상자에서 스타일 이름은 '소제목'으로 입력하고, 스타일 종류는 '문단'으로 선택한 후 [글자 모양] 단추를 클릭합니다. [글자 모양] 대화상자에서 기준 크기는 '14pt', 글꼴은 '맑은 고딕', 자간은 '0%', 속성에서 '진하게(가)', 글자 색은 '에메랄드 블루'로 설정하고 [설정] 단추를 클릭합니다. [스타일 추가하기] 대화상자의 [추가] 단추를 클릭합니다.

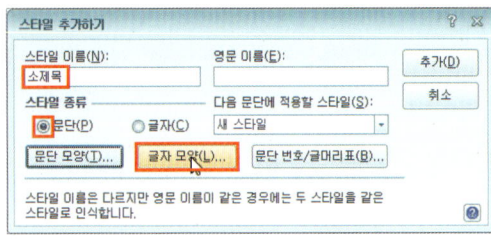
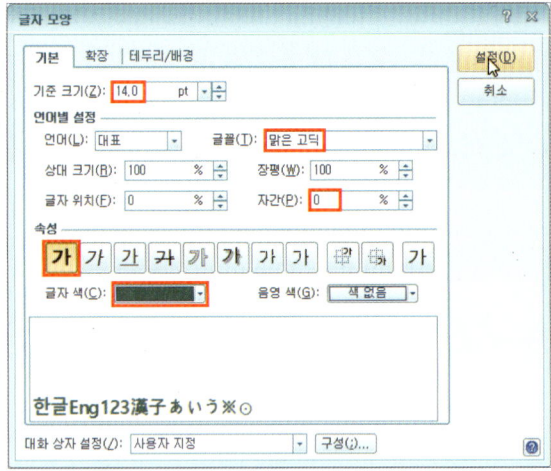

5 [스타일] 대화상자에 소제목이 추가되었고 단축키는 Ctrl + 2 임을 확인한 후 [설정] 단추를 클릭합니다.

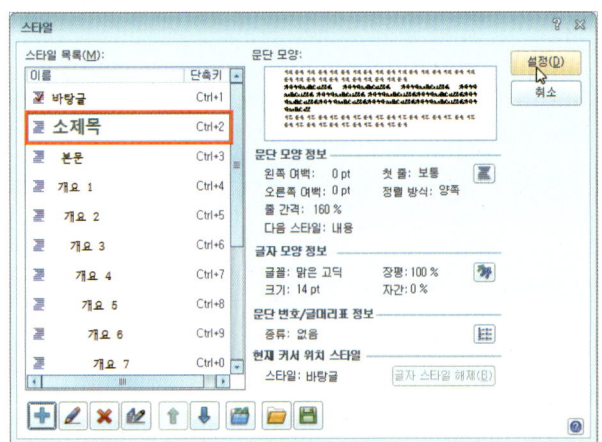

6 스타일을 적용할 제목을 블록 지정한 후 소제목의 스타일 단축키인 Ctrl + 2 를 누릅니다. 문서 안의 다른 제목에도 모두 소제목의 스타일을 적용합니다.

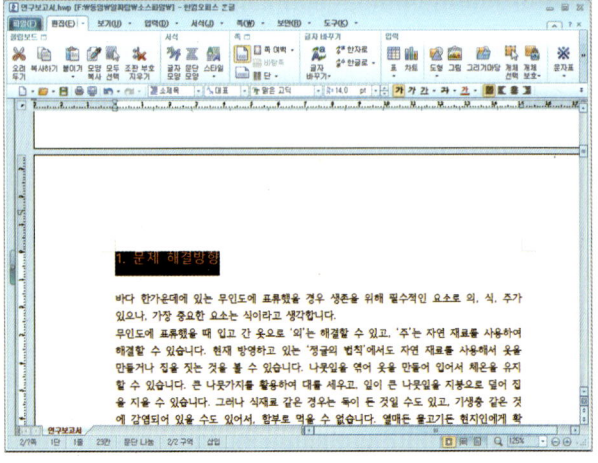

STEP 3 ◆ 각주 추가하고 쪽수 매기기

각주 추가하기

1 본문에서 각주를 넣을 낱말 뒤에 커서를 둔 후 [입력] 탭의 ▼를 클릭하여 [주석] – [각주]를 클릭합니다.

> ◆ **각주**
> 본문 내용에 대한 보충 자료를 구체적으로 제시하거나, 인용된 자료의 출처 등을 밝히는 주석을 '각주' 형식으로 만듭니다.

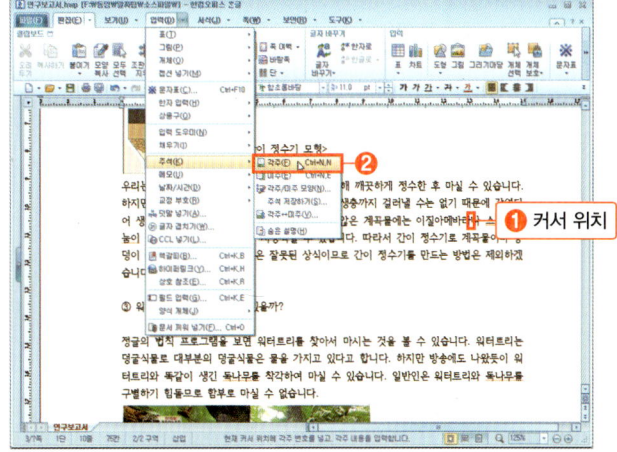

2 각주 내용을 입력할 수 있도록 커서가 쪽 아래로 옮겨지며 [주석] 탭이 자동으로 나타납니다. 자동으로 매겨진 각주 번호 옆에 보충 내용을 입력합니다.

> ◆ 각주 번호 모양을 변경하려면 [입력] 탭의 ▼를 클릭한 후 [주석]-[각주/미주 모양]을 클릭하여 원하는 모양으로 변경할 수 있습니다.

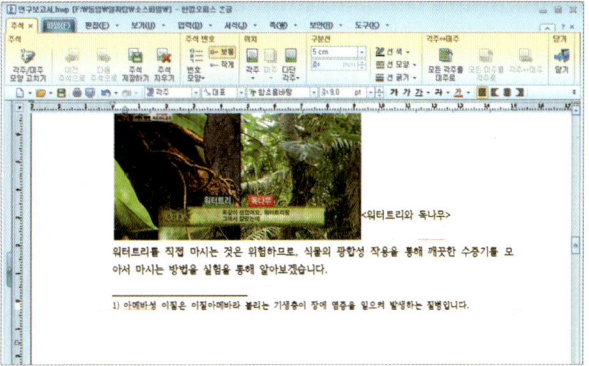

3 본문의 커서 위치에 각주 번호가 매겨진 것을 확인할 수 있습니다. 본문의 다른 낱말 뒤에도 같은 방법으로 각주를 추가합니다.

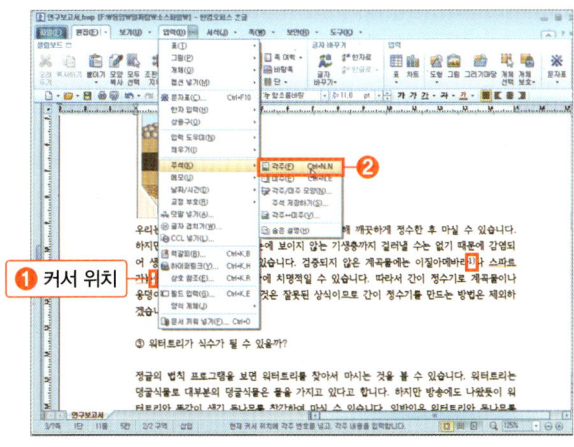 

쪽수 매기기

1 2쪽 제일 앞에 커서를 두고 [쪽] 탭의 ▼를 클릭하여 [쪽 나누기]를 클릭합니다. 2쪽에 차례를 입력할 수 있게 빈 페이지를 만듭니다.

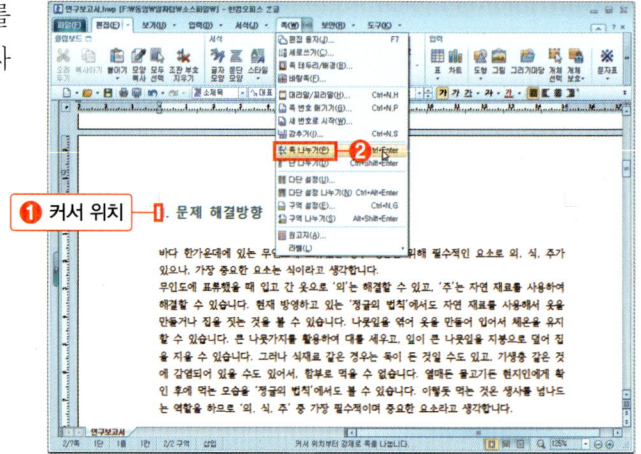

2 [쪽] 탭의 ▼를 클릭하여 [쪽 번호 매기기]를 클릭합니다.

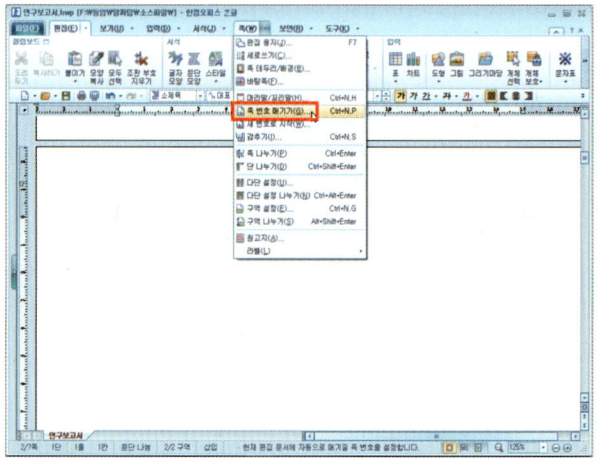

3 [쪽 번호 매기기] 대화상자에서 번호 위치와 번호 모양을 다음처럼 설정한 후 [넣기] 단추를 클릭합니다.

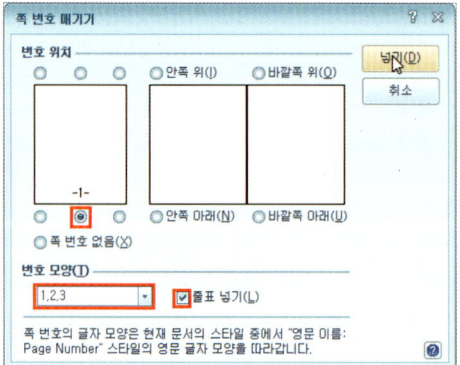

4 구역 나누기로 표지에는 쪽수가 보이지 않고, 2쪽에 '-2-'로 표시됩니다. [쪽] 탭의 ▼를 클릭하여 [새 번호로 시작]을 클릭합니다.

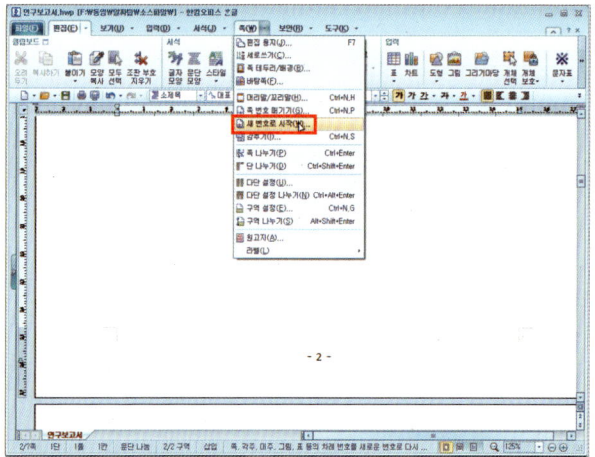

5 [새 번호로 시작] 대화상자에 번호 종류를 '쪽 번호'로, 시작 번호를 '1'로 설정한 후 [넣기] 단추를 클릭합니다.

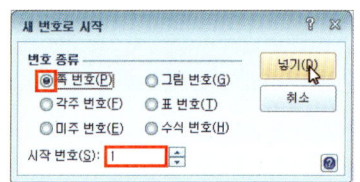

6 쪽수가 새 번호로 바뀌었습니다.

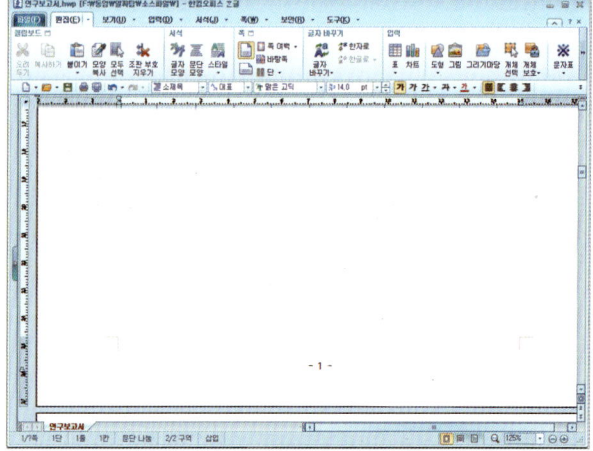

STEP 4 ◆ 차례 만들기

1 차례 만들 곳에 커서를 위치시키고, [도구] 탭의 ▼를 클릭하여 [차례/색인] – [차례 만들기]를 클릭합니다.

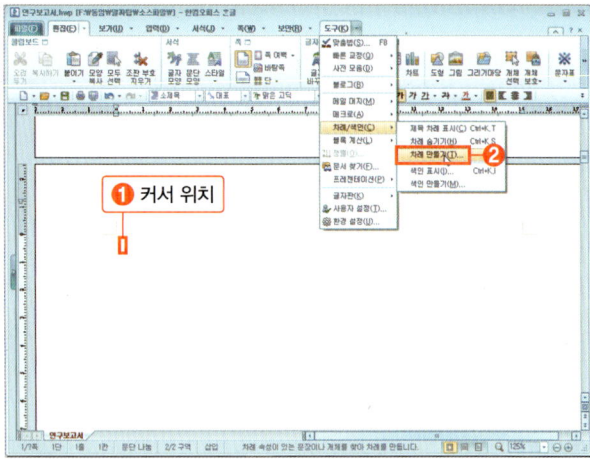

2 [차례 만들기] 대화상자에서 '제목 차례'에 체크하고, '스타일로 모으기'에 체크한 후 '소제목'에 체크합니다. 표 차례, 그림 차례, 수식 차례는 체크 해제하고, 만들 위치는 '현재 문서의 커서 위치'로 설정한 후 탭 모양은 '오른쪽 탭'을 선택하고 채울 모양을 설정하고 [만들기] 단추를 클릭합니다.

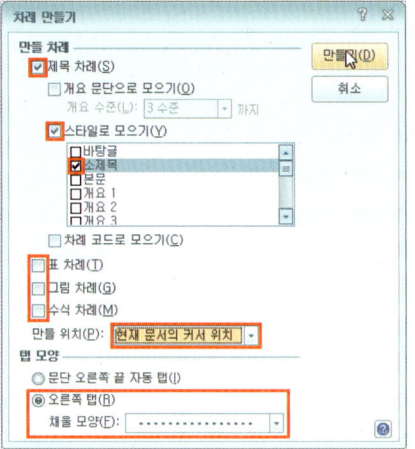

3 스타일 적용한 소제목만 모아서 차례가 자동으로 만들어졌습니다.

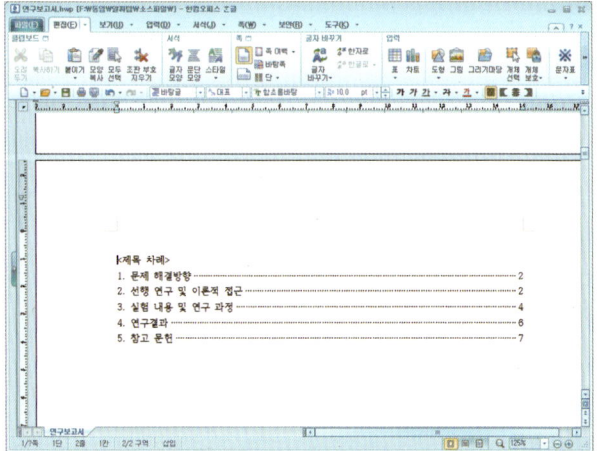

4 제목 차례 전부를 블록 지정한 다음 글자 크기를 [15pt]로 설정한 후 마우스 오른쪽 단추를 눌러 [문단 모양]을 클릭합니다.

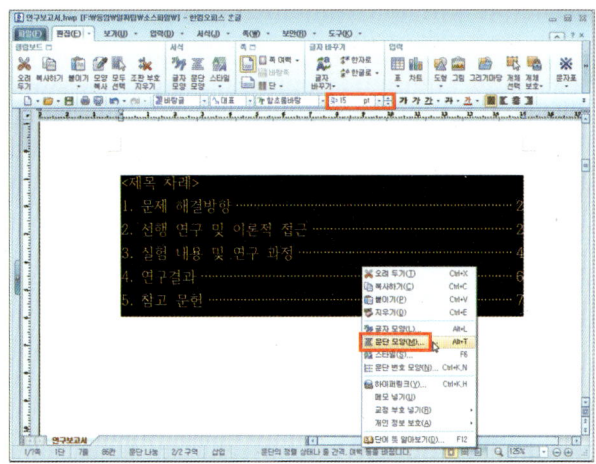

5 [문단 모양]에서 여백 중 왼쪽, 오른쪽을 '20pt'로 설정한 후 [설정] 단추를 클릭합니다. 〈제목 차례〉만 블록 지정하고 진하게(가), 가운데 정렬(三)을 클릭하여 제목 글꼴을 강조합니다.

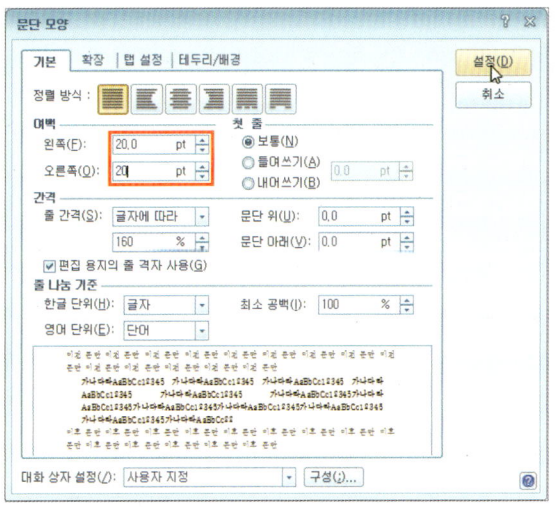
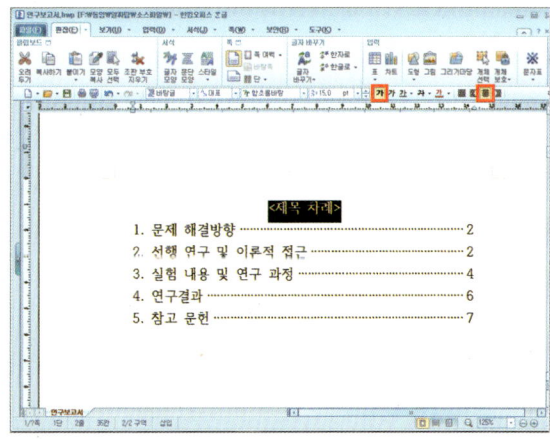

: 학습정리 :

❶ 한글 2010의 문서마당은 자주 사용하는 문서의 모양을 미리 만들어 놓고 필요할 때마다 불러와 문서의 빈 부분만 채우면 문서를 빠르게 만들 수 있는 템플릿이 있습니다.

❷ 문서마당 불러오기 : [파일] 탭 - [새 문서] - [문서마당]을 클릭하여 [문서마당]의 [문서마당 꾸러미] 탭에서 원하는 서식 파일을 선택합니다.

❸ 구역 나누기 : [쪽] 탭의 ▼를 클릭한 후 [구역 나누기]를 클릭하여 구역마다 편집 용지를 다르게 설정하거나 쪽수를 다르게 설정할 수 있습니다.

❹ 스타일 : [서식] 탭의 ▼를 클릭한 후 [스타일]을 클릭하면 자주 사용하는 글자 모양이나 문단 모양을 미리 정해 놓은 스타일 목록이 각각의 단축키와 함께 표시됩니다. 문서 내에서 스타일을 적용하고 싶은 글자를 블록 지정한 후 해당 스타일의 단축키로 원하는 스타일을 적용할 수 있습니다.

❺ 각주 : 본문에서 각주를 넣을 낱말 뒤에 커서를 두고, [입력] 탭의 ▼를 클릭하여 [주석] - [각주]를 클릭합니다. 아래쪽에 [주석] 탭이 자동으로 나타나고, 자동으로 매겨진 각주 번호 옆에 보충 내용을 입력합니다.

❻ 쪽 번호 매기기 : [쪽] 탭의 ▼를 클릭하여 [쪽 번호 매기기]를 클릭한 후 번호 위치와 번호 모양을 설정하면 각 쪽에 설정한대로 쪽수가 표시됩니다.

❼ 차례 만들기 : [도구] 탭의 ▼를 클릭하여 [차례/색인] - [차례 만들기]를 클릭한 후 본문의 제목, 표, 그림, 수식, 스타일 등에서 차례 만드는 방법을 설정합니다. 그러면 설정한 방법대로 제목, 표, 그림, 수식, 스타일 등이 들어 있는 줄을 한 곳에 모아, 각 줄마다 본문 중에서 어느 쪽에 위치하는지 쪽 번호를 붙여 줍니다. 차례를 만들기 전에 반드시 쪽 번호가 매겨져 있어야 하고, 쪽 번호가 바뀌면 [차례 만들기]를 다시 실행해야 합니다.

: 퀴즈 및 실습 문제 :

01 한글 2010에서 자주 사용하는 문서의 모양을 미리 만들어 놓고 필요할 때마다 불러와 사용하는 기능은? (   )

① 스타일　　　　　　　　　　② 각주
③ 그리기마당　　　　　　　　④ 문서 마당

02 문서의 쪽을 나눌 때 사용하는 단축키는 다음 중 어느 것인가요? (   )

① Ctrl + Enter　　　　　　　② Ctrl + Shift + Enter
③ Shift + Enter　　　　　　　④ Alt + Shift + Enter

03 ☐ 안에 들어갈 메뉴는 다음 중 어느 것인가요? (   )

> ☐ 메뉴 – [주석] – [각주]를 차례로 클릭합니다.

① 편집　　　　　　　　　　　② 보기
③ 입력　　　　　　　　　　　④ 서식

04 문서 마당의 초대장 문서 중 '초청장1' 문서를 불러와서 다음처럼 바꾸세요.

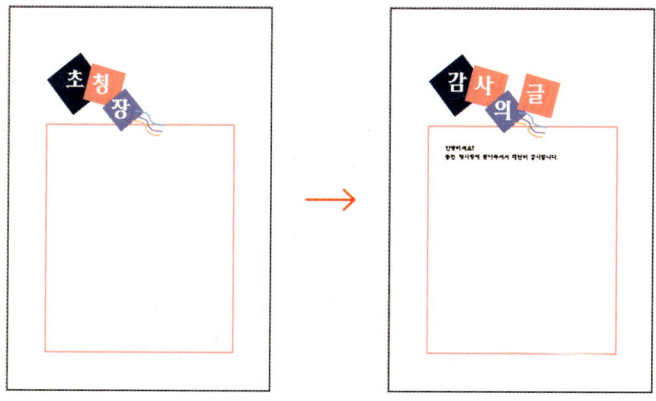

풀이　01 ④　02 ①　03 ③
04 ① [파일] 탭 – [새 문서] – [문서마당]을 클릭합니다. ② [문서마당] 대화상자에서 [문서마당 꾸러미] 탭을 클릭한 후 [초대장 문서] – [초청장1]을 불러옵니다. ③ '초청장1' 개체를 선택한 후 마우스 오른쪽 단추를 눌러 [개체 풀기]를 선택합니다. ④ '청'에 해당하는 개체 모두 선택한 후 Ctrl 을 눌러 드래그하여 원하는 곳으로 옮겨 복사합니다. ⑤ 개체에 '감사의글'이라고 입력하여 변경한 후 다시 개체를 모두 선택하고 마우스 오른쪽 단추를 눌러 [개체 묶기]를 선택합니다. ⑥ 아래쪽에 인사와 감사글로 마무리합니다.

새로운 프레지 넥스트 버전에 대해서 알아볼까요?

학습 방향

선생님들께서 학교 업무를 하실 때 많이 사용하시는 프레젠테이션 도구로 프레지가 있습니다. 최근 프레지가 새로운 프레지 넥스트 버전으로 업그레이드되었습니다. 기존 가입자의 경우는 구 버전인 프레지 클래식 버전과 넥스트 버전을 모두 사용할 수 있지만, 새로 가입한 사람의 경우에는 프레지 넥스트 버전만 사용할 수 있습니다. 넥스트 버전은 전체 내용을 보여주고, 주제를 토픽에서 제시하고 하위토픽에서 설명하는 구조로 되어있습니다. 넥스트 버전에 대해서 알아보겠습니다.

학습 목표

- 프레지의 일반과 교육용 무료 계정에 가입할 수 있습니다.
- 프레지 계정 설정에서 프로필을 변경하고, 계정을 업그레이드할 수 있습니다.
- 프레지 넥스트 버전에서 새 프레지를 생성할 수 있습니다.
- 프레지 편집 화면에서 편집 메뉴 기능을 이해할 수 있습니다.

미리보기

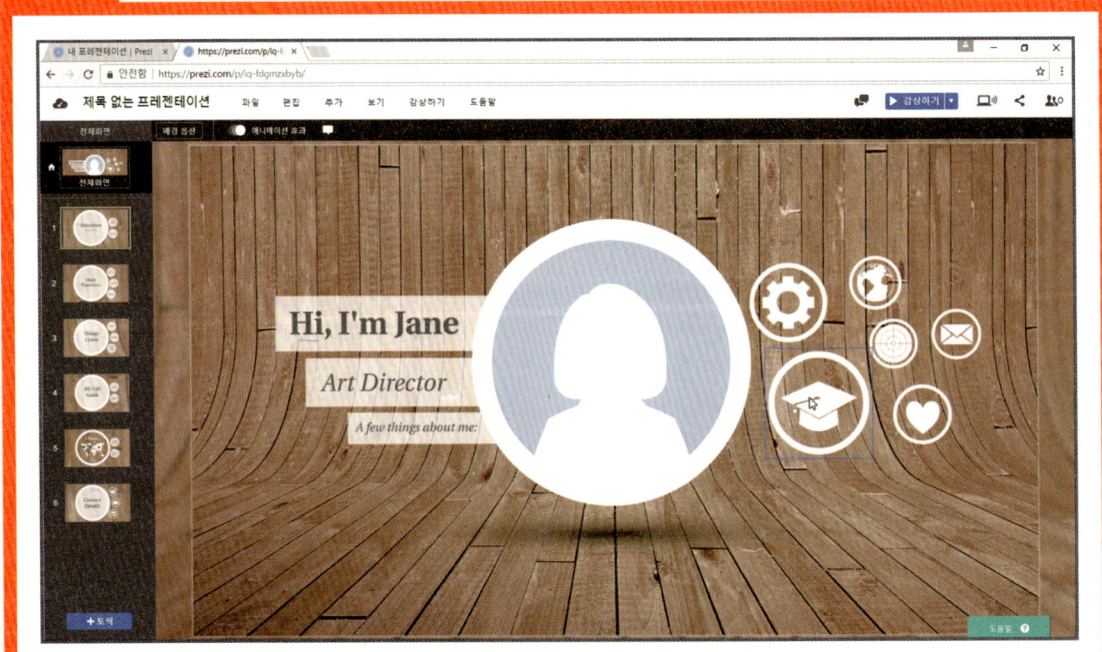

STEP 1 ◆ 베이직 무료 계정 가입하기

1 웹 브라우저를 실행한 후 프레지(www.prezi.com)에 접속하고, ☰-[시작하기] 단추를 클릭합니다.

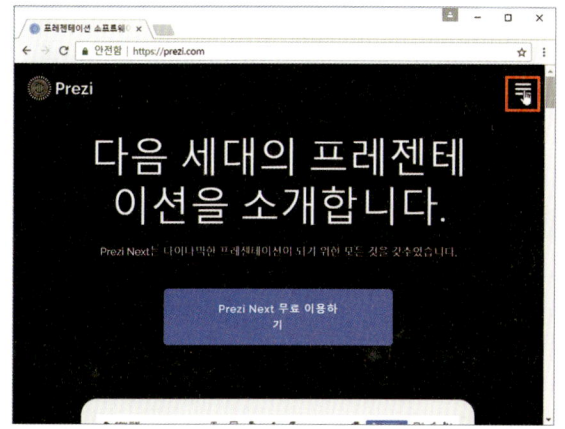 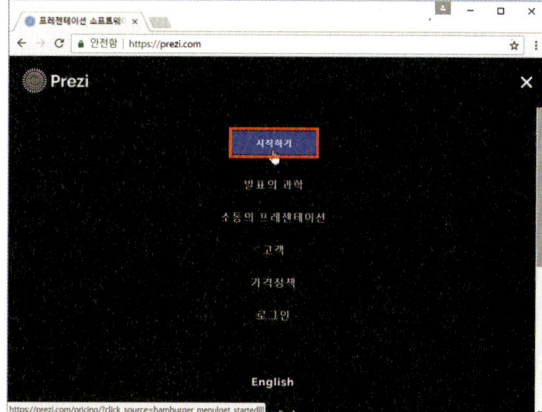

◆ **크롬 브라우저**

프레지는 크롬(🌐) 브라우저를 기본으로 하고 있습니다. 새 가입자의 경우 프레지 넥스트 버전만 사용할 수 있는데, 인터넷 익스플로러(🌐) 브라우저에서는 편집할 수 없으므로 반드시 크롬(🌐) 브라우저를 사용해야 합니다.

크롬(🌐) 브라우저는 구글에서 개발한 웹 브라우저로 브라우저 창이 간결하고, 기본적으로 악성코드 및 피싱 방지 기능을 사용하고 있어서 더욱 안전하고 보호된 웹 환경을 유지할 수 있습니다.

크롬(www.google.com/chrome)에 접속하여 [Chrome 다운로드] 단추를 클릭한 후 약관에 동의하고 설치 단계에 따라 크롬을 설치한 후 사용합니다.

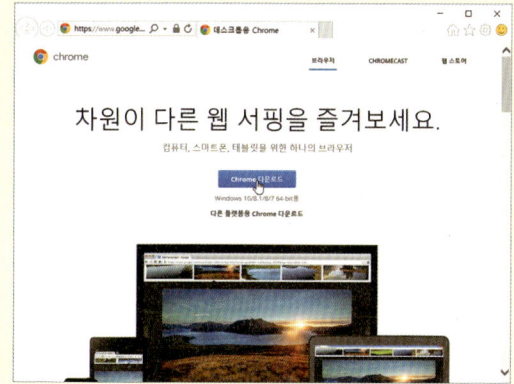

2 기본 기능만 사용하는 Basic 무료 계정에 가입하려면 [Basic] 탭을 클릭하고, Basic의 [계속] 단추를 클릭합니다.

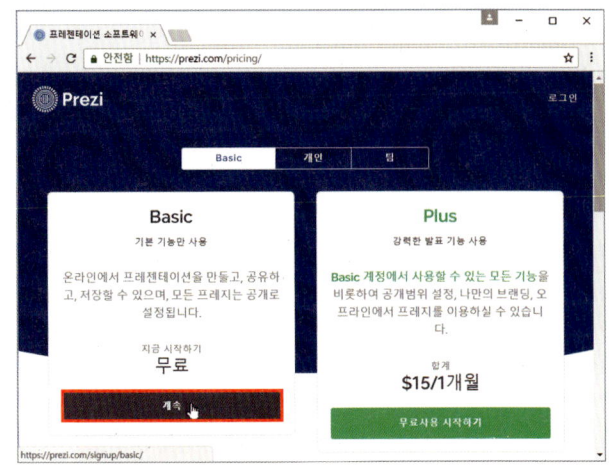

◆ 개인용 유료 계정

구분	Standard	Plus	Premium
무제한 프레젠테이션	○	○	○
공개 범위 설정	○	○	○
컨트롤 가능한 공유 링크	○	○	○
휴대용 프레젠테이션	–	○	○
동영상 업로드 저장공간	–	○	○
앱에서 프레지 오프라인 이용	–	○	○
발표자 노트	–	○	○
PDF로 내보내기	–	○	○
Prezi Analytics	–	–	○
고급 온라인 강의	–	–	○
전화 문의	–	–	○
사용료	연간 $60(14일무료)	연간 $180(14일무료)	연간 $708(14일무료)

3 베이직 계정 가입 페이지에서 이름, 성, 이메일, 비밀번호를 입력한 후 [무료 Basic 계정을 만들어 보세요] 단추를 클릭합니다. 입력한 이메일과 비밀번호가 로그인시 아이디와 비밀번호로 사용되므로 잘 기억해야 합니다.

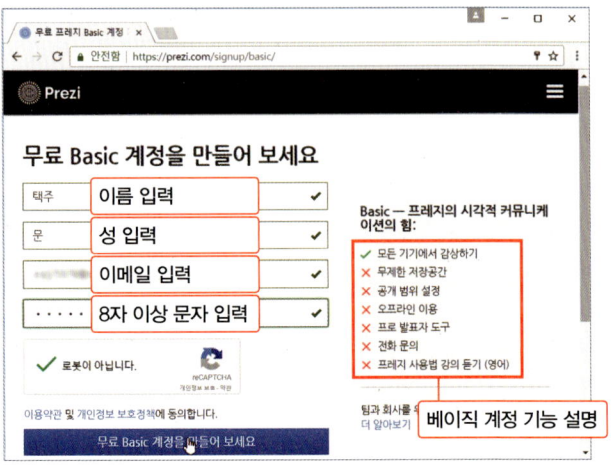

◆ 계정 가입 시 나타나는 화면

'로봇이 아닙니다'에 체크 표시하면 나타나는 창에서 요구하는 대로 체크한 후 계정에 가입하면 웹 해킹 방지용으로 프로그램을 통한 자동가입을 방지할 수 있습니다.

4 어떤 직업에 종사하는지 선택한 후 [다음] 단추를 클릭하면 Prezi Next 버전이 열립니다.

 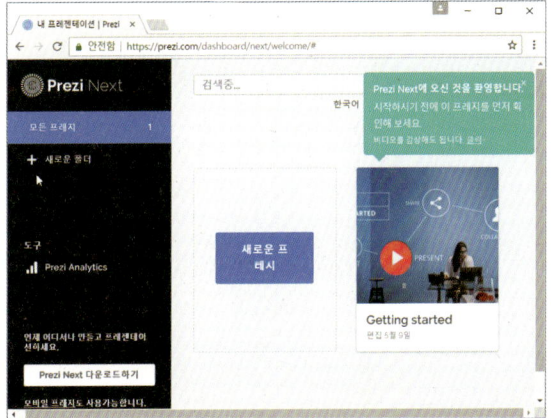

◆ 기존 프레지 아이디로 로그인할 경우

프레지(www.prezi.com)에서 [로그인]을 클릭하여 기존 프레지 아이디로 로그인하면 구 버전인 Prezi Classic이 열립니다. 왼쪽 상단의 Prezi Classic의 ∨를 클릭하면 새로운 Prezi Next 버전을 선택하거나 구 버전 Prezi Classic을 선택하여 사용할 수 있습니다. 새로 프레지에 가입한 사람은 Prezi Next 버전만 사용할 수 있습니다.

 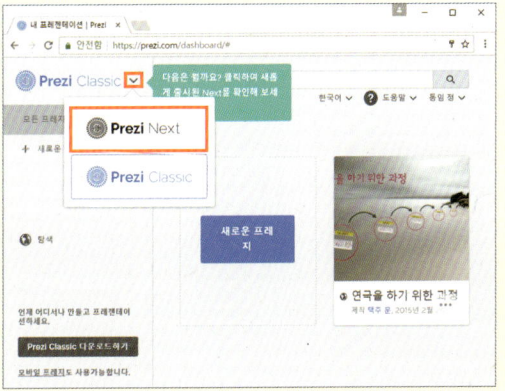

CHAPTER 11 :: 새로운 프레지 넥스트 버전에 대해서 알아볼까요?

STEP 2 ◆ 교육용 무료 계정 가입하기

1 프레지(www.prezi.com)에서 [시작하기] 단추를 클릭합니다.

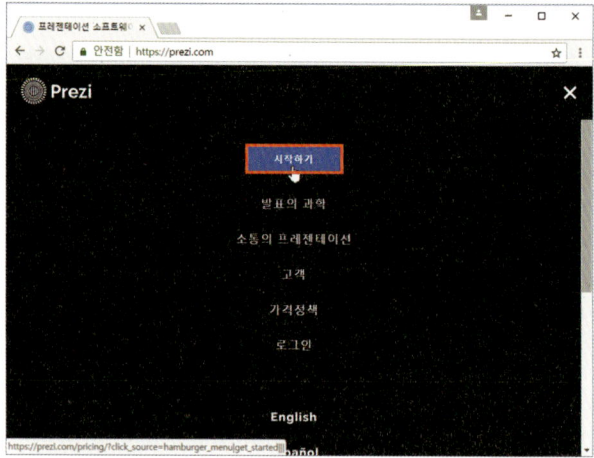

2 '학생 & 교사를 위한 라이센스'의 [더 알아보기]를 클릭합니다.

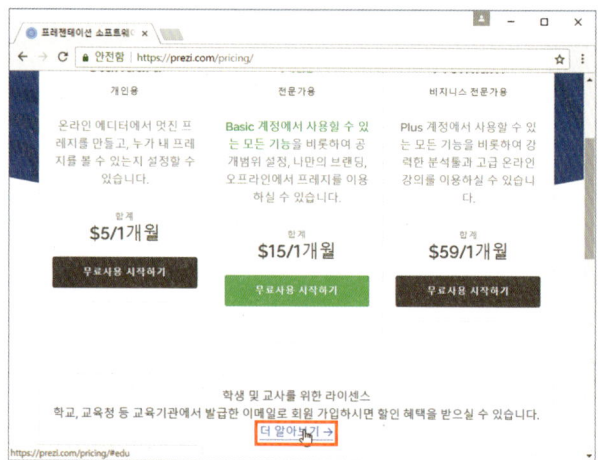

3 교육용 계정의 기능과 가격 정책을 확인한 후 'Edu Standard'의 [계속] 단추를 클릭합니다.

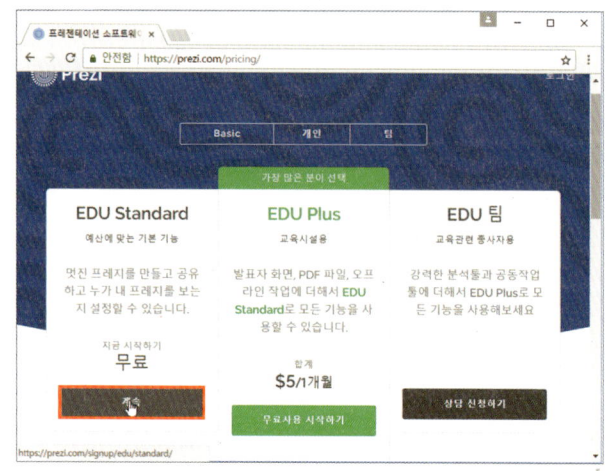

◆ 교육용 계정

구분	EDU Standard	EDU Plus	EDU 팀
무제한 프레젠테이션	○	○	○
공개 범위	○	○	○
컨트롤 가능한 공유 링크	○	○	○
휴대용 프레젠테이션	–	○	○
동영상 업로드 저장공간	–	○	○
앱에서 프레지 오프라인 이용	–	○	○
발표자 노트	–	○	○
PDF로 내보내기	–	○	○
Prezi Analytics	–	–	○
고급 온라인 강의	–	–	○
전화 문의	–	–	○
사용료	무료	연간 $60(14일무료)	20명이상 단체 별도문의

4 교육용 계정의 경우 학교 계정의 이메일을 입력한 후 [인증하기] 단추를 클릭합니다.

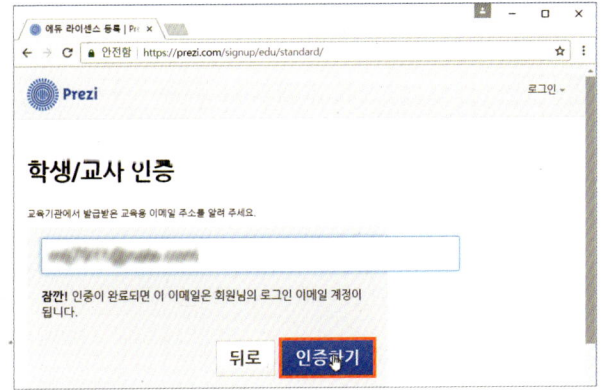

◆ 교육 계정 이메일

프레지에서는 학생이나 교사를 위해 교육용 계정을 제공하고 있습니다. 학교 계정으로 인증을 받으면 일반 계정보다 저렴하게 프레지를 사용할 수 있습니다. 하지만 교육용 이메일 계정을 제공하지 않는 학교도 많으므로, 교육 기관에서 제공하는 이메일을 사용하여 가입해야 합니다.

5 학교 이름, 시, 국가명, 학교 웹사이트 주소를 설정한 후 '위의 학교는 현재 소속된 학교'라고 체크 표시하고 [계속] 단추를 클릭합니다.

◆ 교육용 라이센스를 이용하시려면 소속되어 계신 교육 기관의 홈페이지 주소와 이메일 주소가 일치해야 된다고 주의 사항이 표시되었는데, 교육용 이메일을 사용할 경우 꼭 일치하지 않아도 가입이 됩니다.

6 교육용 계정 가입 창에 가입 절차를 완료하려면 이메일로 도착한 링크를 클릭하라는 메시지 창에 [Close] 단추를 클릭하여 창을 닫습니다.

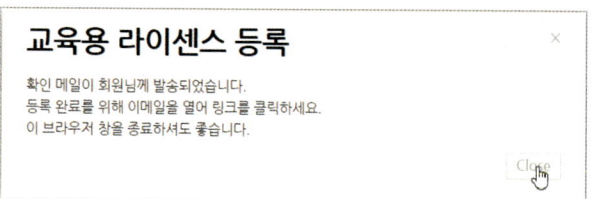

7 교육용 계정에 가입할 때 입력한 이메일 계정으로 접속한 후 프레지로부터 온 편지를 클릭합니다. 링크 주소 부분을 클릭합니다.

◆ 링크 주소는 3시간 동안만 활성화되므로, 3시간 이내에 인증을 마쳐야 합니다.

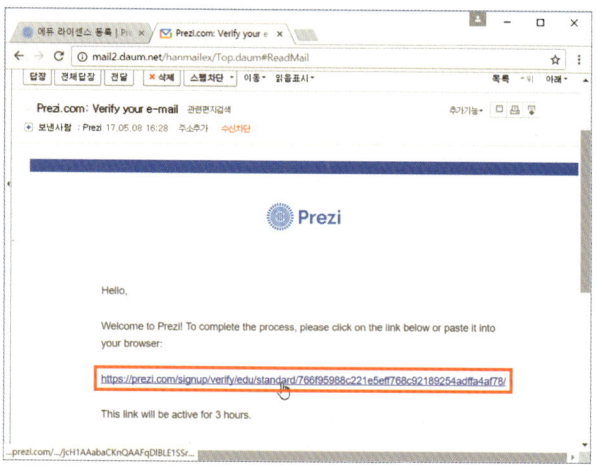

8 이름, 성, 비밀번호를 입력하고, '로봇이 아닙니다'에 체크하여 설정한 후 [무료 Edu Standard 계정을 만들어 보세요] 단추를 클릭합니다.

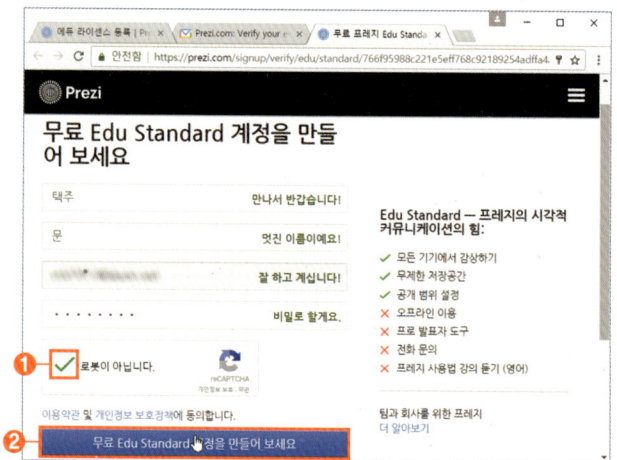

9 어떤 직업에 종사하는지 선택한 후 [다음] 단추를 클릭하면 일반 계정과 마찬가지로 새로 가입한 사람은 Prezi Next 버전만 열립니다.

STEP 3 ◆ 계정 설정 및 라이센스

1 프레지의 세부 설정을 변경하기 위해 화면 우측 상단의 접속자 이름 옆의 ∨를 클릭하고, [계정 설정]을 선택합니다.

> ◆ 프레지에서 로그아웃을 하지 않는 경우에는 PC를 재부팅해도 그대로 로그인되어 있어서 공공PC를 사용하는 경우에는 로그아웃을 습관화하는 것이 좋습니다. 우측 상단의 접속자 이름 옆의 ∨를 클릭하고, [로그아웃]을 선택합니다.

2 [모든 설정 보기] 탭에서는 프로필과 라이센스를 모두 확인하고, 변경할 수 있습니다. [프로필 편집]을 클릭합니다.

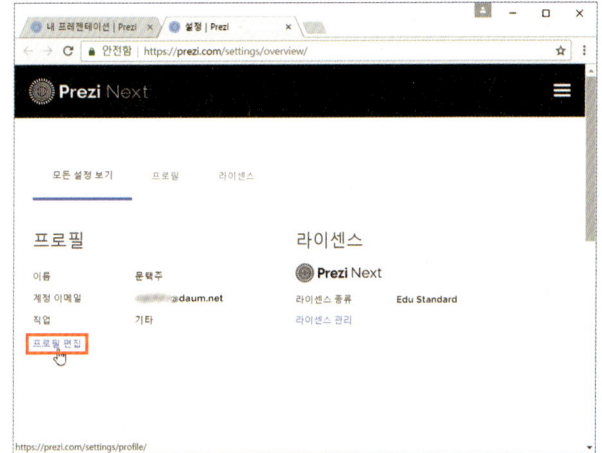

3 계정 정보에서 이메일, 이름, 분야, 직업을 수정할 수 있습니다.

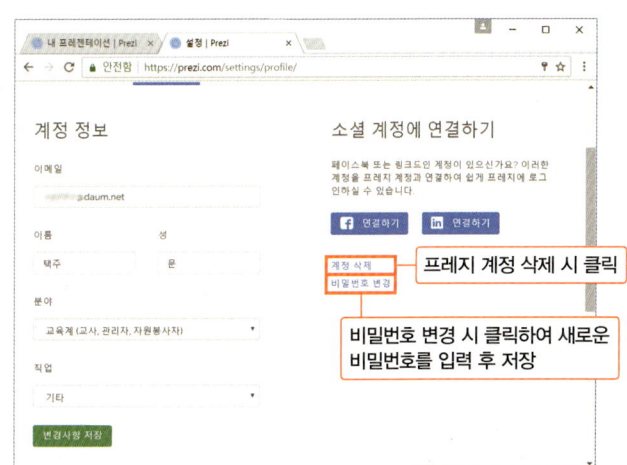

◆ **소셜 계정에 연결**

페이스북 또는 링크드인 계정이 있는 경우 계정을 프레지 계정과 연결하여 프레지를 로그인할 수 있습니다. [페이스북 연결하기] 또는 [링크드인 연결하기] 단추를 클릭한 후 해당 계정으로 로그인하여 프레지에 연결합니다.

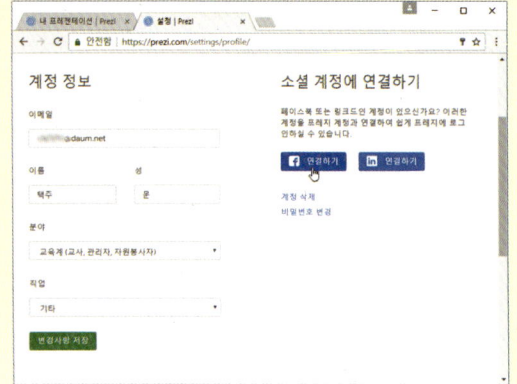
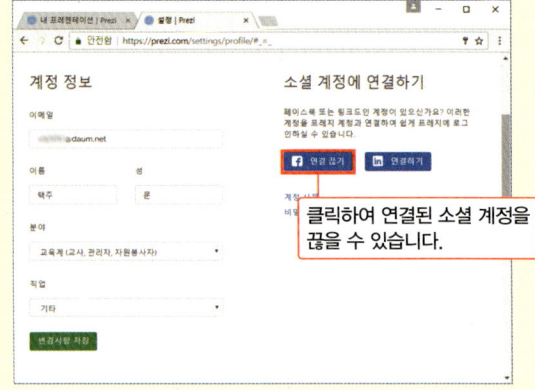

4 라이센스를 업그레이드하려면 [모든 설정 보기] 탭에서 [라이센스 관리]를 클릭합니다.

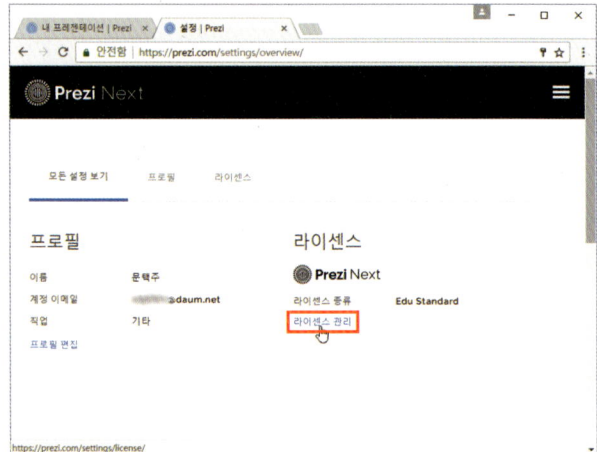

5 [라이센스] 탭이 열리고 현재 프레지 버전과 라이센스를 확인할 수 있습니다. [업그레이드] 단추를 클릭합니다.

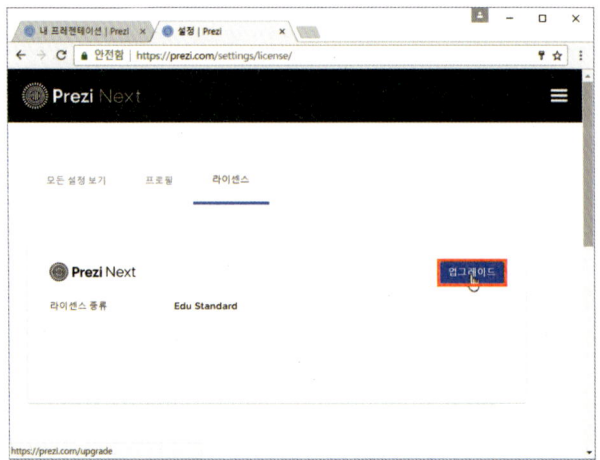

6 계정별 기능과 가격을 확인한 후 업그레이드 할 계정의 [라이센스 선택] 단추를 클릭합니다.

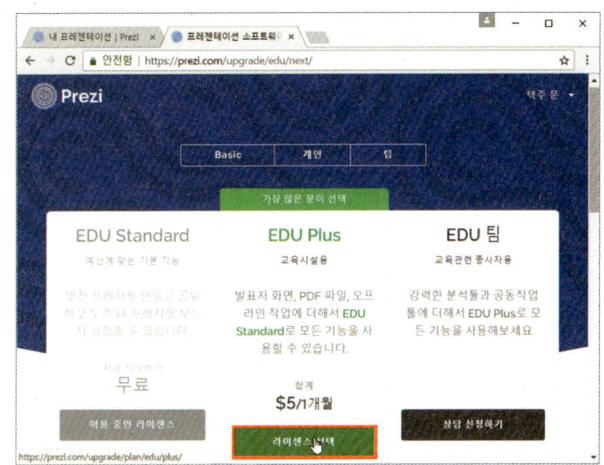

7 처음 가입했을 때처럼 '학생/교사 인증', 학교 등의 인증을 다시 거친 후 이메일 계정에 프레지로부터 온 편지의 링크 주소 부분을 클릭합니다. 업그레이드 계정을 유료로 가입하기 위해 신용카드 정보를 입력한 후 [지금 구매하기] 단추를 클릭하여 업그레이드를 진행합니다.

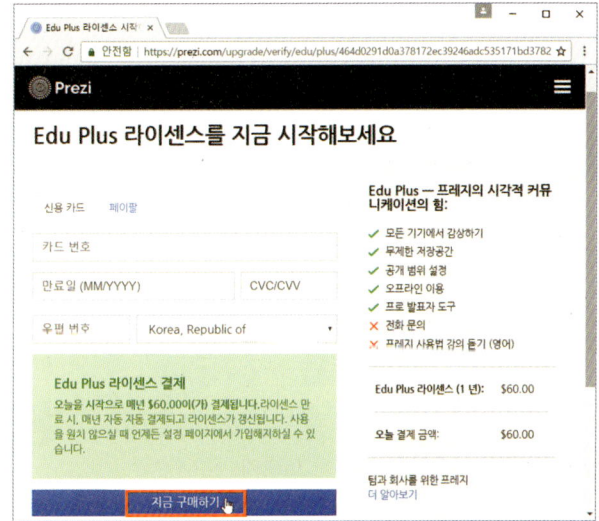

> ◆ **유료 버전을 무료 체험 기간 중 취소 방법**
> 유료 버전으로 업그레이드한 후 14일 무료 체험 기간 중, 업그레이드한 라이센스 사용을 원하지 않은 경우에는 [계정 설정]의 [라이센스] 탭에서 사용등록을 취소하면 사용요금이 청구되지 않습니다. 하지만 14일이 지나면 업그레이드한 계정 비용이 청구됩니다.

STEP 4 ◆ 프레지 새 기능 알아보기

1 프레지의 새 버전인 Prezi Next에서 새 프레지를 만들기 위해 [새로운 프레지] 단추를 클릭합니다.

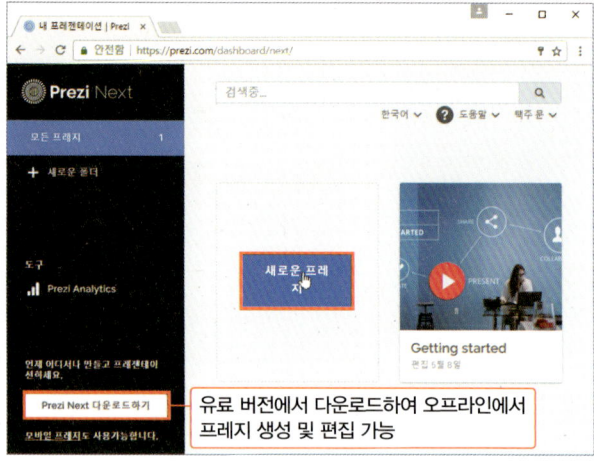

유료 버전에서 다운로드하여 오프라인에서 프레지 생성 및 편집 가능

2 왼쪽에 '템플릿 선택' 창이 나타납니다. 접속 시마다 새로운 템플릿이 계속 추가하여 제공되는데, 프레지를 제작하기 위해서 템플릿 하나를 선택합니다. 선택한 템플릿의 미리보기를 확인한 후 [이 템플릿 사용하기] 단추를 클릭합니다.

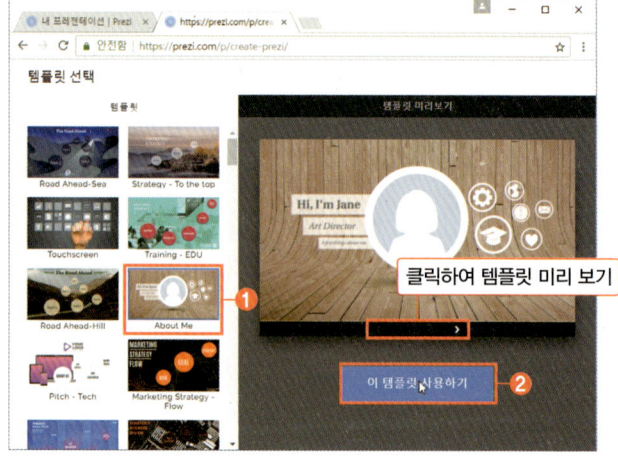

> ◆ 프레지는 다양한 템플릿을 제공하고 있고, 템플릿은 계속 업데이트되고 있습니다. 템플릿에 따라 여러가지 테마를 가지고 있으므로 테마를 바꾸려면 오른쪽 상단의 [배경 & 테마]를 클릭하여 원하는 템플릿을 선택하고 [템플릿 사용]을 클릭합니다.

3 오른쪽에 '배경' 창이 나타나는데, 배경 이미지 업로드, 테마 배경으로 되돌리기, 배경 이미지 삭제를 할 수 있습니다. 도구 모음 중 [배경 옵션] 단추를 클릭하여 배경 옵션을 숨깁니다.

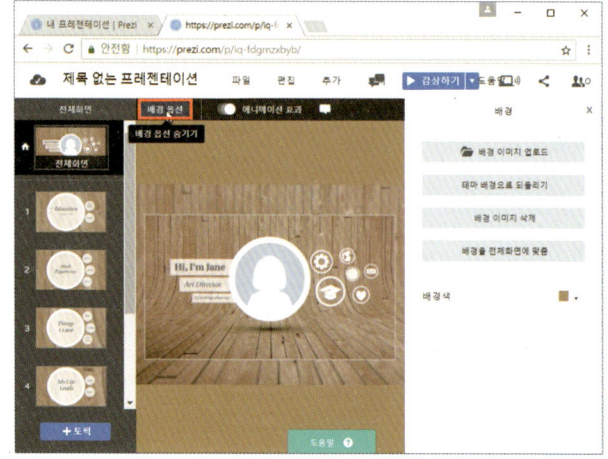

4 Prezi Next의 새 프레지 편집 화면입니다. 프레지를 구성하는 토픽 중 하나를 더블 클릭합니다.

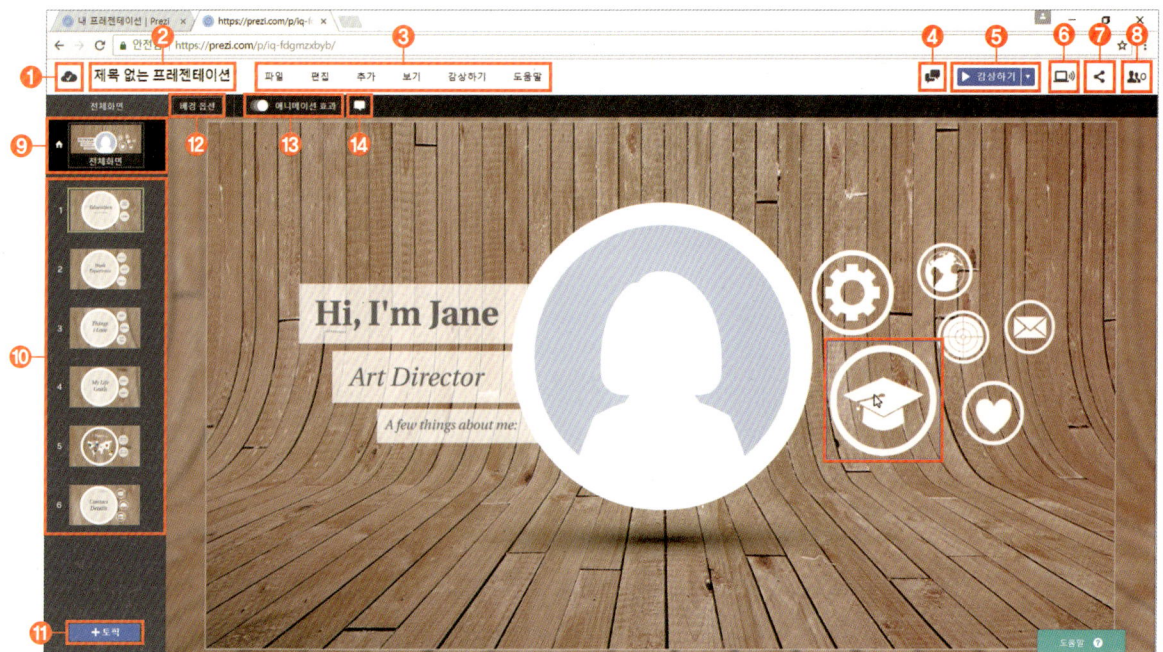

❶ 모든 변경사항 동기화

❷ 제목 변경

❸ 메뉴 : 프레지 만들 때 필요한 모든 명령이 모여 있는 곳

❹ 모든 코멘트 읽기

❺ 감상하기

❻ 라이브 프레지 : HD 고화질 프레젠테이션 링크(유료)

❼ 공유

❽ 공동 작업자 보기

❾ 전체화면

❿ 토픽 : 정보를 효과적으로 프레젠테이션에 배열

⓫ 토픽 추가 : 원형 또는 페이지 선택하여 추가

⓬ 배경 옵션 : 배경 옵션을 설정할 수 있는 창 보이기/숨기기

⓭ 애니메이션 효과 : 애니메이션 효과를 설정할 수 있는 창 보이기/숨기기

⓮ 코멘트 추가

5 토픽의 하위토픽이 열립니다. 하위토픽을 추가하고 편집할 수 있습니다. 다시 왼쪽 하단의 ■을 클릭하면 이전 화면으로 되돌아갑니다.

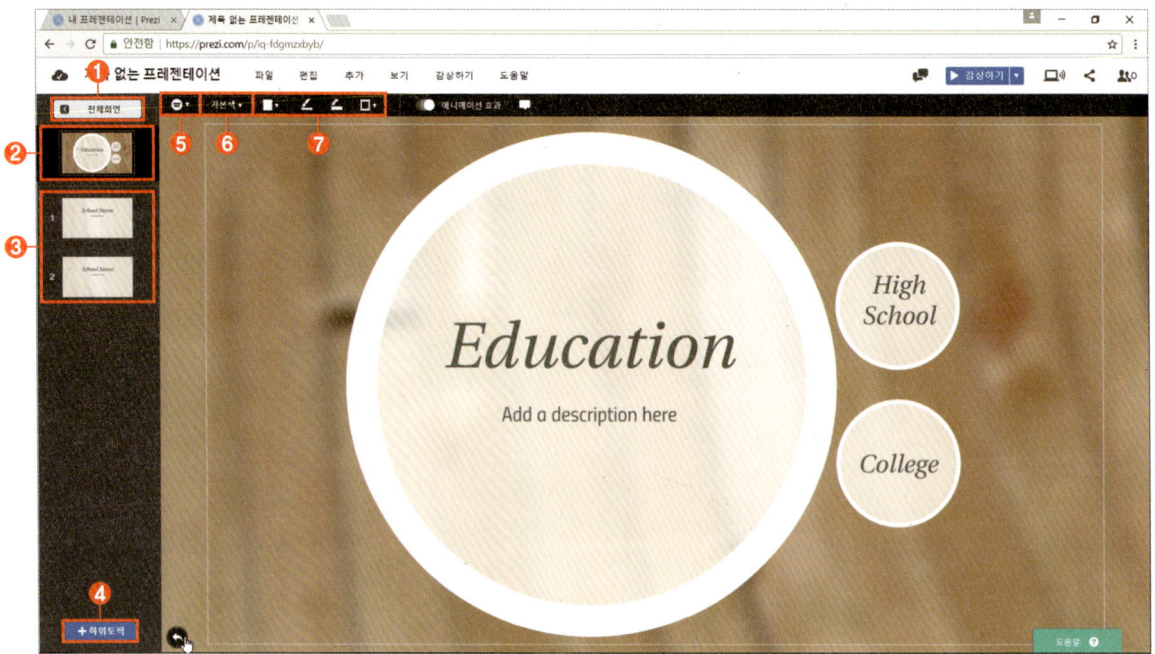

① 전체화면으로 이동
② 선택한 하위토픽 그룹
③ 하위토픽
④ 하위토픽 추가 : 원형 또는 페이지 선택하여 추가
⑤ 토픽 커버 설정 : 자동 또는 편집허용 선택하여 이미지와 텍스트를 활용하여 커버를 만듦
⑥ 토픽 & 하위토픽 색상 선택
⑦ 상황에 맞는 도구 모음(토픽이나 하위토픽, 커버 선택에 따라 도구 모음이 달라짐)

◆ **Prezi Classic(구 버전)과 Prezi Next(신 버전) 버전 차이점**

Prezi Classic

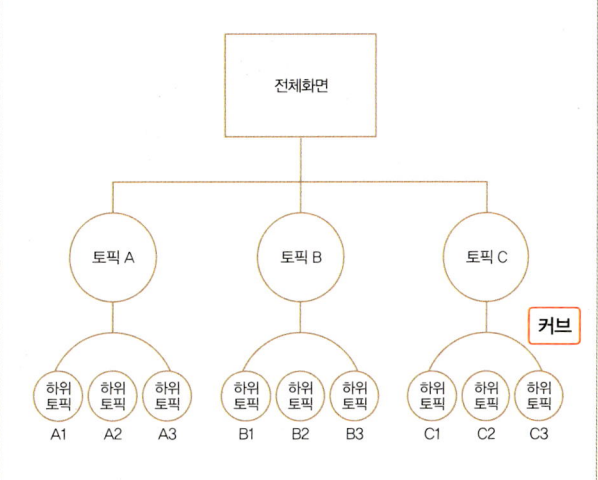

Prezi Next

프레지 클래식은 오브젝트들(텍스트, 이미지, 동영상, 프레임)이 패스로 연결된 구조입니다. 프레지 넥스트는 계층 구조처럼 전체 화면 아래 주제 중심의 토픽이 있고, 그 아래에 하위토픽들로 되어 있습니다. 클래식의 경우 패스로 하나로 연결되어 처음부터 끝까지 차례로 보여지는데, 넥스트는 전체화면에서는 토픽까지만 보이고, 토픽 부분을 선택하면 하위토픽을 줌인하여 보여줍니다. 하위토픽끼리는 커브로 연결되어 있습니다.

넥스트의 진행 순서는 다음과 같고, 홈페이지 같은 구조라 할 수 있습니다.
- 전체화면 → 토픽A → 하위토픽A1 → 하위토픽A2 → 하위토픽A3 → 전체화면 → 토픽B → 하위토픽B1 → 하위토픽B2 → 하위토픽B3 → 전체화면 → 토픽C → 하위토픽C1 → 하위토픽C2 → 하위토픽C3 → 전체화면

넥스트는 원하는 바를 주제로 제시하고, 하위토픽에서 설명하면서 대답하는 방식의 대화형 프레젠테이션이라 할 수 있습니다.

: 학습정리 :

❶ 프레지(www.prezi.com)에 접속하여 사용 기능에 따라 무료 또는 유료 계정을 선택하여 가입할 수 있고, 학생이나 교육자의 경우 교육용 계정을 선택하여 저렴하게 사용할 수 있습니다.

❷ 프레지는 클래식과 넥스트 두 버전으로 되어 있습니다. 기존 가입자의 경우 두 버전을 모두 사용할 수 있으나 새로 가입한 경우에는 넥스트 버전만 사용할 수 있습니다. 현재 넥스트 버전은 크롬(◉)브라우저에서는 편집이 가능하나 인터넷 익스플로러(◉) 브라우저에서는 편집할 수 없으므로 크롬(◉)브라우저를 사용해야 합니다.

❸ 프레지 클래식 버전은 오브젝트들이 하나의 패스로 연결된 구조이고, 프레지 넥스트 버전은 계층 구조처럼 전체화면 아래에 주요 토픽이 있고, 그 아래 하위토픽들이 커버로 연결된 구조입니다.

❹ 프레지 계정을 수정하려면 우측 상단의 접속자 이름 옆의 ∨를 클릭하고, [계정 설정]에서 프로필 편집과 라이센스 관리를 통해 계정을 삭제하거나 라이센스 업그레이드도 할 수 있습니다.

❺ Prezi Next에서 새 프레지를 만들기 위해 [새로운 프레지] 단추를 클릭하여 템플릿을 선택하여 생성합니다. 토픽을 추가하고, 해당 토픽에 하위토픽을 추가할 수 있습니다.

: 퀴즈 및 실습 문제 :

01 내가 만든 모든 프레지가 공개되는 무료 계정은 어느 것인가요? (   )

① Standard   ② Plus
③ Basic   ④ Edu Standard

02 다음 중 프레지 넥스트의 특징이라 할 수 <u>없는</u> 것은 어느 것인가요? (   )

① 오브젝트가 패스로 연결되어 있습니다.
② 하위토픽이 커브로 연결되어 있습니다.
③ 전체화면, 토픽, 하위토픽이 계층 구조처럼 되어 있습니다.
④ 주제에서 질문하고, 하위토픽에서 대답하는 대화형 프레젠테이션으로 되어 있습니다.

03 다음 중 토픽을 추가하려면 어디를 클릭해야 하나요? (   )

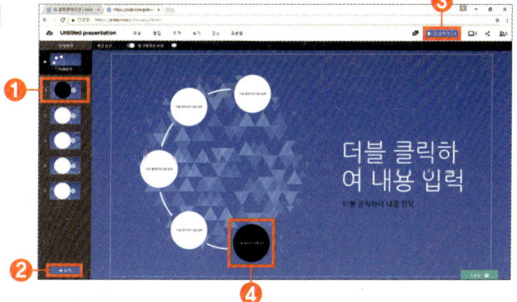

04 프레지 넥스트에서 'Timeline' 템플릿을 추가한 후 토픽7을 '2017'로, 하위토픽은 'The Present'로 변경하세요.

풀이   01 ③   02 ①   03 ②
       04 ① 프레지 넥스트에서 [새로운 프레지] 단추를 클릭한 후 [템플릿] 창에서 [Timeline]을 선택합니다.   ② 프레지 편집 창에서 토픽7을 '2017'로 변경한 후 더블 클릭합니다.   ③ 하위토픽 화면이 열리면 'The Present'로 하위토픽을 변경합니다.

학교소개 발표자료를 1~2시간 만에 멋지게 만들 수 있나요?

학습 방향
프레지 넥스트에서는 다양한 템플릿을 제공하고 있고, 템플릿은 계속 업데이트되고 있습니다. 템플릿을 미리보기로 확인한 후 사용자가 발표하고자 하는 주제와 부합하는 템플릿을 선택하여 토픽, 하위토픽, 페이지를 구성하여 프레지 발표 자료를 쉽게 만들어 보겠습니다.

학습 목표
- 새 프레지를 생성하고 주제에 맞는 템플릿을 선택할 수 있습니다.
- 토픽, 하위토픽, 페이지를 추가하고, 삭제하여 구성할 수 있습니다.
- 주제를 설명할 수 있게 이미지, 아이콘 & 심볼, 동영상 등을 추가할 수 있습니다.

소스파일 로고.png, 교화.png, 교목.png | **웹 주소** https://prezi.com/view/egLCuE3dwR4BG5A90F69

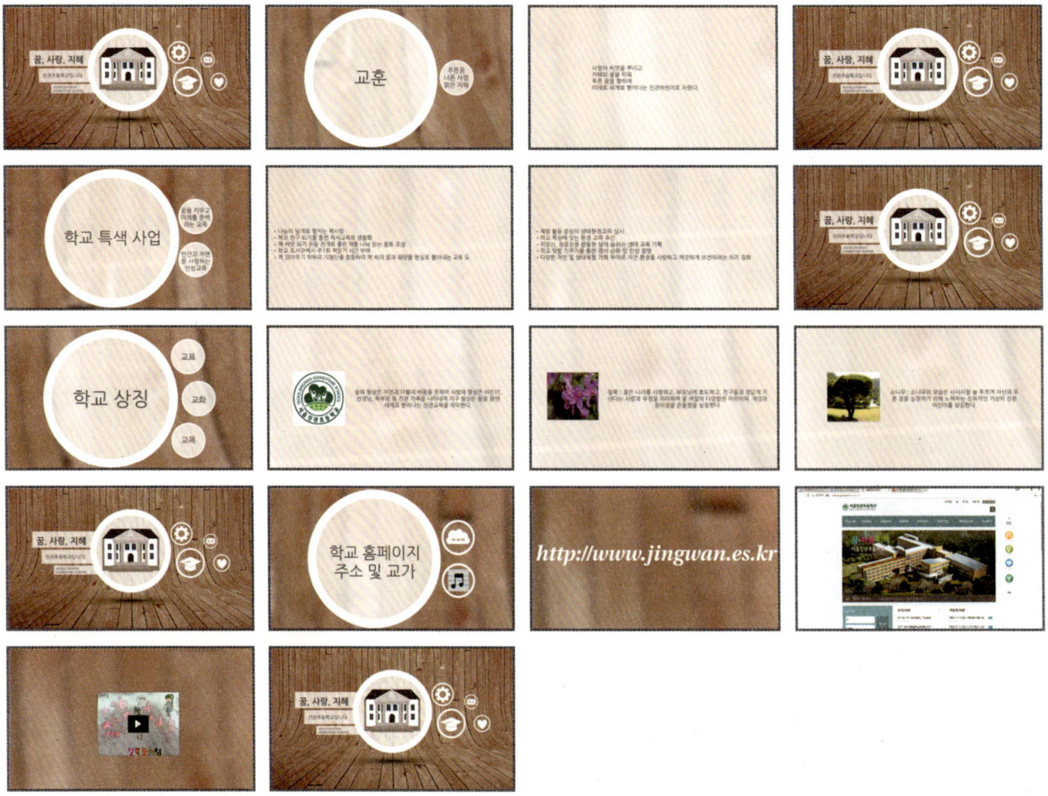

미리보기

| STEP 1 | 텍스트 수정하고, 이미지 추가하기 | |

텍스트 수정하기

1 제목 부분을 클릭하고, '학교소개'라고 입력한 후 [확인] 단추를 클릭합니다.

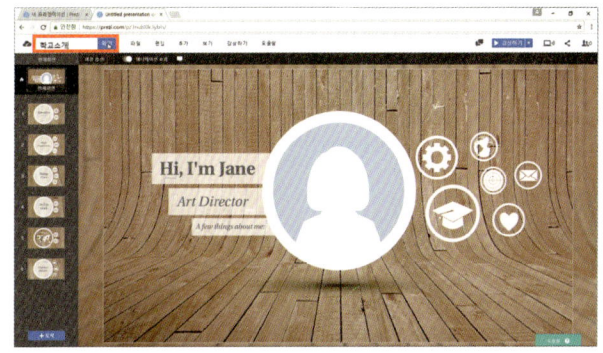

2 'Hi, I'm Jane'의 텍스트 상자를 선택한 후 '꿈, 사랑, 지혜'라고 입력한 후 Space Bar 를 누릅니다.

> 텍스트를 한국어로 입력할 때 현재 오류로 마지막 글자가 나타나지 않기 때문에 Space Bar 를 눌러 주어야 합니다.

3 텍스트 상자를 선택하면 상단에 도구 모음이 나타납니다. 그 중 [크기 줄이기(A-)]를 클릭하여 텍스트를 줄여줍니다.

4 같은 방법으로 아래 텍스트 상자도 선택하여 '진관초등학교입니다', 'SEOUL JINGWAN ELEMENTARY SCHOOL'로 수정한 후 텍스트 크기를 줄여줍니다.

아이콘 & 심볼 추가하기

1 가운데 이미지를 선택한 후 Delete 를 눌러 삭제합니다. 원 모양과 겹쳐있기 때문에 이미지를 잘 선택해서 삭제해야 합니다.

2 원 모양을 선택한 후 상단의 도구 모음 중 [색 채우기(■)]를 클릭하고, 기본 색상 중 흰색을 선택하고 투명도의 슬라이드를 드래그하여 투명도를 설정합니다.

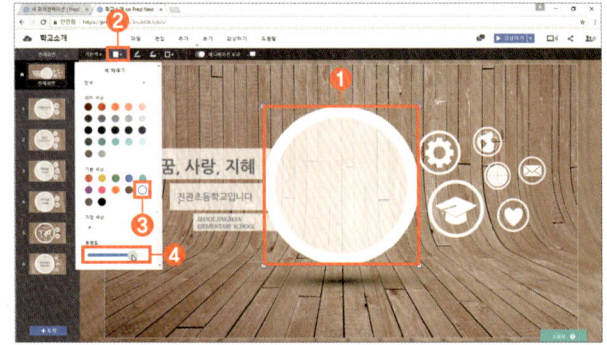

> ◆ 프레지 넥스트에서는 어떤 오브젝트를 선택하냐에 따라 도구 모음이 달라집니다. 텍스트를 선택했을 때와 원 모양을 선택했을 때 다른 도구 모음이 나타남을 알 수 있습니다.

3 프레지에서 제공하는 아이콘이나 심볼을 추가하기 위해 메뉴에서 [추가] - [아이콘 & 심볼]을 클릭합니다.

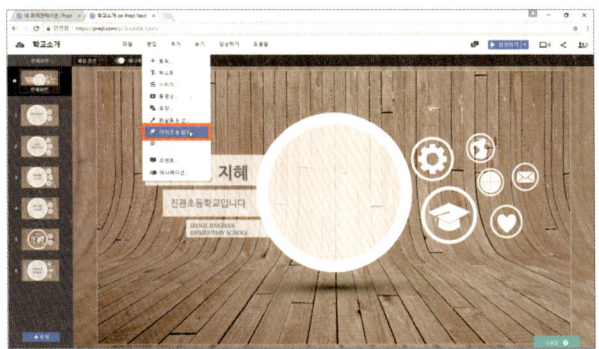

4 '아이콘 & 심볼' 창에서 [For light prezis]를 선택합니다.

5 검색어 창에 'school'이라고 입력한 후 검색하면 관련된 이미지가 검색됩니다. 그 중 하나를 더블 클릭합니다.

6 이미지가 프레지 편집 창에 나타나면 드래그하여 알맞은 곳에 위치시킨 후 크기 조절점을 드래그하여 크기를 조절합니다. ✖를 클릭하여 창을 닫습니다.

STEP 2 ◆ 토픽, 하위토픽, 페이지

1 왼쪽의 토픽 창에서 토픽1을 클릭합니다.

> ◆ **토픽 추가**
> 토픽을 추가하려면 토픽 창 아래쪽의 [토픽] 단추를 클릭하여 하위토픽의 종류 중 원형 또는 페이지를 선택하여 추가합니다.

2 하위토픽이 열리면 프레지 편집 창에서 원형 안의 텍스트 상자를 각각 선택하여 다음처럼 텍스트를 입력합니다. 텍스트 상자 위로 마우스 포인터를 가져갔을 때 ◀▶ 모양이 나타나면 드래그하여 텍스트 상자를 원 크기보다 작게 조정합니다.

3 필요없는 원 모양을 선택한 후 **Delete** 를 누르거나 마우스 오른쪽 단추를 눌러 [삭제]를 클릭하여 삭제합니다.

4 왼쪽의 하위토픽 창에서 하위토픽1을 클릭합니다.

5 불필요한 텍스트 상자는 삭제한 후 아래쪽 텍스트 상자를 선택하여 다음처럼 텍스트를 수정합니다. 텍스트 상자를 선택한 후 도구 모음에서 [텍스트 정렬(☰▼)]-[왼쪽 정렬(☰)]를 클릭하여 정렬합니다.

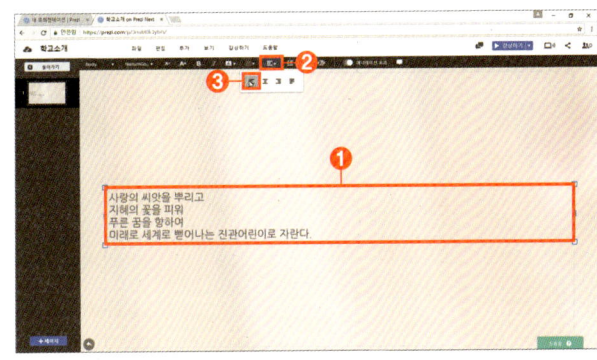

6 텍스트 상자 크기를 줄이고, 드래그하여 다음처럼 화면의 가운데쪽으로 이동하면 노란색의 가이드라인이 보이는데 맞춰서 정렬합니다.

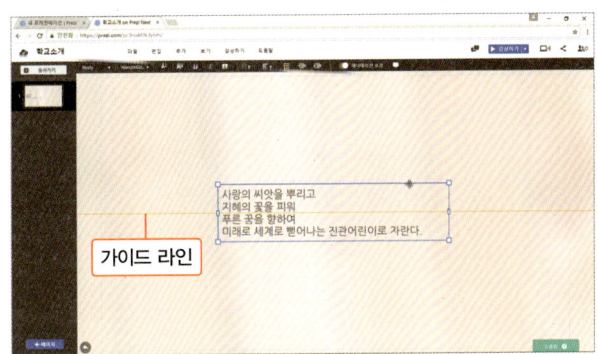

7 [돌아가기] 단추를 눌러 하위토픽 화면으로 이동하고, [전체화면] 단추를 클릭하여 전체화면으로 되돌아갑니다.

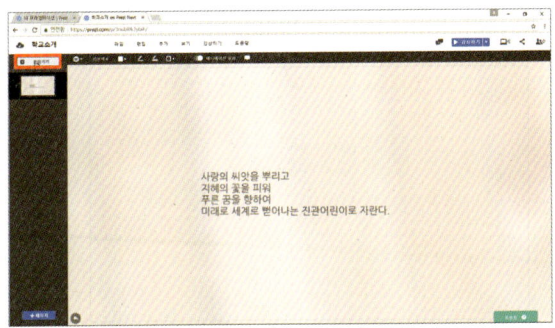 

8 왼쪽 토픽 창에서 토픽2를 클릭합니다.

9 프레지 편집 창에서 각각의 텍스트 상자를 클릭하여 텍스트를 수정한 후 왼쪽의 하위토픽 창에서 하위토픽1을 클릭합니다.

10 불필요한 텍스트 상자는 삭제한 후 아래쪽 텍스트 상자의 텍스트를 다음처럼 수정합니다. 도구 모음에서 [글머리 기호(☰)]를 클릭하면 글머리 기호가 나타납니다. [돌아가기] 단추를 클릭하여 하위토픽2를 클릭하여 같은 방법으로 페이지에 텍스트를 추가합니다.

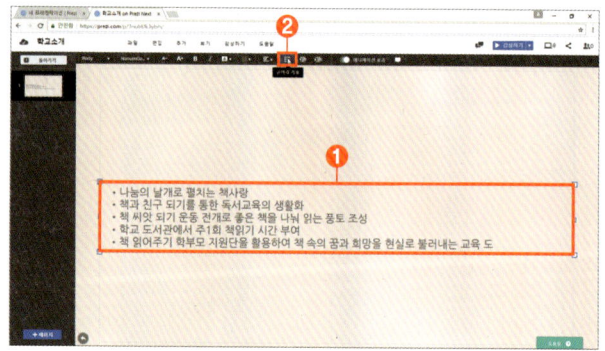

하위토픽과 페이지 추가

하위토픽 추가

왼쪽 하위토픽 창 아래에서 [하위토픽] 단추 – [원형]을 선택하면 원형의 하위토픽이 추가되고 [하위토픽] 단추 – [페이지]를 선택하면 페이지로 하위토픽이 추가됩니다.

원형

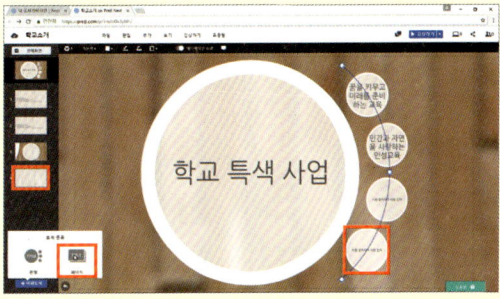
페이지

페이지 추가

왼쪽 페이지 창 아래의 [페이지] 단추를 클릭하면 새로운 페이지가 추가됩니다.

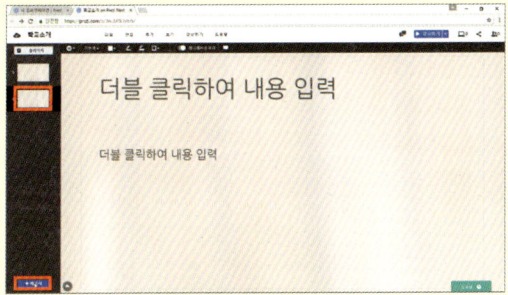

STEP 3 ◆ 이미지 추가하기

1 전체화면에서 토픽3을 클릭하여 다음처럼 텍스트를 각각 수정합니다. 왼쪽 하위토픽 창에서 하위토픽1을 클릭합니다.

2 불필요한 텍스트 상자는 삭제하고, 텍스트 상자에 다음처럼 입력한 후 이미지를 추가하기 위해 메뉴에서 [추가] – [이미지]를 클릭합니다.

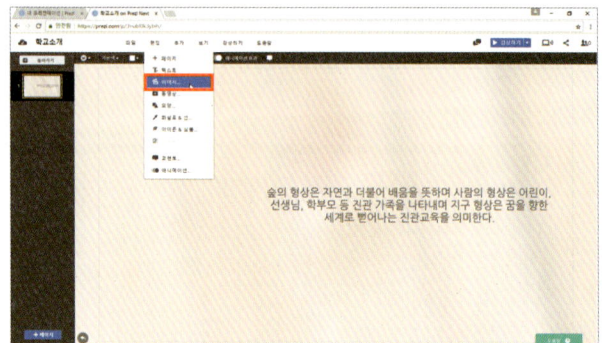

3 [열기] 대화 상자에서 '소스파일₩로고.png'를 선택한 후 [열기] 단추를 클릭합니다.

4 이미지가 추가되면 드래그하여 다음처럼 위치시킵니다.

♦ **이미지 변경하기**

변경할 이미지를 선택한 후 [이미지 변경] 단추를 클릭하면 [열기] 대화상자가 나타나는데, 변경할 이미지를 선택하여 변경합니다.

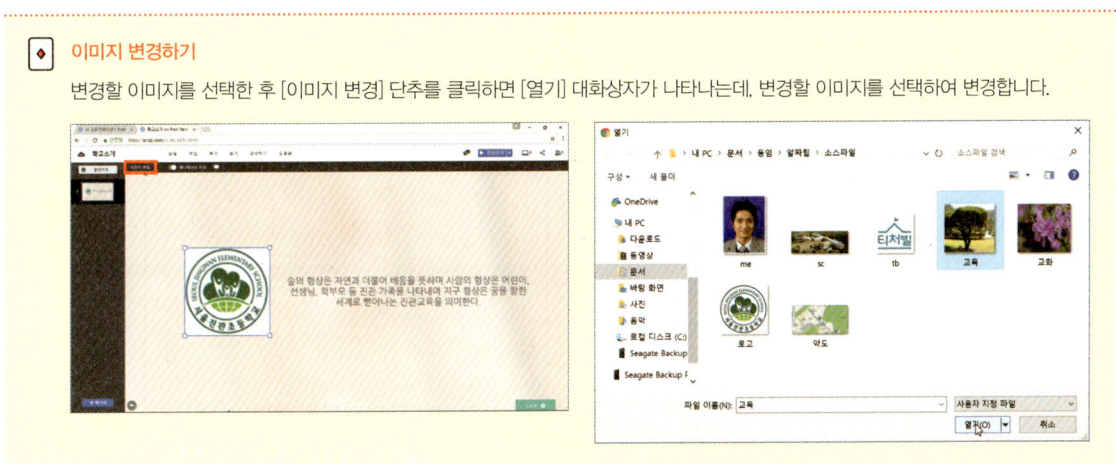

5 같은 방법으로 하위토픽2, 3도 선택하여 페이지에 '소스파일₩교화.png, 교목.png'를 각각 삽입하고 텍스트도 변경합니다.

STEP 4 ◆ 링크 주소와 동영상 추가하기

링크 주소 추가하기

1 전체화면의 왼쪽의 토픽 창에서 삭제할 토픽4 위에서 마우스 오른쪽 단추를 눌러 [삭제]를 클릭하여 삭제합니다. 같은 방법으로 토픽5도 삭제합니다. 토픽을 드래그하여 위치를 설정한 후 토픽 창에서 토픽4를 클릭합니다.

2 텍스트 상자에 '학교 홈페이지 주소 및 교가'를 입력하고, 하위토픽1을 삭제합니다. 다시 하위토픽1을 클릭합니다.

3 진관초등학교 홈페이지 주소를 입력합니다. 링크 주소를 입력할 때는 반드시 'http://'부터 입력해야만 감상할 때 해당 링크로 접속할 수 있습니다. [돌아가기] 단추를 클릭합니다.

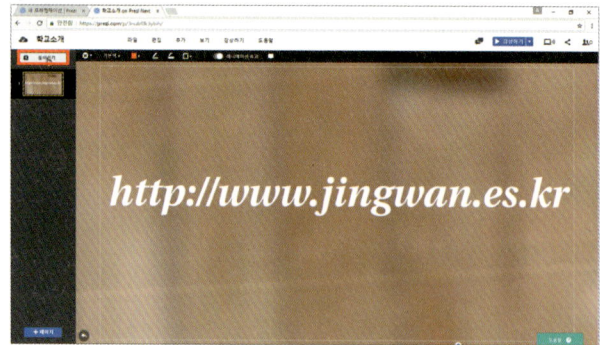

동영상 추가하기

1 하위토픽2의 아이콘을 선택하고 Delete 를 누르거나 마우스 오른쪽 단추를 클릭하여 [삭제]를 클릭합니다.

2 메뉴 중 [추가] – [아이콘 & 심볼]을 클릭합니다.

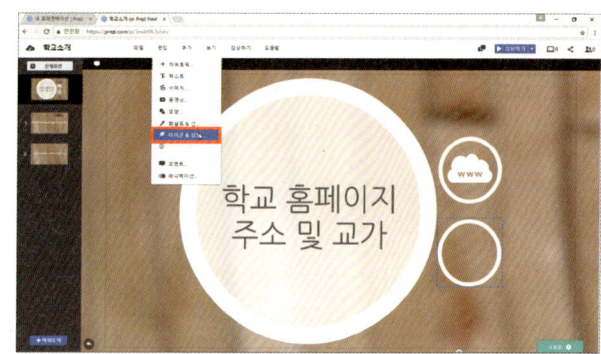

3 아이콘&심볼 창에서 [For light prezis]를 선택한 후 추가할 아이콘을 더블 클릭하여 추가한 후 ❌를 클릭하여 창을 닫습니다.

4 하위토픽 창에서 하위토픽2를 선택합니다.

5 텍스트 상자를 선택하여 Delete 를 누르거나 마우스 오른쪽 단추를 클릭하여 [삭제]를 클릭합니다.

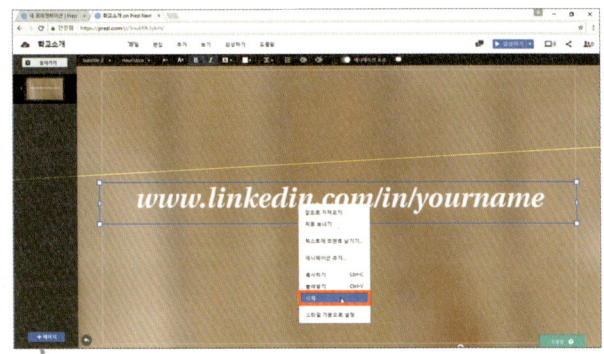

6 메뉴에서 [추가]-[동영상]을 클릭합니다.

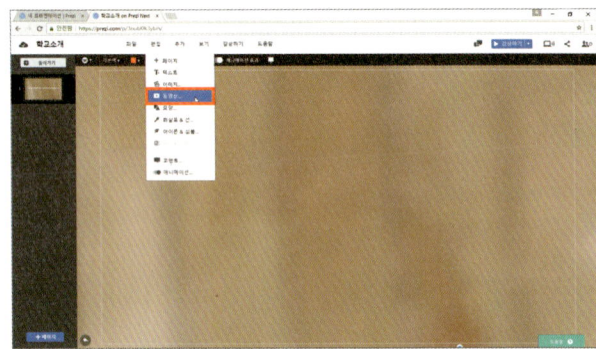

7 동영상 창의 '유튜브 추가'에 진관초등학교 교가에 해당하는 공유 주소를 추가한 후 [추가] 단추를 클릭합니다.

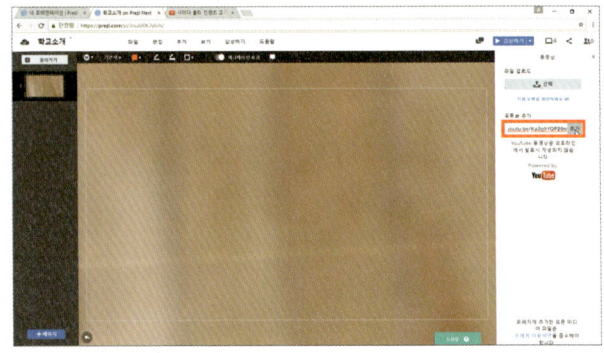

> **유튜브 공유 주소 복사하기**
>
> 유튜브 영상의 공유 주소를 복사하려면 검색어 창에 검색어를 입력하여 검색한 후 해당 영상 아래 [공유]를 클릭합니다. 공유 주소를 블록 지정하고 마우스 오른쪽 단추를 눌러 [복사]를 클릭한 후 프레지 동영상 창의 '유튜브 추가'의 링크 주소 입력 부분에 마우스 오른쪽 단추를 눌러 [붙여넣기]를 하여 주소를 붙여넣기합니다.

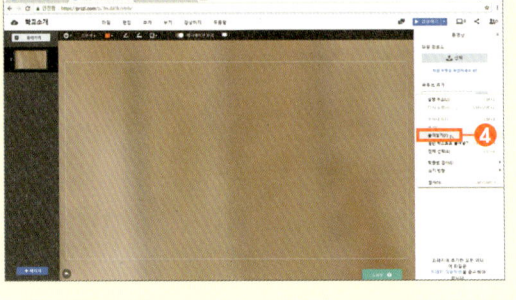

8 유튜브 동영상이 추가됩니다.

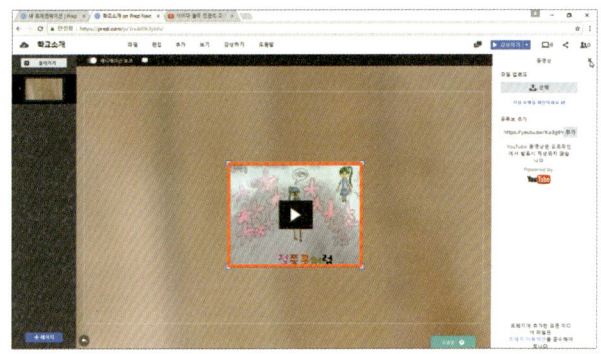

9 전체화면으로 되돌아온 후 [감상하기] 단추를 클릭합니다. Space Bar 를 눌러 다음 페이지로 이동하여 감상한 후 링크 주소가 나오면 클릭하여 해당 웹 페이지를 확인하고, 유튜브 영상이 나오면 클릭하여 감상합니다. 프레지 감상을 종료하려면 Esc 를 누릅니다.

학습정리

① 프레지 넥스트 버전에서 [새로운 프레지] 단추를 클릭한 후 원하는 템플릿을 선택하여 새 프레지를 생성합니다.

② 프레지 넥스트는 토픽, 하위토픽, 페이지로 구성되어 있습니다.

③ 프레지 넥스트에서 토픽을 추가하려면 토픽 창 아래의 [토픽] 단추를 클릭하여 [원형] 또는 [페이지]를 선택하여 하위토픽을 추가합니다.

④ 프레지 넥스트 하위토픽 화면에서는 [하위토픽] 단추를 클릭하여 [원형] 또는 [페이지]를 선택하여 추가할 수 있고, 페이지 화면에서는 [페이지] 단추를 클릭하여 페이지를 추가합니다.

⑤ 프레지 넥스트에서는 선택한 오브젝트에 따라 도구 모음이 달라집니다.

⑥ 프레지 넥스트 메뉴에서 [추가]를 클릭하여 [이미지], [동영상], [아이콘 & 심볼]을 선택하여 각각의 오브젝트를 추가할 수 있습니다.

⑦ 프레지 넥스트에서 하이퍼링크가 연결되도록 링크 주소를 입력하려면 반드시 'http://'부터 링크 주소를 입력해야 합니다.

⑧ 프레지 단축키
- `Ctrl`+`Alt`+드래그 코너(윈도우 10) : 오브젝트 또는 토픽 회전
- `Ctrl`+드래그 코너 : 중앙 점에서 오브젝트 또는 토픽의 크기를 조정
- `Shift`+드래그 : 드래그 범위 안의 여러 개체를 선택
- `Shift`+클릭 : 여러 개체 선택
- `Shift`+키보드 화살표 : 선택 이동
- `Ctrl`+`A` : 모두 선택
- `Ctrl`+`C` : 복사
- `Ctrl`+`X` : 잘라 내기
- `Ctrl`+`V` : 붙여 넣기
- `Ctrl`+`P` : 감상하기
- `Ctrl`+`Back Space` : 삭제

퀴즈 및 실습 문제

01 프레지 구성 중 가장 하위 개념은 무엇인가요? (   )

① 오브젝트   ② 토픽   ③ 하위토픽   ④ 페이지

02 다음 중 프레지 넥스트에서 추가할 수 <u>없는</u> 것은 어느 것인가요? (   )

① 텍스트   ② 이미지
③ 배경음악   ④ 동영상

03 다음 중 토픽을 추가하려면 어디를 클릭해야 하나요? (   )

04 프레지 넥스트에서 'Globe' 템플릿을 추가한 후 지구 이미지를 '소스파일\지구.png'로 변경하세요.(웹 주소 – https://prezi.com/view/BHMEB1m119wuiGtwY5Jy)

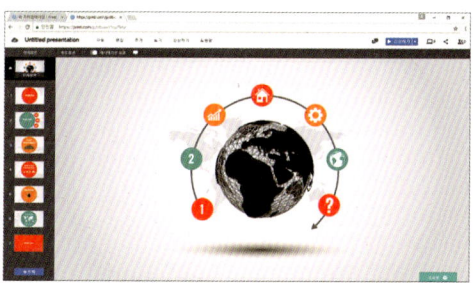 

풀이 01 ④   02 ③   03 ②

04 ① 프레지 넥스트에서 [새로운 프레지] 단추를 클릭한 후 [템플릿] 창에서 [Globe]을 선택합니다. ② 프레지 편집 창에서 가운데 지구 이미지를 선택한 후 상단의 [이미지 변경] 단추를 클릭합니다. ③ [열기] 대화 상자에서 '소스파일\지구.png'를 불러와 이미지를 변경합니다.

PART

매년 관리해야 할 학생들과 학부모들이 달라지므로, 그룹별로 체계적으로 관리하는 것이 중요합니다. 네이버 주소록 앱을 사용하면 스마트폰이 바뀔 때마다 연락처를 다운받았다가 옮기는 번거로움 없이 네이버 주소록에 로그인하고, 백업만으로 바로 연락처를 가져오고 내보내기 할 수 있어서 편리합니다. 실수로 스마트폰의 연락처를 삭제했다고 해도 네이버 주소록에 저장되어 있어서 잃어버릴 염려가 없습니다. 네이버 주소록에서 연락처를 그룹별로 관리하는 방법, 네이버 클라우드와 PC를 동기화하여 바로 찍은 사진을 PC에서 보는 방법과 우리 반 학생들과 찍은 사진을 바로 공유하고 댓글로 의견을 주고받는 방법까지 알아보겠습니다. 수업할 때 PC의 동영상과 음악을 곰리모트 앱을 설치한 스마트폰에서 제어하면 PC까지 선생님들께서 가셔서 동영상이나 음악을 끄거나 재생하시지 않으셔도 됩니다. 스마트폰의 버튼 조작만으로 동영상이나 음악을 끄고 켤 수 있는 편리한 기능에 대해서도 알아보겠습니다.

4

학생/
학부모 관리

학생/학부모님 관리를 스마트폰으로 쉽고 체계적으로 할 수 없나요?

학습 방향

네이버 주소록을 사용하면 폰의 연락처를 안전하게 보관할 수 있고, 연락처가 웹과 폰에서 실시간으로 동기화되어 한 곳에서만 그룹을 만들고, 연락처를 추가, 삭제해도 웹과 폰 양쪽에 적용되어 편리합니다. 같은 그룹의 사람들에게 동일한 메일이나 메시지를 한꺼번에 보낼 수 있고, 네이버 주소록의 중복된 연락처나 불필요한 연락처를 정리하고 관리할 수 있습니다.

학습 목표

- 네이버 주소록 앱을 설치하고 실행할 수 있습니다.
- 네이버 주소록 앱에서 연락처를 자동으로 내보내고 가져오기할 수 있습니다.
- 네이버 주소록 앱에서 중복 연락처와 불필요한 연락처를 정리할 수 있습니다.
- 웹의 네이버 주소록에서 그룹을 만들고, 연락처를 그룹별로 관리할 수 있습니다.

미리보기

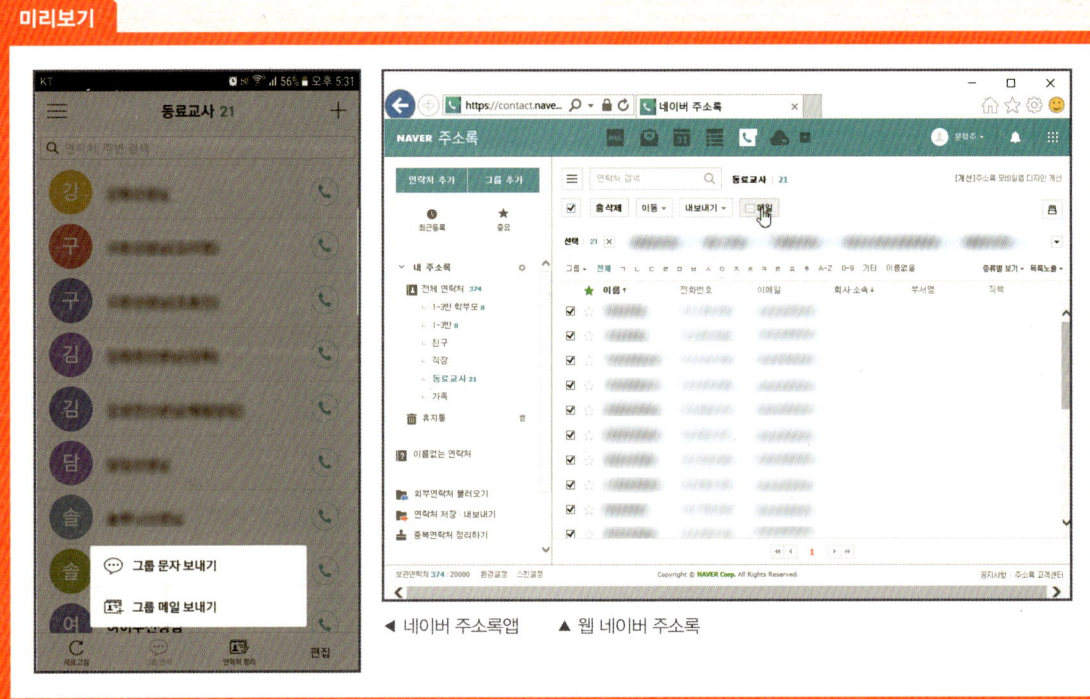

◀ 네이버 주소록앱　　▲ 웹 네이버 주소록

| STEP 1 | 네이버 주소록 설치하고 내 폰과 동기화하기 |

1 스마트폰의 홈 화면에서 Play 스토어(▶) 앱을 탭하여 실행한 후 'Google Play' 검색창에 '네이버주소록'이라고 입력하면 검색된 목록 중 [네이버 주소록&다이얼]을 터치합니다. 네이버 주소록을 설치하기 위해 [설치] 단추를 탭합니다.

◆ 스마트폰에 따라 [설치] 단추를 탭했을 때 사용 동의 창이 표시되는 경우 [동의] 단추를 탭하여 설치를 진행합니다.

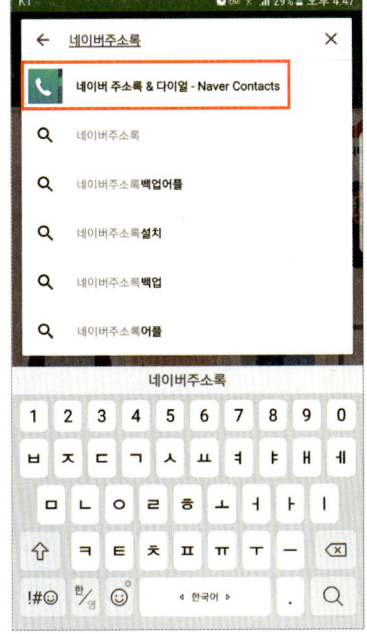

2 설치될 때까지 기다린 후 설치가 완료되면 [열기] 단추를 탭합니다.

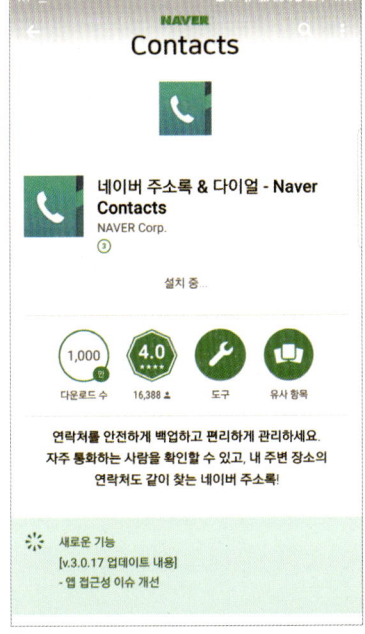
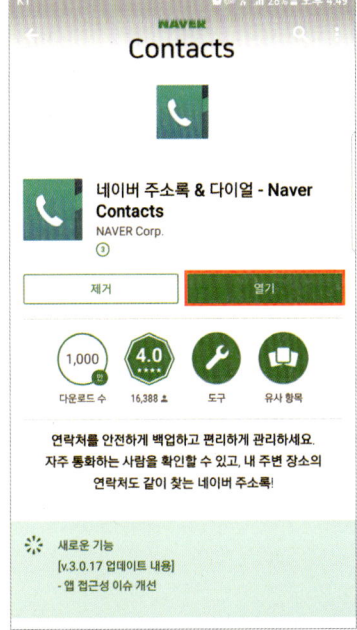

CHAPTER 13 :: 학생/학부모님 관리를 스마트폰으로 쉽고 체계적으로 할 수 없나요?

3 주소록앱 권한 설정 화면이 나타나면 접근권한 설정을 변경하기 위해 [SETTINGS]를 탭한 후 애플리케이션 정보 화면에서 [권한]을 탭합니다.

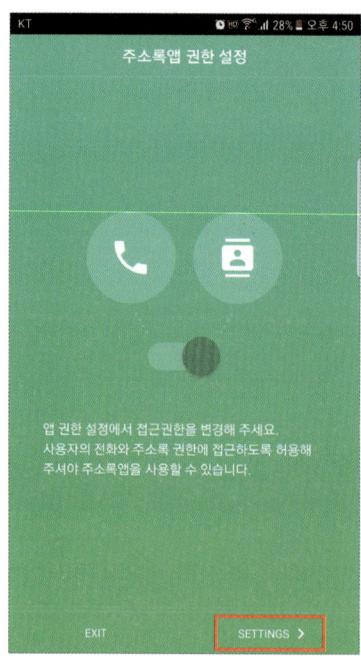 

4 SMS, 위치, 저장공간, 전화, 주소록, 카메라를 각각 터치하여 권한을 허용한 후 다시 네이버 주소록 앱으로 되돌아오면 네이버 로그인 화면이 나타납니다. 네이버 아이디와 비밀번호를 각각 입력한 후 [로그인] 단추를 탭합니다.

5 개인정보 수집 및 이용동의에 [동의합니다]를 탭하면 네이버 주소록에 폰 연락처를 저장하고 이를 동기화하게 됩니다. 네이버 주소록의 주요한 사용 방법이 나타납니다.

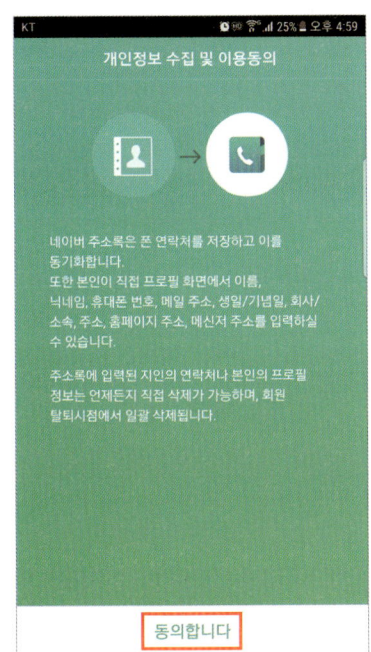 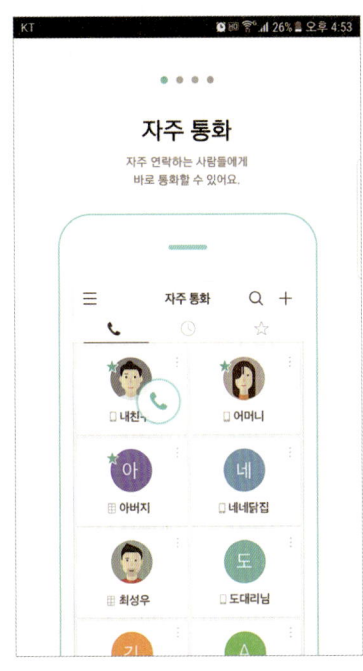

6 화면을 오른쪽에서 왼쪽으로 드래그하여 주요한 사용 방법을 본 후 [시작하기]를 탭하여 네이버 주소록을 시작합니다. 계정 선택 화면에서 사용할 기본 계정을 선택한 후 [확인]을 탭합니다.

7 마지막으로 자주 통화 화면에서 전화 통화 방법을 본 후에 ⊗를 탭합니다. 자주 통화 화면이 열리면 전화 걸고 싶은 사람을 터치하여 전화합니다.

STEP 2 ◆ 네이버 주소록으로 연락처 내보내고 가져오기

연락처 내보내기

1 ☰를 탭하여 [백업]을 탭합니다. 현재 폰 연락처 개수를 확인할 수 있습니다. [내보내기]를 탭하면 네이버 주소록에 있는 기존 연락처 개수를 볼 수 있습니다.

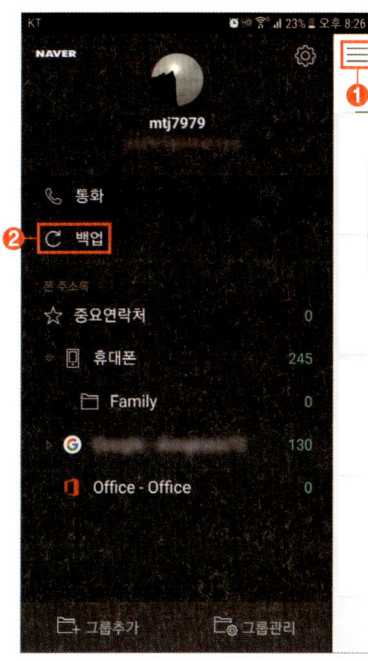 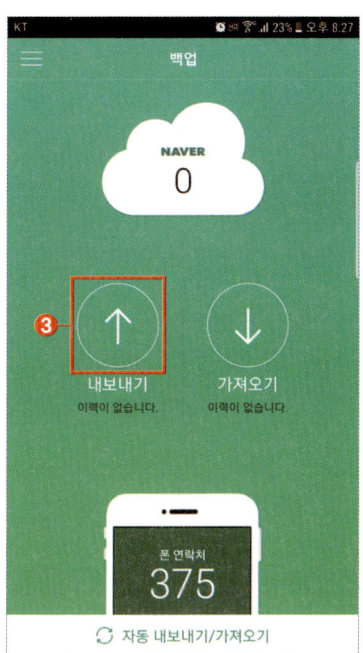

2 [기존 연락처와 합치기]를 탭하여 네이버 기존 연락처와 휴대폰의 연락처를 합치기할 수 있습니다. 폰 연락처가 내보내기를 시작합니다.

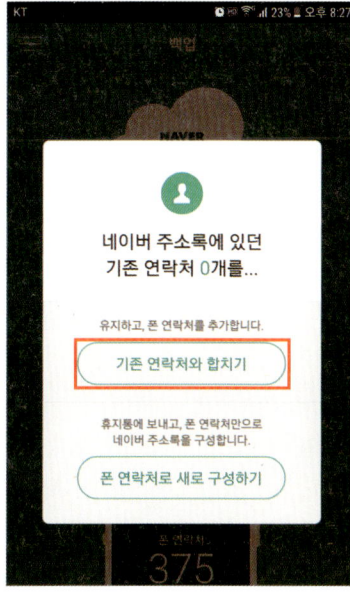 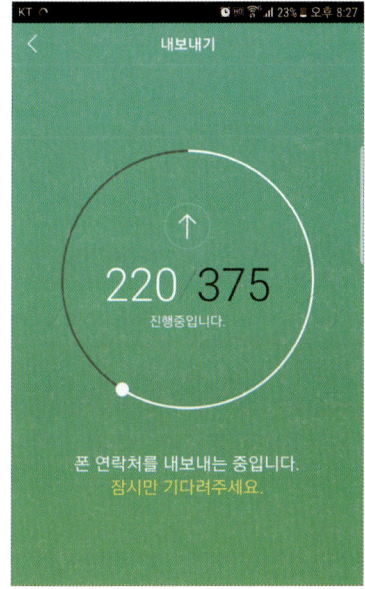

3 내보내기가 완료되면 [확인]을 탭하여 네이버 주소록으로 내보내진 연락처를 확인합니다.

 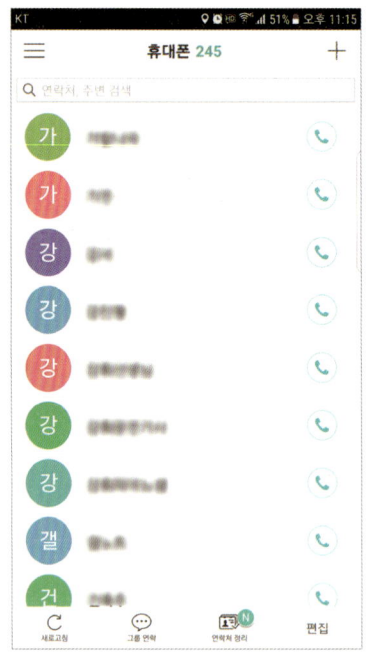

> ♦ 내 스마트폰에 있던 연락처를 네이버 주소록에 백업을 해 두면 스마트폰이 초기화 되었거나 새 스마트폰으로 바꾸었을 때 네이버 주소록에서 가져오기 할 수 있습니다.

연락처 가져오기

새 스마트폰에서 네이버 주소록을 설치한 후 네이버 계정으로 로그인하고 ☰를 탭하여 [백업] – [가져오기]를 탭합니다. 그러면 새 스마트폰으로 연락처를 가져올 수 있습니다.

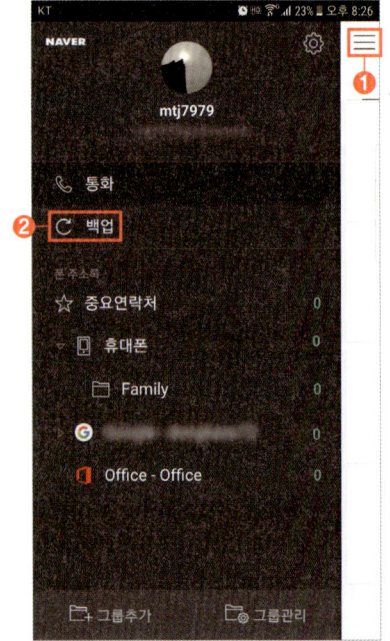  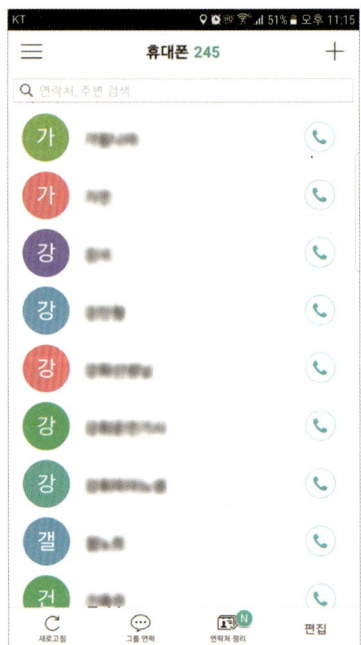

◆ 설정(⚙)

- **자동 내보내기/가져오기** : 설정(⚙)를 탭하고 [자동 내보내기/가져오기]를 탭합니다. [자동 내보내기/가져오기]를 [ON]으로 활성화하면 네이버 주소록 알림창이 나타나는데 [확인] 단추를 탭합니다. 자동으로 내보내기/가져오기가 진행되고 완료한 후 다시 설정 화면으로 이동하면 [자동 내보내기/가져오기]가 [ON]으로 설정되어 있어서 앞으로 항상 최신 상태로 연락처를 유지할 수 있습니다.

- **주변 검색** : 설정 화면에서 [주변 검색]을 탭합니다. [주변 검색]을 [ON]으로 활성화한 후 연락처의 검색창에서 원하는 검색어를 입력하여 검색하면 검색어와 관련된 주변 장소와 전화 번호도 검색됩니다.

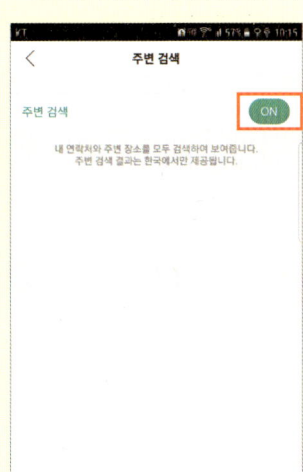 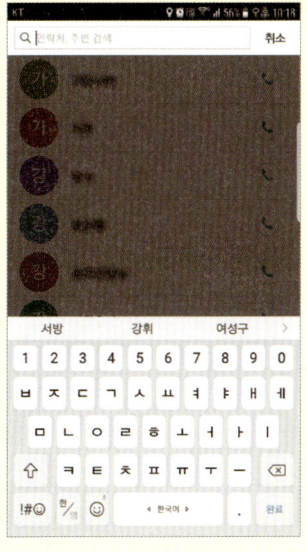 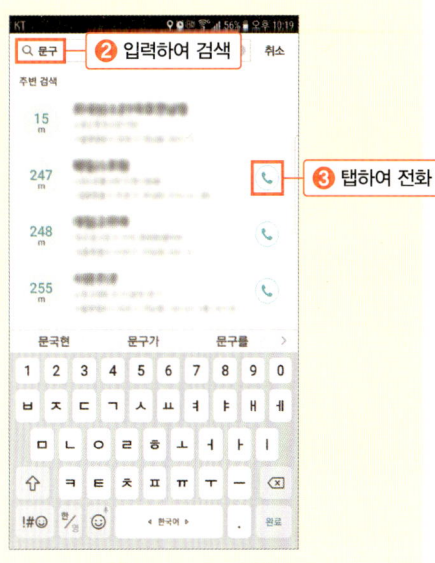

STEP 3 ◆ 연락처 정리하기

1 네이버 주소록의 홈 화면 하단 메뉴 중 [연락처 정리]를 탭한 후 중복 연락처를 합치기 위해 [중복연락처 합치기]를 탭합니다. 중복연락처가 나타나면 대표할 연락처의 아이콘를 탭하여 대표로 정하고 [선택한 중복연락처 정리]를 탭합니다.

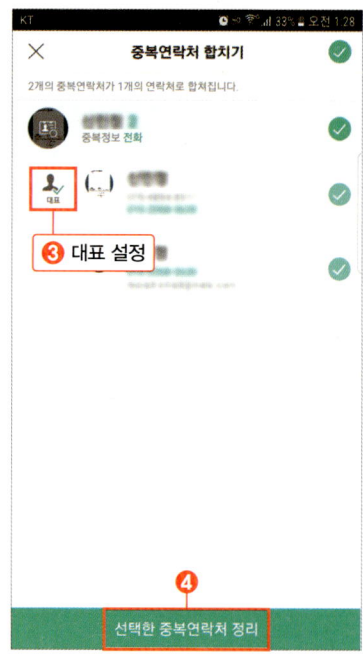

2 네이버 주소록의 홈 화면 하단 메뉴 중 [연락처 정리] – [불필요한 연락처 정리]를 탭하면 전화번호 없는 연락처와 이름없는 연락처가 나타납니다. 정리할 연락처의 [전체 삭제] 단추를 탭하여 각각 정리합니다.

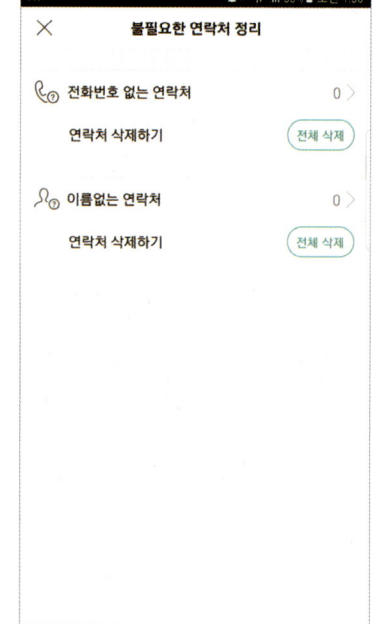

STEP 4 ◆ 웹 네이버 주소록에서 그룹 만들고 메일 보내기

그룹 삭제하고, 이름 변경하기

1 PC에서 웹 브라우저를 실행하고 네이버 (www.naver.com)에 접속하여 로그인한 후 메뉴 중 [메일]을 선택합니다.

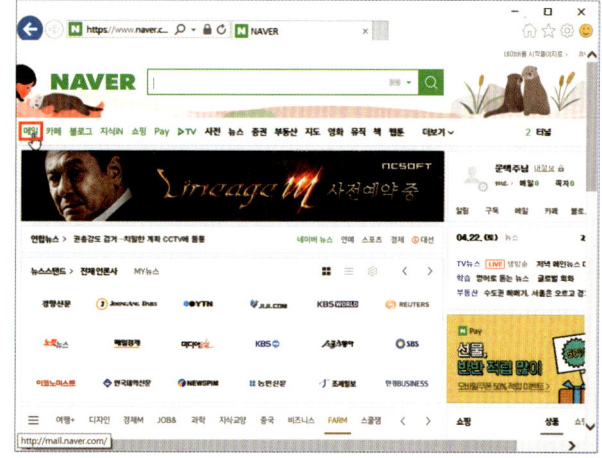

2 상단 메뉴 중 주소록(📖)을 클릭합니다.

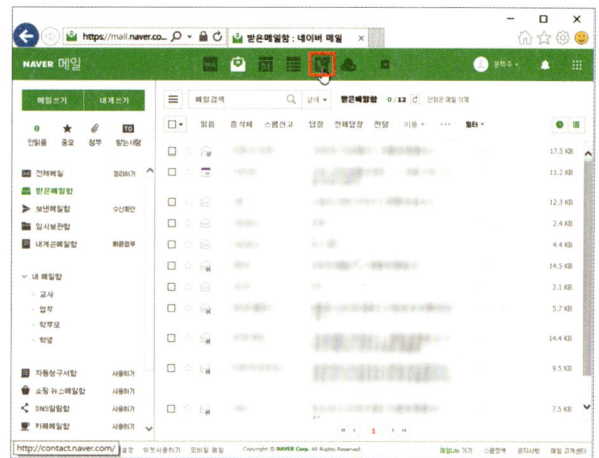

3 폰의 연락처와 네이버 주소록이 동기화되어서 웹에서도 폰의 연락처를 확인할 수 있습니다. 왼쪽 그룹 목록 중 연락처가 포함되지 않은 기본으로 제공되는 그룹 위에서 마우스 오른쪽 단추를 클릭하여 [삭제]를 선택합니다.

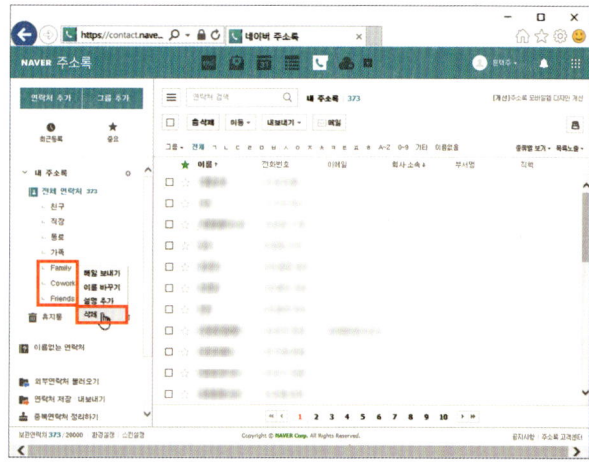

4 그룹 삭제 창에서 '그룹만 삭제'를 선택한 후 [확인]을 클릭합니다.

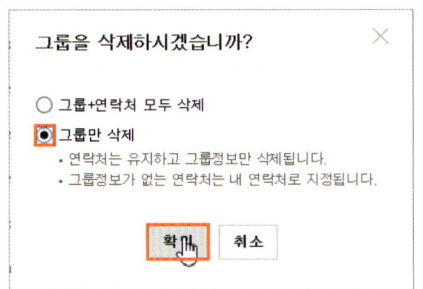

- ◆ 현재 그룹에 연락처가 포함되어 있지 않으나 안전하게 그룹만 삭제하기 위해 '그룹만 삭제'를 선택하여 삭제합니다.

5 왼쪽 그룹 중 이름을 변경할 그룹 위에서 마우스 오른쪽 단추를 눌러 [이름 바꾸기]를 선택합니다. '동료교사'를 입력한 후 Enter 를 누르면 이름이 변경됩니다.

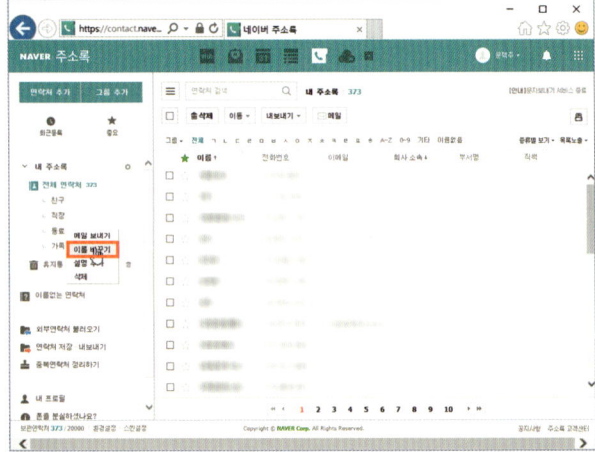

◆ **연락처 영구 삭제하기**

네이버 주소록앱에서 연락처를 정리한 경우 PC 네이버 주소록에 접속하면 정리된 연락처가 휴지통에 저장되어 있습니다. 삭제한 연락처를 영구 삭제하려면 왼쪽 메뉴 중 [휴지통]을 선택하고, 휴지통 안의 연락처를 모두 선택한 후 [영구 삭제] 단추를 클릭합니다. 영구 삭제를 확인하는 창에 [확인] 단추를 클릭합니다.

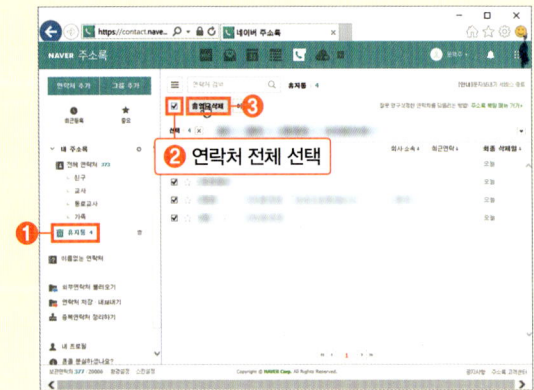

218　　PART 4 :: 학생/학부모 관리

그룹 추가하고 연락처 이동하기

1 왼쪽 상단의 [그룹 추가] 단추를 클릭하면 그룹 목록에 새 그룹이 추가됩니다. 그룹 이름을 '1-3반'이라고 입력하고 **Enter**를 누릅니다. 같은 방법으로 '1-3반 학부모' 그룹도 만듭니다.

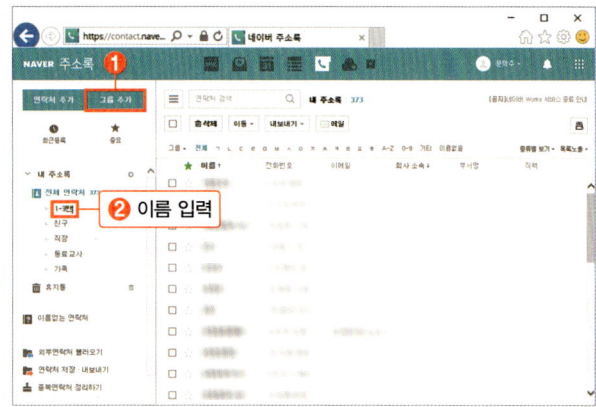

2 오른쪽 상단의 연락처 검색어 입력창에 '선생님'이라고 입력한 후 검색하고, 검색된 모든 선생님을 선택합니다. [이동] – [동료교사]를 차례로 클릭한 후 [이동] 단추를 눌러 이동시킵니다.

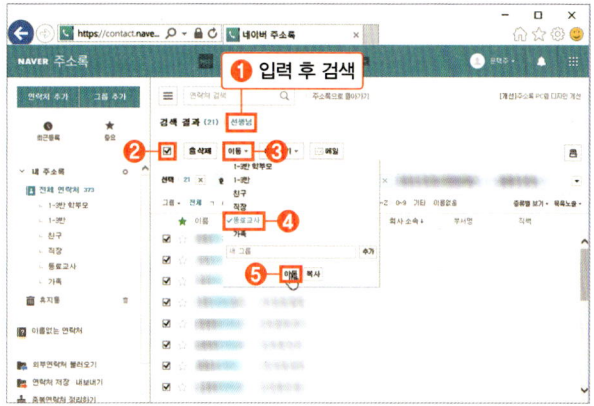

3 연락처를 이동하겠냐는 창에 [확인] 단추를 클릭합니다.

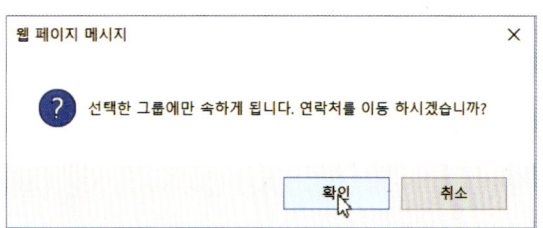

4 해당 그룹으로 연락처가 이동되어 '동료교사' 옆에 포함된 연락처수가 표시됩니다.

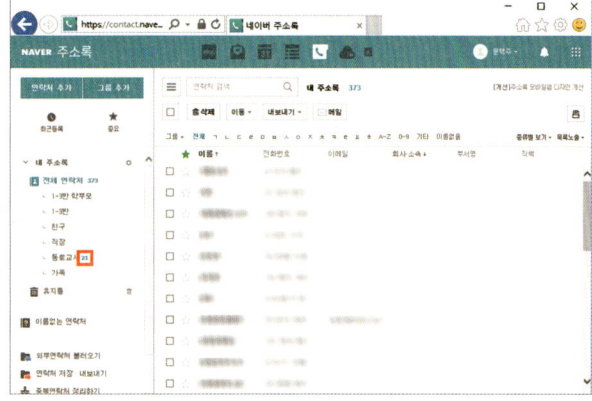

연락처 추가하고 그룹 지정하기

1 연락처를 추가하기 위해 왼쪽 상단의 [연락처 추가] 단추를 클릭합니다.

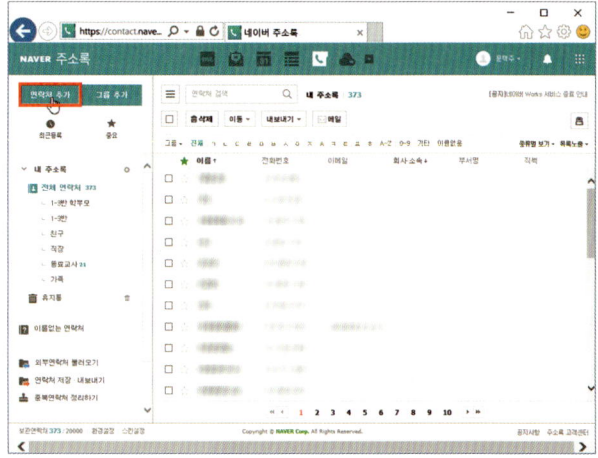

2 '그룹'의 [그룹설정]을 클릭한 후 '1-3반'으로 설정하고 [저장] 단추를 클릭합니다. 사진을 비롯한 개인 정보를 차례로 입력한 후 [저장] 단추를 클릭합니다.

 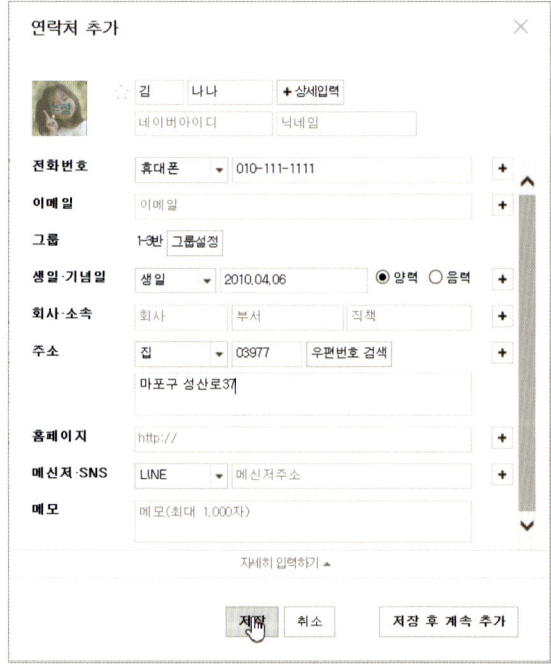

3 연락처를 추가하여 그룹을 설정하거나 연락처를 해당 그룹에 맞게 이동시킵니다.

그룹 메일과 메시지 보내기

1 메시지 보낼 그룹을 선택하고 그룹 전체 연락처를 선택한 후 [메일] 단추를 클릭합니다. 메시지 창이 나타나면 공통으로 보낼 메시지나 자료를 첨부하여 메일을 그룹 전체에 보냅니다.

> ◆ 각 연락처마다 메일 주소가 입력되어 있어야 하고, 메일을 보낼 때 팝업 차단을 해제해야 메시지 창이 나타납니다.

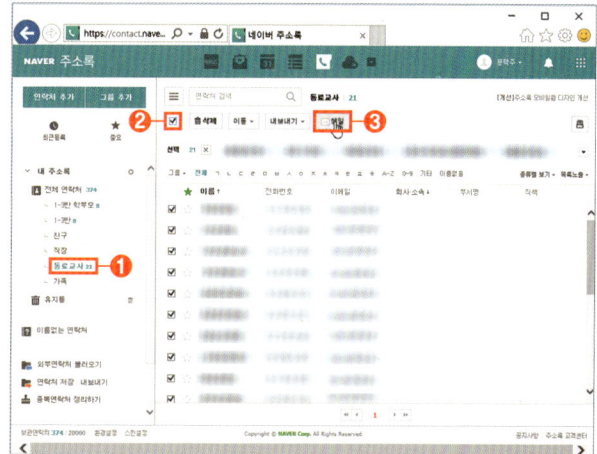

2 네이버 주소록(📞) 앱에서도 그룹 문자와 메일을 보낼 수 있습니다. 네이버 주소록 홈 화면에서 ☰를 탭하여 그룹을 선택한 후 하단 메뉴 중 [그룹 연락]을 클릭 후 [그룹 문자 보내기] 또는 [그룹 메일 보내기]를 클릭하여 문자나 메일을 보냅니다.

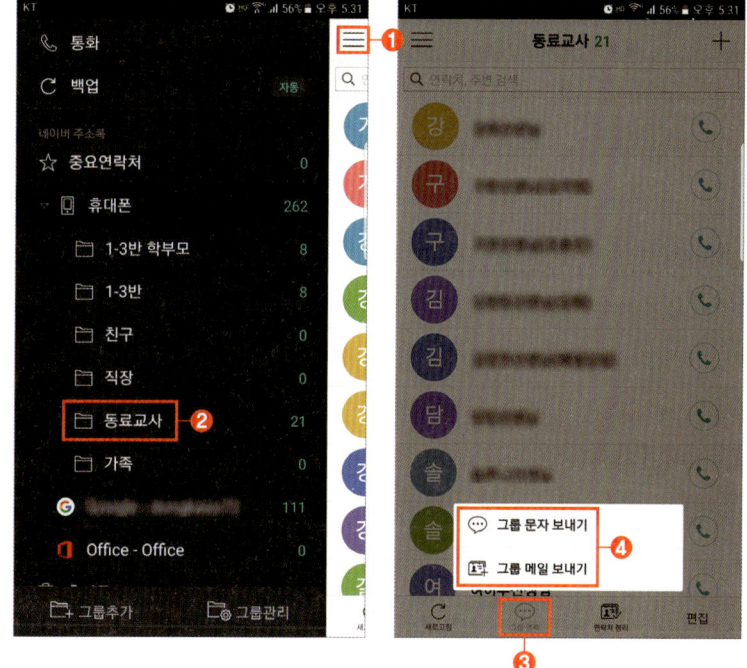

: 학습정리 :

❶ **네이버 주소록** : 폰 연락처를 안전하게 보관하고, 중복 연락처도 정리해주며 그룹 문자도 보낼 수 있습니다.

❷ **네이버 주소록( ) 앱 설치하기** : Play 스토어( ) 앱에서 네이버 주소록을 검색하여 설치합니다.

❸ 현재 스마트폰의 네이버 주소록 앱에서 연락처 내보내기를 하여 백업하고, 백업한 주소록을 다른 스마트폰에서 네이버 주소록 앱의 연락처 가져오기 기능을 사용하여 연락처를 가져올 수 있습니다.

❹ **연락처 정리**
- 중복 연락처 합치기 : 네이버 주소록 홈 화면의 하단 메뉴 중 [연락처 정리]-[중복 연락처 합치기]를 탭하여 중복되는 연락처를 합칠 수 있습니다.
- 불필요한 연락처 정리하기 : 네이버 주소록 홈 화면의 하단 메뉴 중 [연락처 정리] - [불필요한 연락처 정리하기]를 탭한 후 전화번호 없는 연락처와 이름없는 연락처를 확인한 후 불필요하다고 생각되면 [전체 삭제] 단추를 탭하여 정리합니다.

❺ **PC의 네이버 주소록에서 그룹 만들기**
- 네이버(www.naver.com)에 접속한 후 메뉴 중 [메일]을 선택하고, 상단 메뉴 중 주소록( )을 클릭합니다.
- 왼쪽 상단의 [그룹 추가] 단추를 클릭하여 새 그룹을 만들고, 기존 연락처를 새로 만든 그룹으로 이동하여 그룹을 설정하거나 왼쪽 상단의 [연락처 추가]로 새 연락처를 추가하여 그룹을 설정해 줍니다.

퀴즈 및 실습 문제

01 다음 중 네이버 주소록 기능이 <u>아닌</u> 것은 어느 것인가요? (   )

① 자동으로 연락처를 백업할 수 있습니다.
② 중복 연락처나 불필요한 연락처를 정리할 수 있습니다.
③ 그룹을 만들고, 그룹 전체에 메시지를 보낼 수 있습니다.
④ 네이버 주소록 앱에서 만든 그룹은 웹에서 확인할 수 없습니다.

02 폰 연락처를 안전하게 보관하고, 중복 연락처도 정리하려면 어떤 앱을 실행해야 하나요? (   )

① ▶   ② 📞
③ N   ④ ⭐

03 중복 연락처나 불필요한 연락처를 정리할 때 필요한 메뉴는 어느 것인가요? (   )

① 설정   ② 편집
③ 백업   ④ 연락처 정리

04 그룹 중 '1-3반' 그룹 안의 연락처는 그대로 두고, 그룹만 삭제하세요.

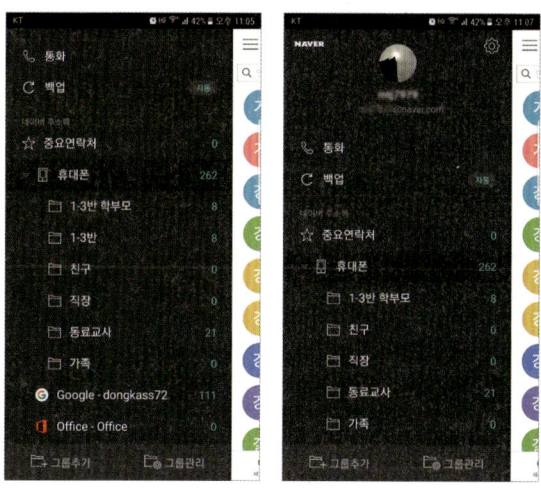

풀이 01 ④   02 ②   03 ④
04 ① 스마트 폰의 홈 화면에서 네이버 주소록(📞) 앱을 탭하여 실행합니다. ② ☰를 탭하고, 하단 메뉴 중 [그룹 관리]를 탭합니다. ③ 휴대폰 계정을 선택한 후 그룹 목록 중 '1-3반' 그룹의 ⊖를 탭합니다. ④ 그룹 삭제 확인 창에 [확인] 단추를 탭합니다. ⑤ 앱에서는 그룹만 삭제되고, 연락처는 그대로 남습니다.

학생의 사진, 학습결과물을 학부모님께 손쉽고 빠르게 공유할 수 없나요?

학습 방향

PC 네이버 클라우드와 네이버 클라우드 앱에 서로 동기화한 폴더를 각각 만들면 휴대폰에서 찍은 사진을 바로 PC에서 볼 수 있습니다. 처음 설치 시 한 번의 설정만으로 별다른 번거로움 없이 바로바로 휴대폰에서 PC로 사진을 확인할 수 있어서 편리합니다. 네이버 클라우드에 업로드한 사진은 함께보기 기능을 사용하면 여러 사람과 공유할 수 있는 모임방을 만들어서 많은 사람과 사진을 함께 볼 수 있게 됩니다.

학습 목표

- PC 네이버 클라우드와 네이버 클라우드 앱을 설치할 수 있습니다.
- PC 네이버 클라우드의 폴더와 네이버 클라우드 앱의 폴더를 서로 동기화합니다.
- 네이버 클라우드 앱에 자동 사진 올리기 기능을 활성화할 수 있습니다.
- 네이버 클라우드에 새 모임방을 만들고, 사진을 여러 사람과 공유하여 볼 수 있습니다.

미리보기

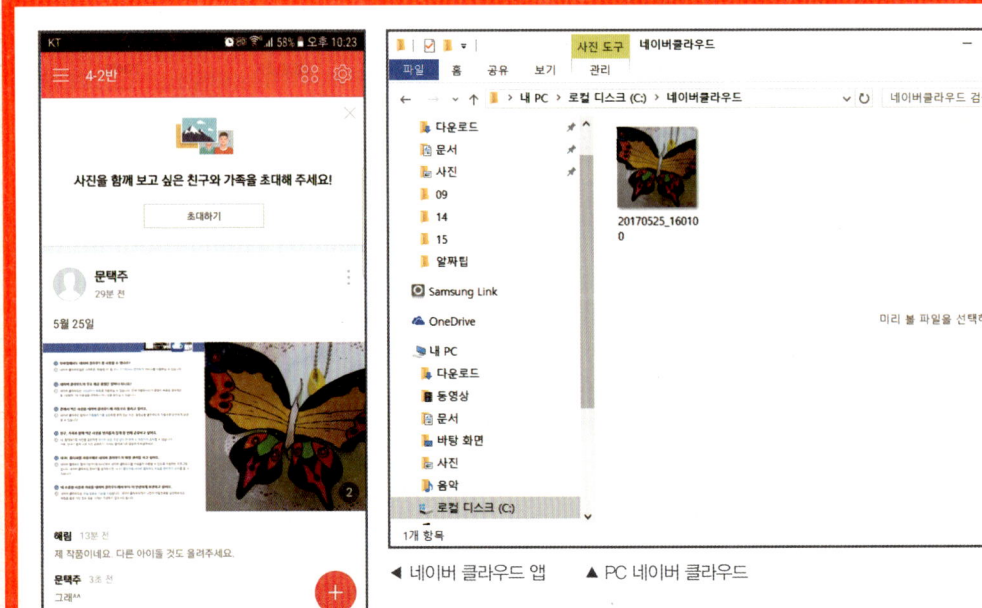

◀ 네이버 클라우드 앱   ▲ PC 네이버 클라우드

STEP 1 ◆ PC 네이버 클라우드 탐색기와 폴더 동기화 설정하기

PC 네이버 클라우드 탐색기 설치하기

1 네이버(www.naver.com)에 접속한 후 [더보기] – [네이버 클라우드]를 클릭합니다.

> **네이버 클라우드란?**
> 네이버 클라우드는 파일을 편리하게 저장하고 활용할 수 있는 웹 저장 공간으로 문서, 사진 등 각종 파일을 네이버 클라우드에 저장해 놓으면 집, 회사, PC방 등 어느 컴퓨터에서나 네이버에 로그인만으로 쉽게 파일을 확인해 활용할 수 있는 서비스입니다. 네이버 클라우드에서는 30GB까지 무료로 저장이 가능하고, 용량을 늘리려면 유료로 사용해야 합니다.

2 PC에 네이버 클라우드 탐색기를 다운로드 하기 위해 [네이버 클라우드 탐색기 다운로드]를 클릭합니다.

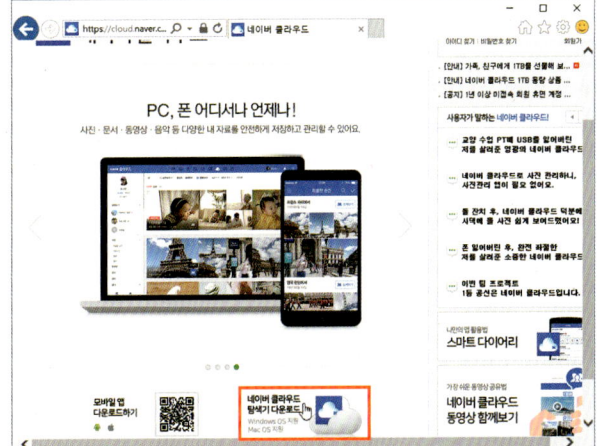

3 오른쪽에 [다운로드] 단추 중 사용자 PC 사양에 맞는 [다운로드] 단추를 클릭합니다.

4 설치 전 사용범위를 확인한 후 [확인 후 다운로드] 단추를 클릭합니다.

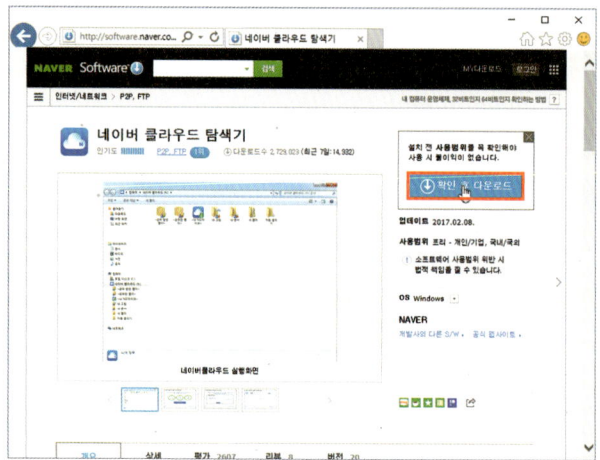

5 아래쪽에 실행하거나 저장하시겠냐는 물음에 [실행] 단추를 클릭합니다.

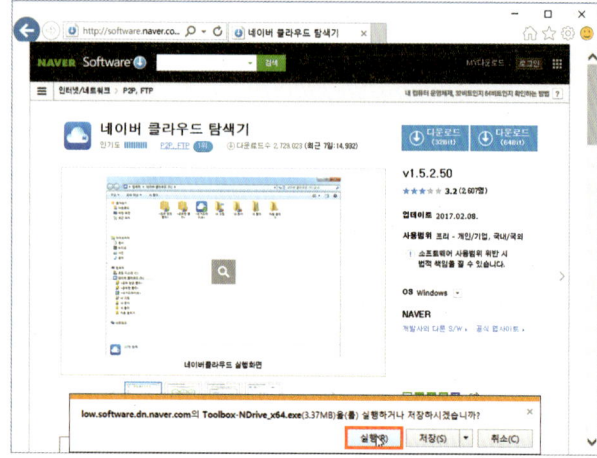

6 약관을 살펴본 후 [동의함] 단추를 클릭하고, 네이버 클라우드 탐색기를 설치하기 위해 [설치하기] 단추를 클릭합니다. 설치가 진행됩니다.

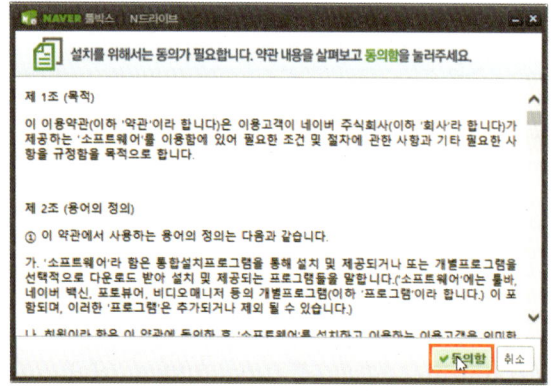 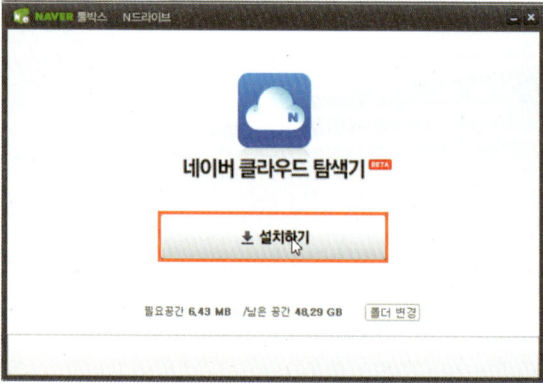

7 설치가 완료되면 필요한 사람만 '네이버 툴바를 브라우저에서 사용하기'에 체크한 후 [다음] 단추를 클릭합니다. 네이버 백신이 필요한 사람은 '네이버 백신을 추가 설치하기'에 체크하여 추가로 설치를 진행하고, 필요치 않은 사람은 체크 해제한 채 [확인] 단추를 클릭합니다.

 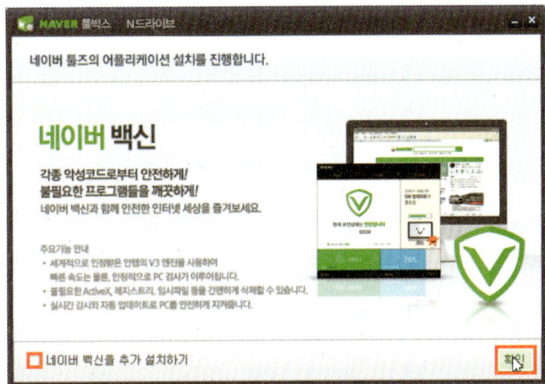

8 네이버 클라우드( )를 더블 클릭하여 실행합니다.

폴더 동기화 하기

1 네이버 클라우드의 로그인 창이 나타나면 네이버 계정으로 로그인합니다.

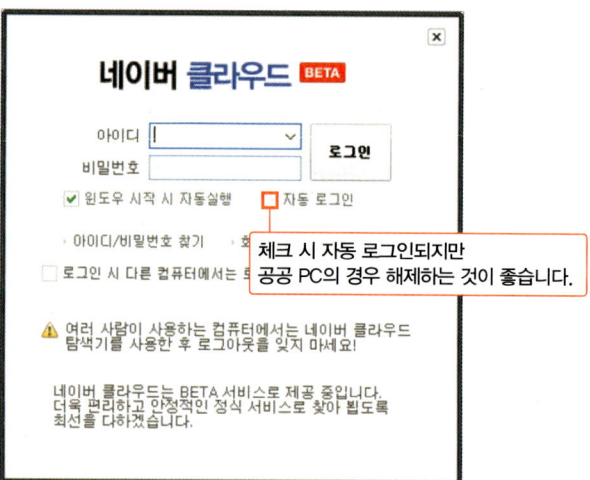

2 PC에 있는 폴더와 네이버 클라우드 폴더를 동기화하기 위해 [폴더 동기화 설정하기] 단추를 클릭합니다.

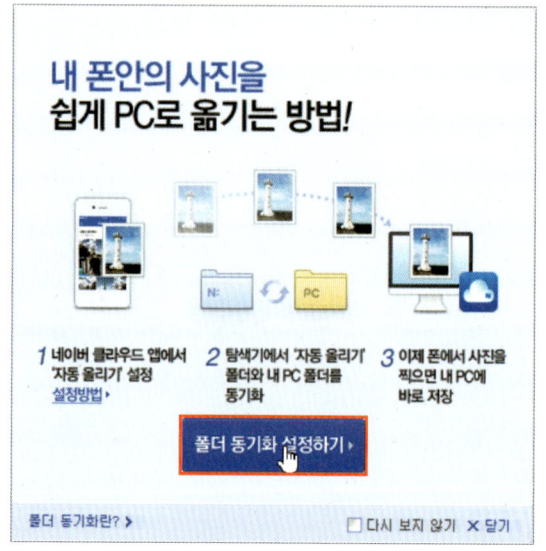

3 동기화할 폴더를 직접 선택하기 위해 [PC 폴더 선택하기] 단추를 클릭합니다.

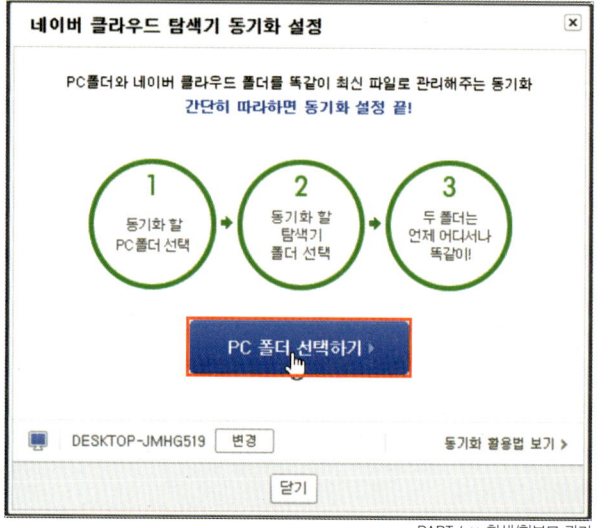

4 PC 폴더 선택과 네이버 클라우드 폴더 선택에서 각각 [폴더 찾기] 단추를 클릭합니다. [폴더 찾아보기] 대화상자에서 동기화할 폴더를 각각 설정한 후 [확인] 단추를 클릭하고, [새로운 동기화] 대화상자에서 [확인] 단추를 클릭합니다.

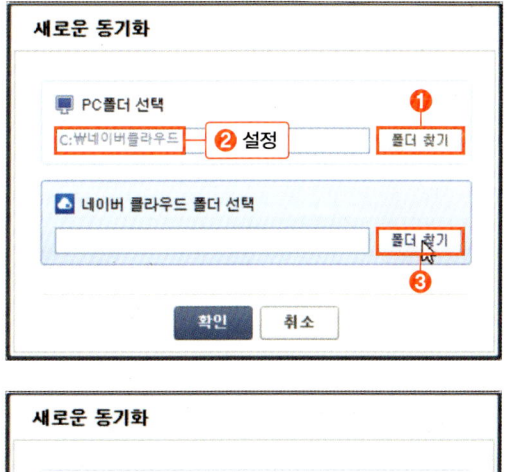

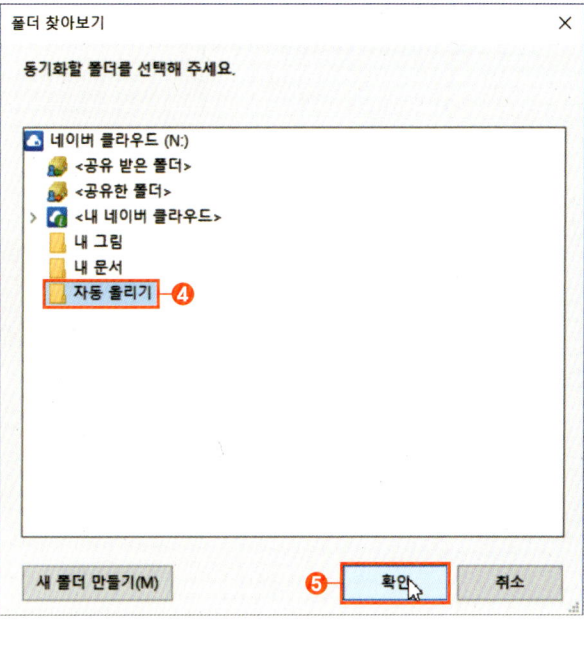

◆ 네이버 클라우드의 동기화 폴더를 [자동 올리기] 폴더로 설정하였기 때문에 네이버 클라우드 앱에서 자동 올리기를 설정하면 사진을 촬영할 때마다 자동으로 PC [네이버 클라우드] 폴더에 사진이 공유됩니다.

5 PC 폴더와 네이버 클라우드 폴더가 동기화 되었습니다. 동기화 설정은 자동과 수동 중 자동으로 설정합니다.

◆ 동기화 폴더는 1개 이상 복수의 폴더도 가능하며 동기화 폴더를 추가하려면 [폴더 동기화 추가]를 클릭하여 추가합니다.

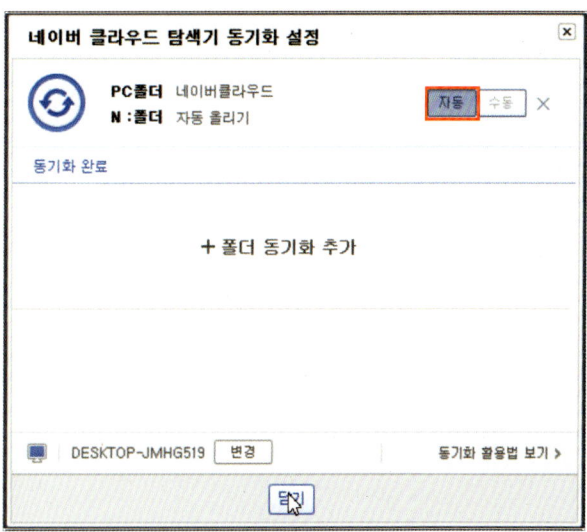

STEP 2 ◆ 네이버 클라우드 앱 설치하고 자동 올리기 설정하기

1 스마트폰 홈 화면에서 Play 스토어(▶)를 탭하여 실행한 후 검색창에 '네이버클라우드'라고 입력합니다. 검색 목록 중 [네이버 클라우드]를 탭한 후 [설치] 단추를 탭합니다.

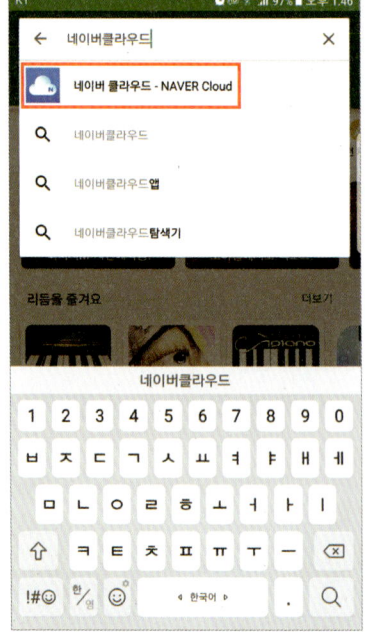 

2 설치가 진행되기 시작합니다. 설치가 완료되면 [열기] 단추를 탭합니다.

3 네이버 클라우드가 실행되면서 사진, 미디어, 파일에 접근 허용 창에 [허용]을 탭합니다. 로그인 창이 나타나면 네이버 계정으로 로그인합니다.

> ♦ 스마트폰 기기에 따라 설치 시 사용에 대한 동의 창이 나타나 동의한 경우에는 접근 허용 창이 나타나지 않습니다.

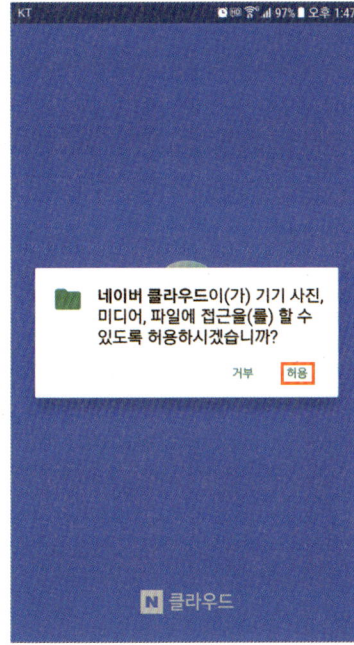
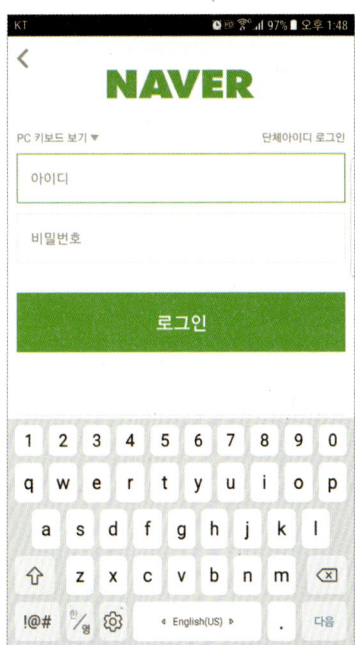

4 서비스 운영원칙에 [동의]하면 네이버 클라우드가 열리고, 네이버 클라우드에 대한 설명을 볼 수 있습니다. 화면 하단의 ∨를 탭하여 설명을 계속해서 읽습니다.

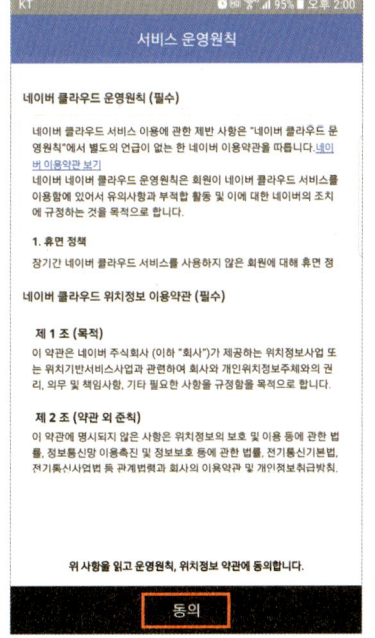

검색

선택

사진, 동영상, 음악, 기타 파일 올리기

5 [자동 올리기 사용하기]를 탭한 후 스마트폰에서 사진을 촬영하면 자동으로 네이버 클라우드에 찍은 사진이 공유됩니다. 사진을 촬영하고 네이버 클라우드를 열면 자동으로 공유된 사진을 확인할 수 있습니다.

6 PC에 동기화한 폴더를 열면 자동으로 사진이 공유되어 있습니다. 따로 스마트폰에서 PC로 옮기는 작업을 하지 않아도 편리하게 사진만 촬영하면 PC에 저장할 수 있습니다.

◆ 자동 올리기 설정 변경하기

① 홈 화면의 상단 왼쪽의 ▤를 탭한 후 ⚙를 탭하면 설정 화면이 열리고, 설정에서는 용량 업그레이드, 휴지통, 올리기/내려받기 등의 설정을 변경할 수 있는데, [자동 올리기]를 탭합니다.

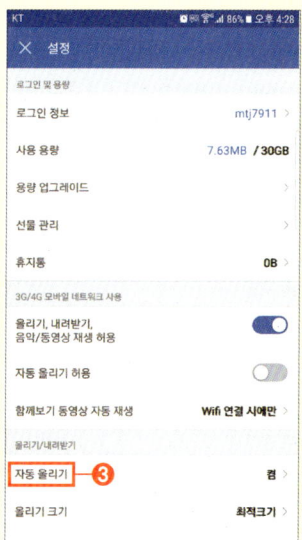

② 자동 올리기 대상이 '사진만'으로 되어 있는데, 동영상까지 변경하여 설정할 수 있고, 3G/4G 네트워크 자동 올리기 허용을 활성화하면 자동 올리기를 할 수 있으나 데이터 요금이 발생할 수 있으므로 허용하지 않는 것이 좋습니다.

STEP 3 ◆ 여러 사람과 사진 함께 보기

1 사진은 촬영한 날짜별로 분류가 됩니다. 공유하기 위해 날짜 옆의 [함께보기] 단추를 탭하고, [새모임]을 탭한 후 모임 이름을 입력하고 [완료]를 탭합니다.

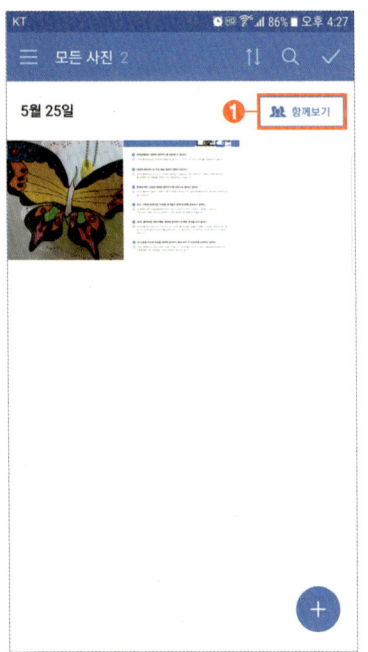  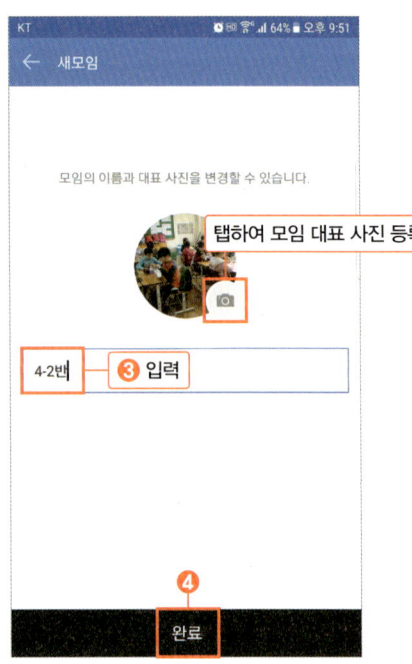

2 공유할 사진 수와 날짜가 표시되면 하단에서 공유할 모임을 선택하고 [완료]를 탭합니다. 모임에 추가된 사진 수를 확인한 후 [4-2반 모임으로 바로가기]를 탭합니다.

 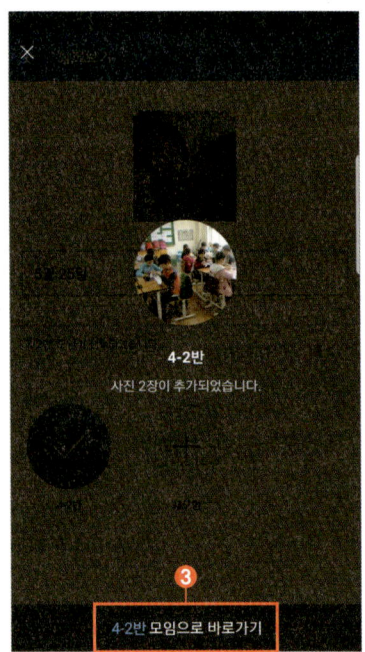

3 새로 만든 모임이 열리면 상단에는 대표 사진과 현재 접속된 멤버 수가 표시되고, 함께 볼 사람을 초대하기 위해 [초대하기] 단추를 탭합니다. 멤버 초대 화면의 [URL 초대]에서 공유할 사람을 초대하기 위해 공유 앱 중 카카오톡을 탭합니다.

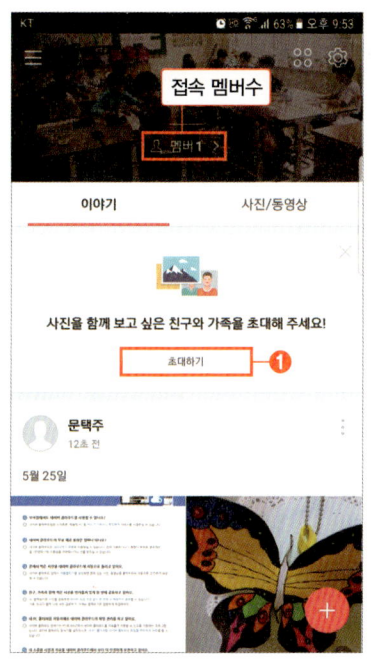

4 카카오톡이 실행되면 그룹방을 선택하고, 공유한 그룹방에 네이버 클라우드 모임의 초대장이 전송됩니다. 그룹방에 전송된 초대장의 링크를 탭한 후 [앱에서 보기] 단추를 탭하여 접속합니다.

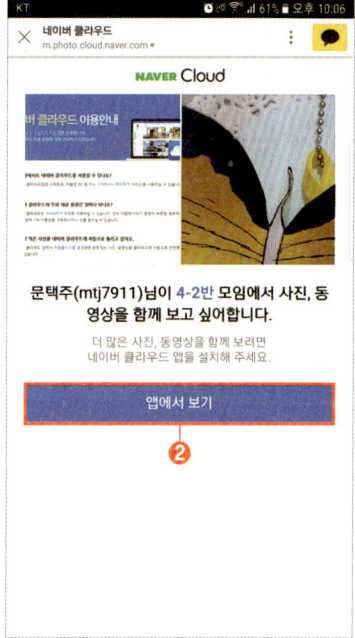

5 모임에 초대된 사람은 네이버 클라우드 모임방에 접속하여 사진에 대해 댓글을 주고받을 수 있습니다. ⊕를 탭한 후 사진을 공유하기 위해 🖼를 탭합니다.

> ◆ 초대 메시지를 받은 사람은 네이버 계정으로 로그인한 후 네이버 클라우드 URL을 통해 모임에 참여할 수 있습니다.

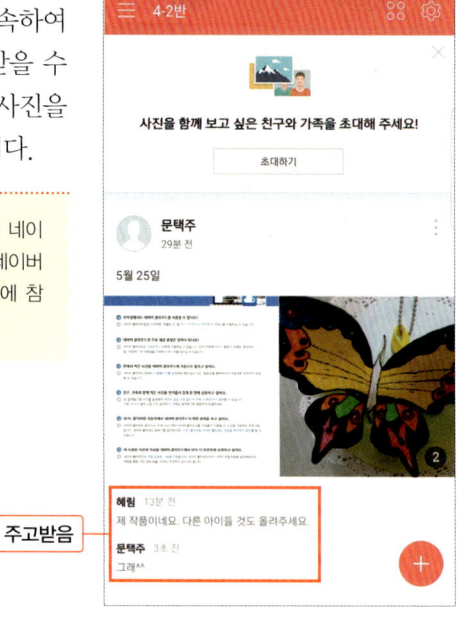

댓글 주고받음

6 네이버 클라우드에 있는 사진을 선택하여 모임에 공유할 수도 있고, 내 휴대폰의 사진을 선택하여 공유할 수도 있습니다. [폰 사진]을 선택하여 폰 안에 있는 사진을 선택한 후 '올리기' 창에서 [확인] 단추를 탭합니다. 새로운 사진이 공유됩니다.

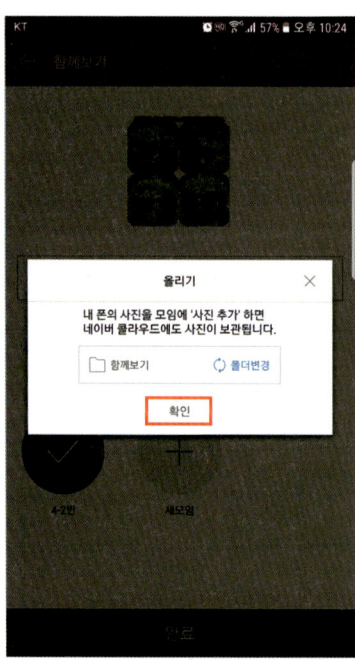

◆ 모임에 공유한 사진 삭제

본인이 공유한 사진을 삭제하려면 ⋮를 탭하여 [삭제하기]를 탭합니다. 공유한 모임에서는 삭제되지만 네이버 클라우드에서는 삭제되지 않습니다.

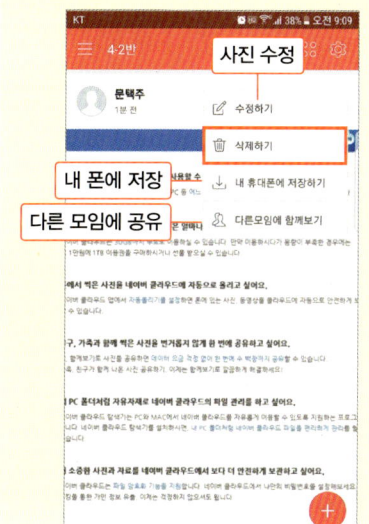

: 학습정리 :

❶ **네이버 클라우드 탐색기 설치** : 네이버(www.naver.com)에 접속한 후 [더보기] – [네이버 클라우드]에서 PC 네이버 클라우드 탐색기를 다운로드하여 설치합니다.

❷ **네이버 클라우드 앱 설치** : 스마트폰 홈 화면에서 Play 스토어()를 탭하여 실행한 후 네이버 클라우드를 검색하여 [설치] 단추를 탭하여 설치 절차에 따라 앱을 설치합니다.

❸ PC 폴더와 네이버 클라우드 앱의 폴더를 서로 동기화하여 네이버 클라우드 앱에서 사진을 찍어서 바로 PC 폴더에 쉽게 저장할 수 있게 설정합니다. 1개 이상 복수의 폴더를 동기화할 수 있습니다.

❹ 스마트폰에서 사진을 촬영하면 바로 네이버 클라우드에 자동으로 올리기를 할 수 있게 설정합니다.

❺ 네이버 클라우드 앱에서는 사진을 업로드하면 날짜별로 분류되어 있고, 함께보기 기능이 있어서 [함께보기]를 탭하면 새로운 모임을 만들 수 있습니다. 모임을 만들면 공유 앱을 통해 생성된 URL을 전송하여 멤버를 초대하거나, 연락처로 멤버를 초대할 수 있습니다.

❻ 초대된 멤버는 전송된 URL을 통해 네이버 계정으로 로그인한 후 네이버 클라우드에 접속하여 모임에 공유된 사진이나 음악, 동영상, 메시지를 서로 공유하고 업로드한 게시물에 대해 댓글을 주고받을 수 있습니다.

: 퀴즈 및 실습 문제 :

01 파일을 편리하게 저장하고 활용할 수 있는 웹 저장 공간으로 문서, 사진 등 각종 파일을 저장할 수 있는 네이버에서 제공한 프로그램은 어느 것인가요? (   )

① 네이버 오피스　　　　　　　② 네이버 클라우드
③ 네이버 예약　　　　　　　　④ 네이버 캐스트

02 네이버 클라우드의 무료로 사용할 수 있는 저장 공간은 다음 중 어느 것인가요? (   )

① 5GB　　　　　　　　　　② 10GB
③ 30GB　　　　　　　　　　④ 1TB

03 네이버 클라우드의 기능으로 볼 수 <u>없는</u> 것은 어느 것인가요? (   )

① 사진 함께보기
② 사진 자동 올리기
③ PC 폴더와 스마트폰 앱 폴더의 동기화
④ 모임에서 실시간 채팅 기능

04 스마트폰에서 찍은 사진을 바로 PC와 동기화하고, 모임에 공유해 주세요.

 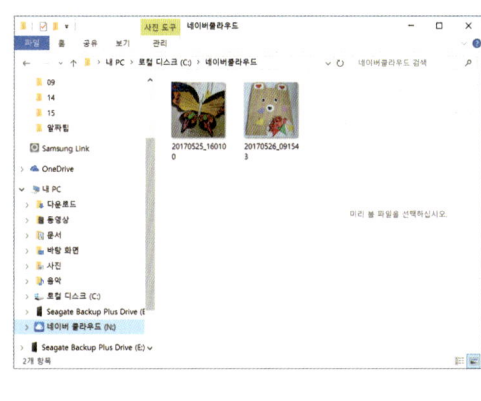 

풀이　01 ②　02 ③　03 ④
　　　04 ① PC 폴더와 네이버 클라우드 앱의 자동 올리기 폴더를 동기화합니다. ② 네이버 클라우드 앱의 자동 올리기 기능을 활성화합니다. ③ 스마트폰에서 사진을 찍으면 자동으로 네이버 클라우드 앱과 PC 폴더에 동기화됩니다. ④ 새로 찍은 사진의 [함께보기] 단추를 탭한 후 만든 모임을 선택하여 공유합니다.

CHAPTER 15
교실에 있는 학생들에게 원격으로 동영상이나 음악을 틀어줄 수 있나요?

학습 방향 수업을 진행할 때 동영상이나 음악을 원격으로 PC를 조작하여 실행할 수 있다면 훨씬 수업을 진행하기 쉬울 것입니다. 곰리모트 앱을 사용하면 PC의 곰플레이어나 곰오디오를 원격으로 실행할 수 있습니다. 곰리모트 앱을 터치패드처럼 사용하여 PC의 프로그램을 실행하고 텍스트까지 입력할 수 있어서 편리합니다.

학습 목표
- PC 곰리모트와 곰리모트 앱을 설치할 수 있습니다.
- PC 곰리모트와 곰리모트 앱을 보안키를 입력하여 서로 연결할 수 있습니다.
- PC 곰플레이어나 곰오디오를 곰리모트 앱으로 리모컨처럼 원격으로 조정할 수 있습니다.
- PC 프로그램을 곰리모트 앱으로 실행하고 텍스트를 입력할 수 있습니다.

미리보기

STEP 1 ◆ 곰리모트 PC 버전과 앱 설치하기

곰리모트 PC 버전 설치하기

1 GOM(http://gom.gomtv.com) 사이트에 접속한 후 [기타제품] – [곰리모트]를 클릭합니다.

> ◆ **곰리모트란?**
> PC 곰플레이어, 곰오디오를 스마트폰에서 제어할 수 있습니다. 플레이어의 기본 기능은 물론 터치 패드 기능, 스냅샷 등의 부가 기능이 있습니다. PC 프로그램과 함께 반드시 스마트폰에도 앱이 설치되어야 합니다.

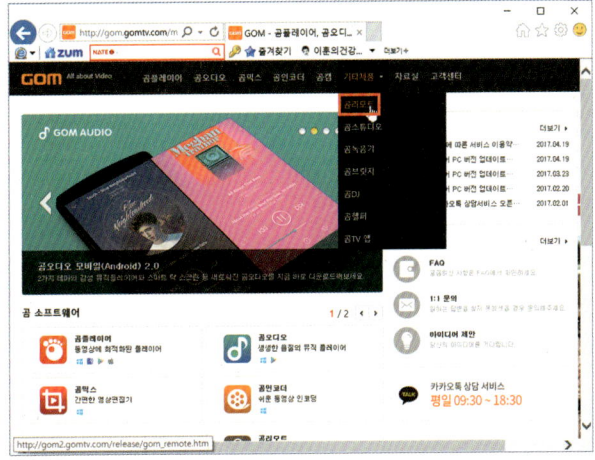

2 곰리모트를 다운로드하기 위해 [무료 다운로드] 단추를 클릭합니다. 아래쪽에 실행하거나 저장하시겠냐는 물음에 [실행] 단추를 클릭합니다.

3 'Installer Language' 창에서 언어를 '한국어'로 설정한 후 [OK] 단추를 클릭합니다.

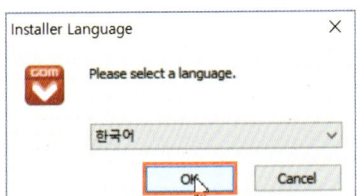

4 곰리모트 설치를 시작하기 위해 [다음] 단추를 클릭합니다.

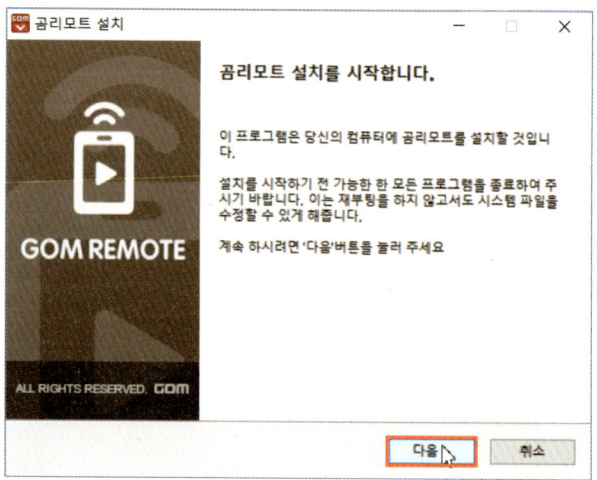

5 사용권 계약에 [동의함] 단추를 클릭합니다.

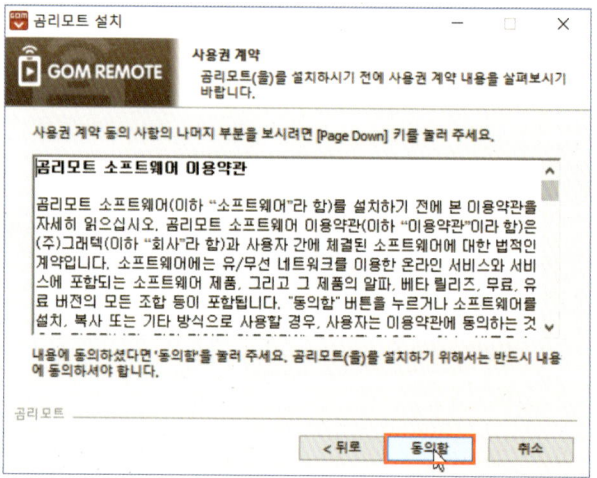

6 구성 요소 선택에서 기본설치에 체크된대로 [다음] 단추를 클릭합니다.

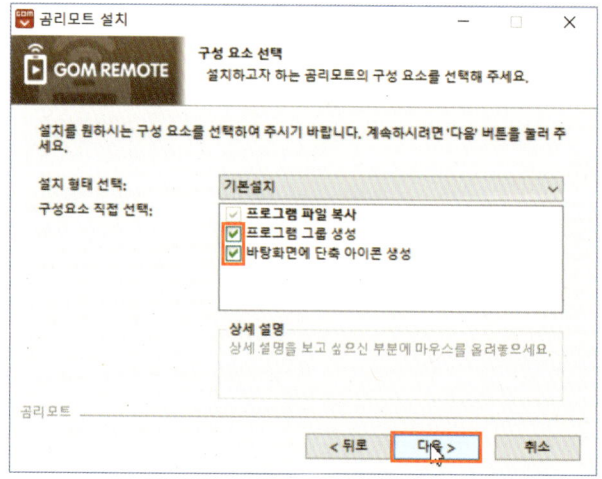

7 설치 위치 선택에서 설치 경로를 설정한 후 [설치] 단추를 클릭합니다.

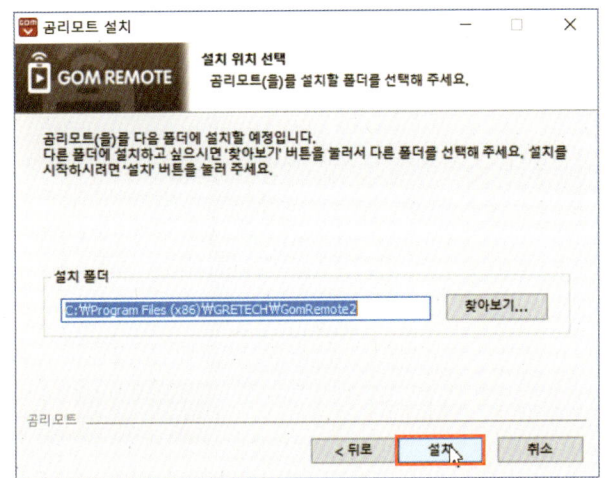

8 곰리모트 설치 완료에 [마침] 단추를 클릭하면 곰리모트가 실행됩니다. 곰리모트 앱을 설치했느냐는 안내창을 읽고 닫습니다.

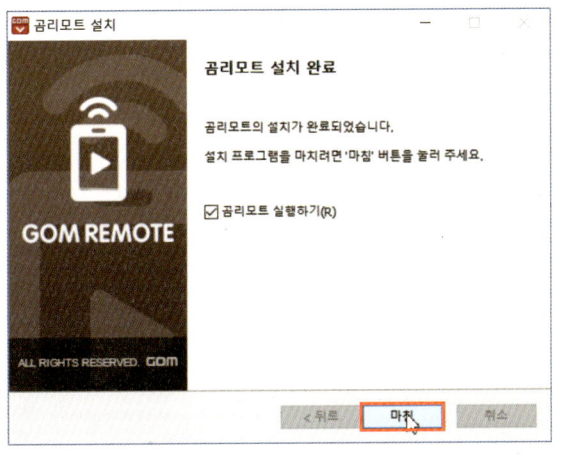

곰리모트 앱 설치하기

1 스마트폰 홈 화면에서 Play 스토어( )를 탭하여 실행한 후 검색창에 '곰리모트'라고 입력합니다. 검색 목록 중 [곰리모트]를 탭한 후 [설치] 단추를 탭합니다.

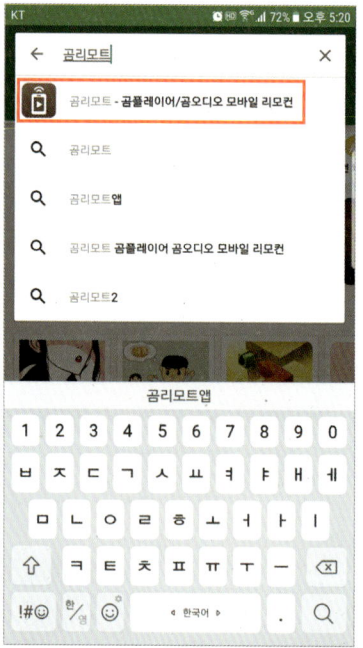 

2 곰리모트를 실행하기 위해 [열기] 단추를 탭합니다. '앱 접근 권한 동의' 창에 [확인]을 탭합니다.

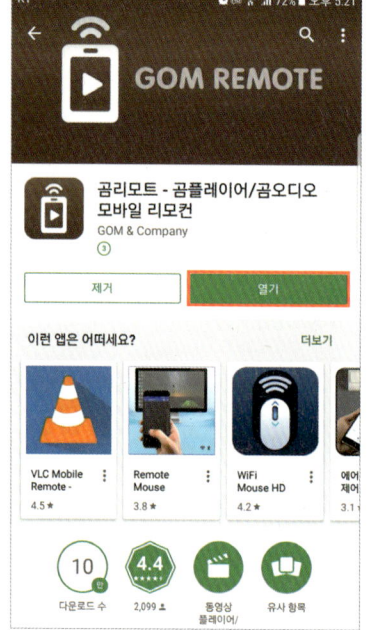 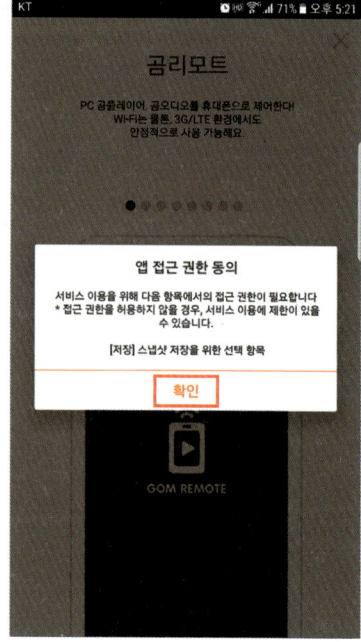

3 곰리모트의 안내 및 사용 방법을 화면을 넘겨가며 읽은 후 창을 닫습니다. 곰리모트의 홈 화면이 나타납니다.

 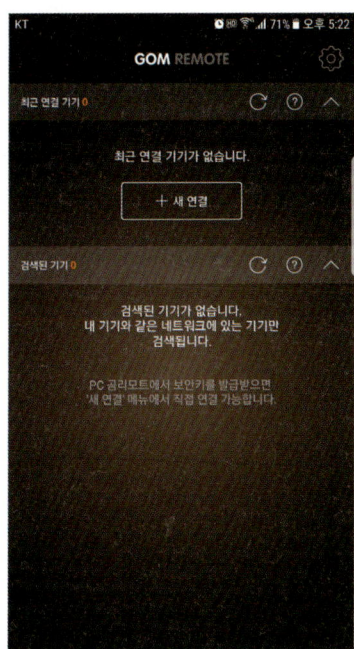

> ♦ **곰리모트 주요 특징과 기본 기능**
> - 주요 특징
>   - 곰플레이어, 곰오디오 제어 기능
> - 기본 기능
>   - 앞/뒤로 가기, 재생, 일시 정지, 중지 등 기능
>   - 파일 열기, 검색, 재생 목록에 추가 기능
>   - 전체 화면, 화면 비율, 자막 설정 등 영상 제어 기능
>   - 싱크 가사, 이퀄라이저 등 음악 제어 기능

STEP 2 ◆ PC 곰리모트와 모바일 앱 연결하기

1 스마트폰과 연결하려면 PC 곰리모트에서 보안키를 발급받아야 합니다. 보안키를 발급받기 위해 [보안키 발급하기] 단추를 클릭합니다.

2 보안키가 발급되었습니다.

> ◆ 보안키 아래 시간이 표시되는데, 표시된 시간 안에 발급된 보안키를 스마트폰에 입력해야 PC와 연결되어 리모트 기능을 사용할 수 있습니다.

3 스마트폰의 곰리모트 앱의 [새 연결] 단추를 탭합니다. 새 연결 화면의 보안키 입력란을 터치하면 가상 키보드가 하단에 나타나는데, 키보드를 터치하여 보안키를 입력합니다.

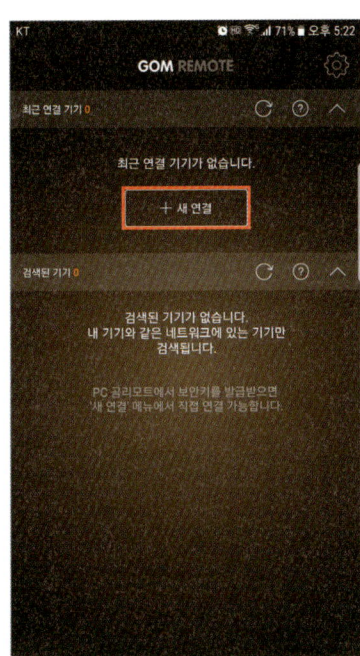 

4 PC 곰리모트에 인증번호가 나타나면 스마트폰의 곰리모트 앱의 가상 키보드를 터치하여 인증번호를 입력합니다.

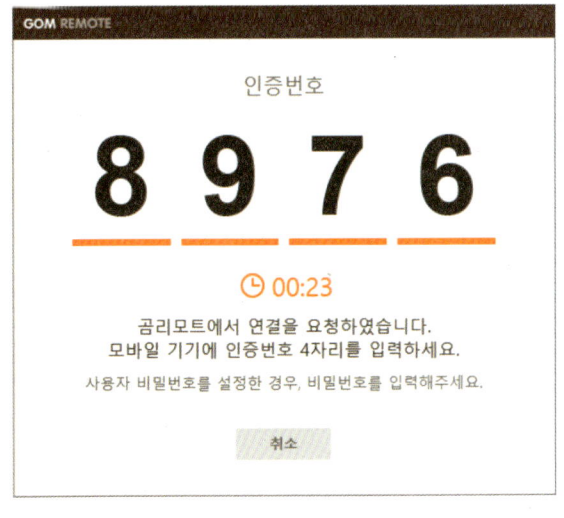 

5 PC 곰리모트에 연결된 PC와 모바일 기기가 표시됩니다. 스마트폰의 곰리모트 앱 아래에 리모컨이 표시되고, PC의 곰플레이어나 곰오디오를 제어할 수 있습니다.

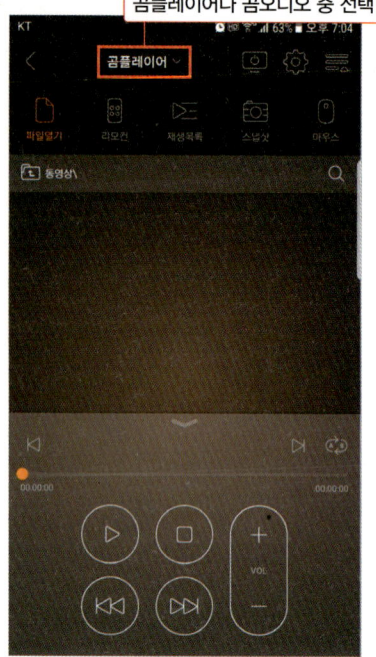

곰플레이어나 곰오디오 설치하기

스마트폰 곰리모트 앱에서는 PC 곰플레이어나 곰오디오를 제어하여 PC에서 동영상을 보거나 음악을 들을 수 있게 해줍니다. 따라서 PC 곰플레이어나 곰오디오가 설치되어 있어야 합니다.

GOM(http://gom.gomtv.com) 사이트에 접속한 후 상단 메뉴 중 [곰플레이어]나 [곰오디오]를 클릭하여 [무료 다운로드] 단추를 클릭하여 내 PC에 설치합니다.

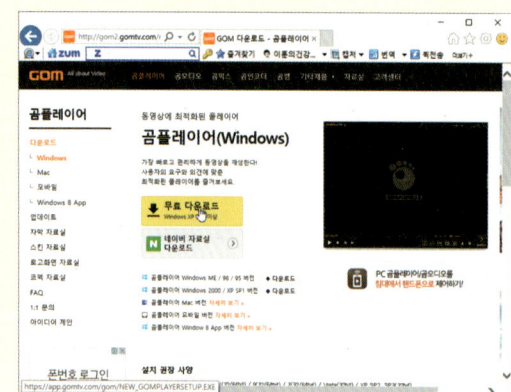

STEP 3 ◆ 곰리모트 앱 사용하여 원격으로 동영상 조정하기

1 상단 메뉴 중 [파일열기]를 탭하고 📁를 탭합니다. 현재 연결된 PC가 보이는데 탭하여 원하는 경로를 선택한 후 동영상이 들어있는 폴더에서 동영상 파일을 탭합니다.

2 PC 모니터에서 곰플레이어가 실행되면서 스마트폰에서 선택한 동영상 파일이 재생됩니다.

3 상단 메뉴에서 [리모컨]을 탭하면 스냅샷, 모니터전환, 자막 설정 등 다양한 부가 기능을 실행할 수 있습니다. 상단 메뉴 중 [재생목록]을 탭하면 추가한 재생 목록을 확인할 수 있습니다.

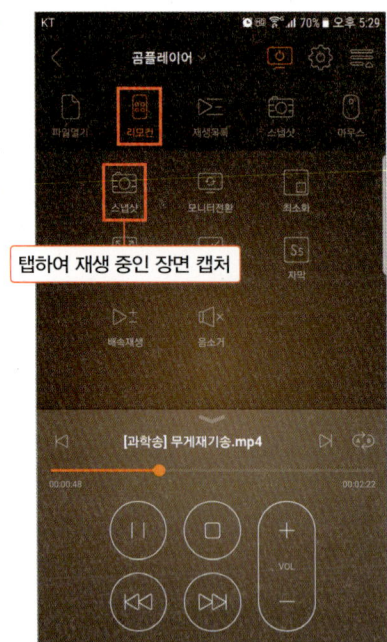
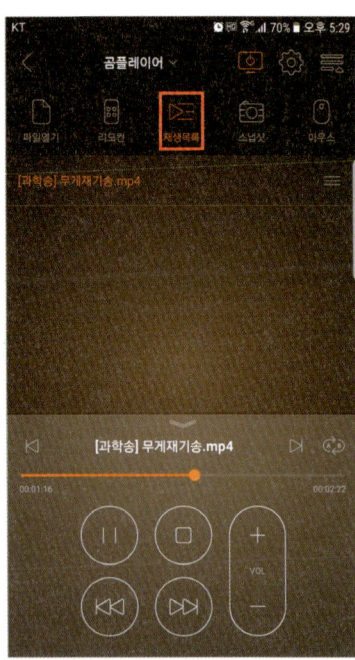

4 상단 메뉴에서 [스냅샷]을 탭하면 캡처한 이미지를 확인할 수 있습니다. 상단 메뉴에서 [마우스]를 탭하면 PC 마우스를 제어할 수 있습니다.

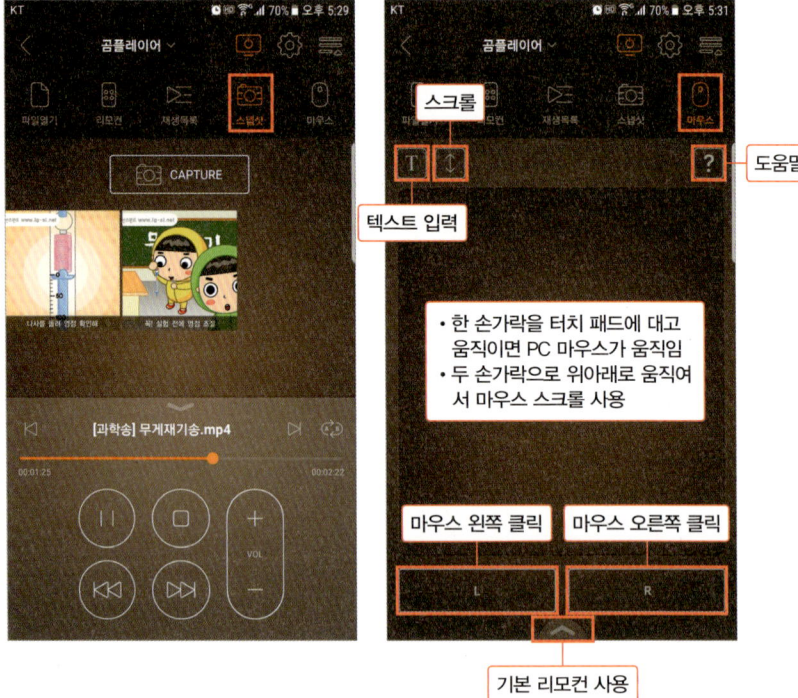

5 터치패드에서 한 손가락을 움직여서 PC에서 한글 2010을 실행시킵니다. ■를 탭합니다.

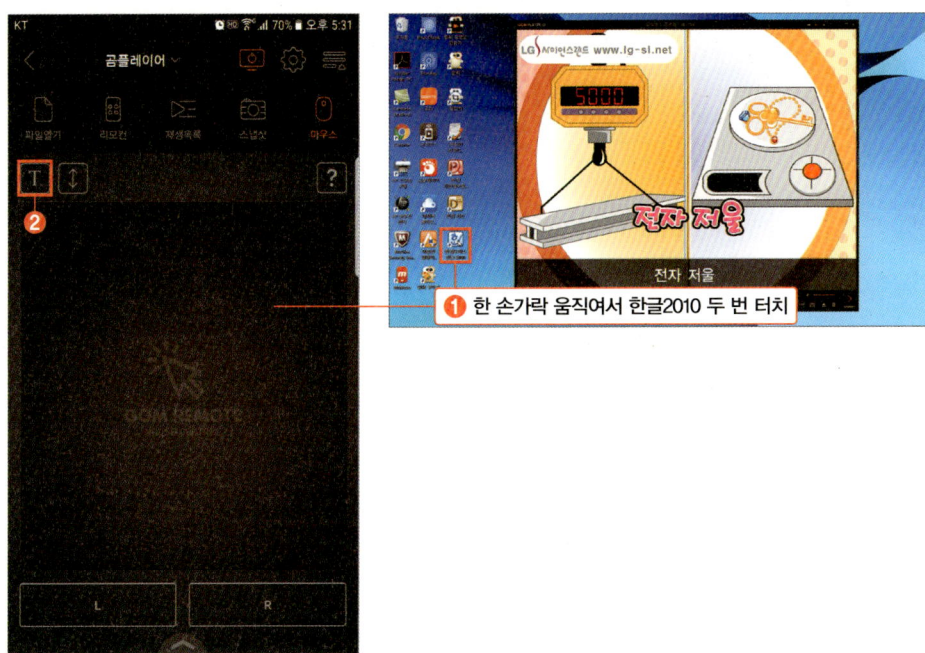

6 가상 키보드를 터치하여 무게재기송 가사를 입력합니다. [확인] 단추를 탭합니다. 그러면 PC 화면의 한글 2010에 텍스트가 입력되어서 가사를 보고 노래 부를 수 있습니다.

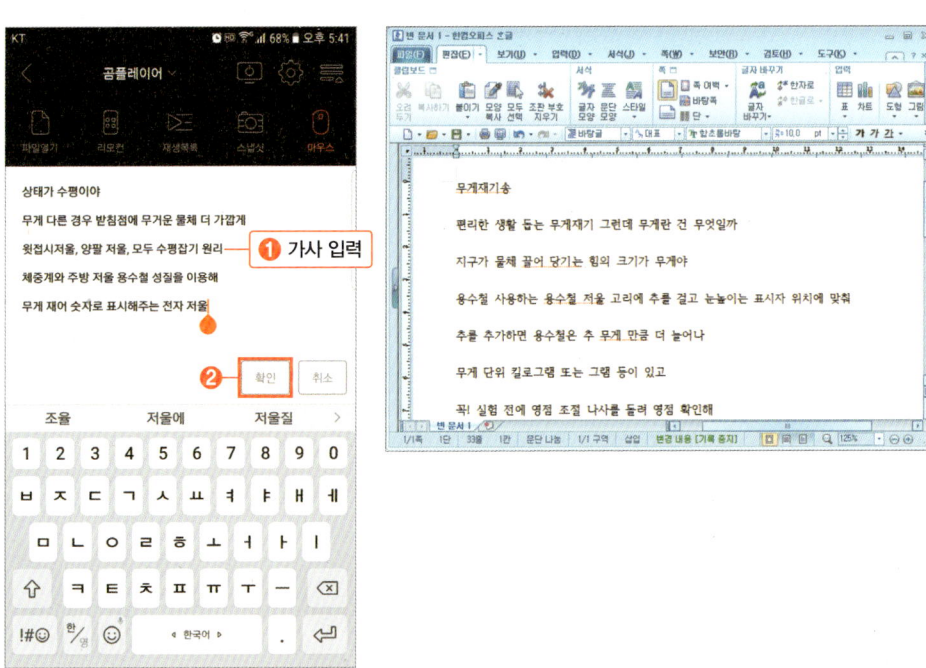

: 학습정리 :

❶ **PC 곰리모트 설치** : GOM(http://gom.gomtv.com)에 접속하여 [기타제품] - [곰리모트]를 클릭한 후 [무료 다운로드] 단추를 클릭하여 설치 절차에 따라 곰리모트를 설치합니다.

❷ **곰리모트 앱 설치** : 스마트폰 홈 화면에서 Play 스토어()를 탭하여 실행한 후 곰리모트를 검색하여 [설치] 단추를 탭하여 설치 절차에 따라 앱을 설치합니다.

❸ PC 곰리모트에서 보안키를 발급받아서 스마트폰의 곰리모트 앱에 [새 연결] 단추를 탭하여 보안키를 입력한 후 PC 곰리모트에서 인증번호가 발급되면 한 번 더 곰리모트 앱에 입력하여 연결합니다.

❹ 곰리모트 앱에서 PC 안의 동영상이나 오디오 파일을 선택하여 재생할 수 있습니다.

❺ PC의 곰플레이어나 곰오디오로 재생한 동영상이나 음악을 곰리모트 앱의 리모컨을 사용하여 제어할 수 있습니다.

❻ 곰리모트 앱의 리모컨 기능에는 스냅샷, 자막 등을 통해 PC 동영상의 원하는 부분을 캡처하고, 영상에 포함된 자막의 설정을 변경할 수도 있습니다.

❼ 곰리모트의 마우스 기능을 사용하면 터치패드처럼 한 손가락을 움직여서 PC의 마우스를 통해 프로그램을 실행할 수 있습니다.

: 퀴즈 및 실습 문제 :

01 PC 곰플레이어, 곰오디오를 스마트폰으로 제어할 수 있는 프로그램은? (   )
① 곰믹스 ② 곰인코더
③ 곰캠 ④ 곰리모트

02 곰리모트 PC와 앱을 연결하는 방법을 순서대로 번호를 쓰세요.
(   ) 연결된 곰리모트 앱에서 PC 동영상을 실행합니다.
(   ) PC 곰리모트에서 보안키를 발급받아 곰리모트 앱에 보안키를 입력합니다.
(   ) PC 곰리모트에서 인증번호를 발급받아 곰리모트 앱에 인증번호를 입력합니다.
(   ) PC와 스마트폰에 각각 곰리모트 프로그램을 설치합니다.

03 곰리모트 앱의 마우스 기능에서 기본 리모컨을 사용하려면 다음 어느 것을 터치할까요? (   )

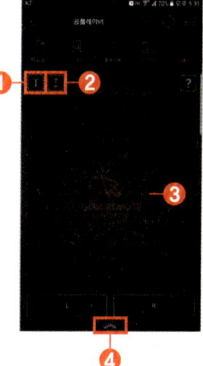

04 곰리모트 앱에서 PC에서 인터넷 익스플로러를 실행하여 네이버에서 등고선을 검색해 보세요.

풀이 01 ④   02 ④, ②, ③, ①   03 ④
04 ① PC 곰리모트와 곰리모트 앱을 연결합니다. ② 곰리모트앱의 [마우스]를 탭한 후 터치패드를 움직여 PC의 인터넷 익스플로러를 실행합니다. ③ 곰리모트앱의 [마우스]의 ■를 탭하여 '등고선'이라 입력하고 [확인]을 탭합니다. ④ 곰리모트앱의 [마우스]의 터치패드에서 손가락을 움직여서 PC 네이버에서 검색합니다.

MEMO

컴퓨터 활용 팁 BEST 15

1판 1쇄 발행 2017년 8월 31일

저 자 | 문택주, 정동임
발 행 인 | 김길수
발 행 처 | (주)영진닷컴
주 소 | (우)08505 서울시 금천구 가산디지털2로 123
월드메르디앙벤처센터2차 10층 1016호
등 록 | 2007. 4. 27. 제16-4189

©2017. (주)영진닷컴
ISBN | 978-89-314-5664-6

이 책에 실린 내용의 무단 전재 및 무단 복제를 금합니다.

도서문의처 | http://www.youngjin.com

YoungJin.com Y.
영진닷컴